东　西 / 主编

码头

■红日 著

广西当代作家丛书（第五辑）

广西人民出版社

图书在版编目（CIP）数据

广西当代作家丛书. 第五辑. 码头 / 东西主编；红日著. — 南宁：广西人民出版社，2022.11
ISBN 978-7-219-11463-6

Ⅰ. ①广…　Ⅱ. ①东…　②红…　Ⅲ. ①中国文学—当代文学—作品综合集—广西　Ⅳ. ① I218.67

中国版本图书馆 CIP 数据核字（2022）第 204798 号

GUANGXI DANGDAI ZUOJIA CONGSHU（DI-WU JI） MATOU
广西当代作家丛书（第五辑） 码头
东　西　主编
红　日　著

出 版 人　韦鸿学
策　　划　罗敏超
统　　筹　覃萃萍
责任编辑　庞　睿
责任校对　梁小琪
封面设计　翁襄媛

出版发行　广西人民出版社
社　　址　广西南宁市桂春路 6 号
邮　　编　530021
印　　刷　广西民族印刷包装集团有限公司
开　　本　787mm × 1092mm　1 / 16
印　　张　16.75
字　　数　191 千字
版　　次　2022 年 11 月　第 1 版
印　　次　2022 年 11 月　第 1 次印刷
书　　号　ISBN 978-7-219-11463-6
定　　价　48.00 元

总 序

从2012年党的十八大召开到2022年党的二十大召开，这段历史，在党的二十大报告中，被称为“新时代十年的伟大变革”。这十年，以习近平同志为核心的党中央团结带领全党全国各族人民，迎来了中国共产党成立一百周年，中国特色社会主义进入新时代，完成脱贫攻坚、全面建成小康社会的历史任务，实现第一个百年奋斗目标。历史性的胜利，彪炳史册。

这十年，也是中国文学界牢记习近平总书记嘱托，坚持以人民为中心的创作导向，从“高原”持续向“高峰”攀登的十年，是“文学桂军”锐意进取，不断夯实基础、壮大实力、提升影响的十年。

2001年至2012年，广西作家协会在自治区党委宣传部的大力支持下，精心组织，陆续编辑出版了“广西当代作家丛书”一至四辑共80卷本，80位广西当代有成就、有影响的作家入选该丛书，成为中华人民共和国成立以来广西文学界规模最大的文化积累工程，此举备受国内文坛瞩目。可谓功在当代，利在千秋。

从2012年至今，刚好十年过去。“文学桂军”在小说、报告文学、诗歌、散文、儿童文学等体裁创作上，又涌现出一批具有全国影响力的代表性作家，少数民族作家队伍的创作实力在全国处于领先地位。国运昌盛，文运必兴。编辑出版“广西当代作家丛书（第五辑）”，推出新一代广西作家，成为文学界共同的期待。

十年来，得益于自治区党委、政府的关心支持，得益于自治区党委宣传部的正确领导和大力扶持，“文学桂军”呈现出良好生态和健康发展势头，一批作家频频在全国重要文学刊物亮相，一批有分量的作品在全国各重要出版社出版。陶丽群获第十一届全国少数民族文学创作骏马奖，红日、李约热、莫景春获第十二届全国少数民族文学创作骏马奖，朱山坡、李约热分别获第七、第八届鲁迅文学奖提名，东西的长篇小说进入第十届茅盾文学奖前20名。十年来，据不完全统计，广西作家出版长篇小说、中短篇小说、散文、诗歌、儿童文学、报告文学等专集选集共600多部。一批作品获广西文艺创作铜鼓奖，《人民文学》《小说选刊》《民族文学》等刊物年度优秀作品奖，以及《小说月报》百花奖、花城文学奖杰出作家奖、郁达夫小说奖、茅盾新人奖、《雨花》文学奖、华语青年作家奖、《钟山》文学奖、《儿童文学》金近奖、“小十月文学奖”佳作奖、华文青年诗歌奖、三毛散文奖、冰心散文奖等，入选各类文学排行榜。“文学桂军”已然成为家喻户晓、有全国影响力的响亮品牌。

为进一步繁荣广西文学事业，全面展示党的十八大以来广西文学创作的丰硕成果及新时代广西作家的精神风貌，广西作家协会决定组织出版“广西当代作家丛书（第五辑）”。

该丛书的入选作者须具备三个条件：一是作者须为广西作

家协会会员，中国作家协会会员优先；二是近年来创作成绩突出，曾经获得全国性文学奖或自治区级文学奖；三是个人创作成绩显著，作品在全国重要刊物发表。在广泛征求意见基础上，经各团体会员推荐、广西作家协会主席团会议酝酿讨论，实行无记名投票推选，共评出入选作家20名。田耳、田湘、王勇英等作家，由于作品版权原因，遗憾无法纳入本次选编。一批作家近十年创作成果丰硕，由于已经入选前四辑丛书，本次不再选入。

习近平总书记指出，文运同国运相牵，文脉同国脉相连。文化兴则国家兴，文化强则民族强。当代中国，江山壮丽，人民豪迈，前程远大。时代为我国文艺繁荣发展提供了前所未有的广阔舞台。文章合为时而著，歌诗合为事而作。衡量一个时代的文艺成就最终要看作品。推动文艺繁荣发展，最根本的是要创作出无愧于我们这个伟大民族、伟大时代的优秀作品。没有优秀作品，其他事情搞得再热闹、再花哨，那也只是表面文章，不能真正深入人民的精神世界，不能触及人的灵魂、引起人民思想共鸣。习近平总书记关于文艺工作的重要论述，已经成为广大文艺家的自觉遵循，内化于心，外化于行。收入本辑丛书的作品，内容丰富，题材广泛，风格多样，在记录伟大时代，反映现实生活，讴歌人民创造等方面，用心、用情、用力，很好地体现了以人民为中心的创作导向，集中展示了祖国南疆新时代蓬勃多姿的文学景象。

习近平总书记在党的二十大报告中指出，推进文化自信自强，铸就社会主义文化新辉煌。全面建设社会主义现代化国家，必须坚持中国特色社会主义文化发展道路，增强文化自信。坚持以人民为中心的创作导向，推出更多增强人民精神力量的优秀作品，培育造就大批德艺双馨的文学艺术家和规模宏大的文化文艺人才队伍。这为新时代新征程的文化建设和文艺创作指出了正确方向，提供了根本遵循。

当前，全党全国各族人民正在深入学习宣传贯彻党的二十大精神，满怀信心向第二个百年奋斗目标迈进。编辑出版“广西当代作家丛书（第五辑）”，可谓正当其时，也是贯彻落实《中共中央关于繁荣发展社会主义文艺的意见》和《中共广西壮族自治区委员会关于繁荣发展社会主义文艺的实施意见》，用文学助力建设新时代中国特色社会主义壮美广西的最新成果。

伟大时代必将激励、孕育伟大的作家和作品。希望广西作家和文学工作者，坚持文化自信，做到文化自强，坚守艺术理想，追求德艺双馨，不断增强脚力、眼力、脑力、笔力，以刚健、厚重、先进、质朴的创造抵达伟大时代的艺术高度。诚如中国文学艺术界联合会、中国作家协会主席铁凝所寄语的那样：广西文脉深厚、绵长，新时代新征程上，相信广西作家能以耀眼的才华编织崭新“百鸟衣”，描绘气象万千的“美丽的南方”。这是时代赋予我们的责任，唯有俯下身子，深入到火热生活中去，深入到人民中去，不断学习，不断攀登，以作品立身，以美德铸魂，方能不负时代，不负人民。

是为序。

石才夫

2022年10月31日

CONTENTS 目　录

短篇小说／

003　码　头

019　补　粮

036　暗　香

053　回　来

散文／

075　罗仕林的个人简历

084　考　试

088　最美风景

094　相约合山

098　邕宁榨粉

102　一切顺其自然

107　石话·实话

111　文学创作也需要“驻村”

116　纪念碑脚

127　天峨石记

132　蜂窝煤蛋糕

137　孕育寿星和作家的地方

报告文学／

143　美丽山花

253　后　记

短篇小说

码　头

那天早晨，老麻在市亭里吃了一碗“猪红”。“猪红”就是猪血，但码头上的人不说“猪红”，也不说猪血，说“血旺”。吃到第三口时，老麻咳了一声。旁边有人对他说：你流鼻血了。老麻用手抹了鼻子，掌面上果然有鲜红的血丝。当然是猪血。猪血随着老麻的一声咳嗽从食管里倒灌出来了。走向码头，老麻安慰自己，这是一声很自然的咳嗽，几滴很正常的猪血，并非什么凶兆。来到船上，老麻继续安慰自己，不想心头却燃起一股火苗，火苗源自对岸的一声喊叫。当时老麻刚刚做通自己的思想工作，平复了心情，稳定了情绪，对岸有人用本地话喊了一声：“开船！”这个充满磁性的男中音，音域宽阔音调高亢，具有很强的穿透力。不但老麻听见了，估计河两岸的人也都听见了，老麻心头的火苗连同嘴上的烟头重新燃起。老麻划了一辈子的船，从未有人喊他“开船”，并且这样大声地喊叫。对岸的人以为老麻耳背，再喊一声：“开船！”开个屁！老麻骂了一句，他吐掉嘴上的烟屁股，“哗啦”一声将铁链拴到铁桩上，望也不望对岸一眼就扬长而去。

破天荒喊这声“开船”的是“眼镜”。“眼镜”是乡政府新来的乡长，那天他履新，从县城来报到。当时“眼镜”双手叉腰，放眼宽阔的红水河面，满脸春风，底气很足地朝对岸停泊的木船响亮地喊了这么一声，既是发号施令，也是正常提示。过渡嘛，自然要开船。“眼镜”不知道这一声“开船”犯了禁忌，或者坏了码头的规矩。在这个码头过渡的人是绝对不能喊“开船”的，本地话“开船”反过来讲，是叫他“麻子”，这就骂老麻他老人家了。你只能默默地等船，然后上船。上了船也不能催促他开快一些，方言“开快一些”反过来讲，也是揭他老人家的短。乡政府干部也一样，也要管好自己的嘴。乡政府干部上了老麻的船，就和吊在水里的桨橹一样攥在他的手里了。这不能怪老麻，要怪就怪这个码头上的说话方式。这个码头的人喜欢讲反话，就是将方言倒过来讲，有些不正经。当然，你讲官话是另一码事。问题是你讲官话老麻他听不懂，最好是默不做声。你站在那里一声不吭一动不动，老麻也知道你要过渡。也有人招呼老麻一声两声的，招呼的词语是“过渡”。对，过渡。一声“过渡”多么贴切，多么自然啊，它不仅巧妙地规避敏感的“开船”，还有讨好的成分在里面。喂，老麻，你看我们多么尊重您啊。“过渡”确实更胜“开船”一筹，撇开敏感的因素不说，单从词义来理解就不一样。“开船”带有命令的口吻，“过渡”则是请示或者请求。前者居高临下，后者低声下气；前者刚性，后者柔软。这样的词语不用分析评估，一听就听得出来。那些叫“过渡”叫得特别温柔的声音，往往容易打动老麻。老麻通常要凑够一船渡客才划桨，这个时候纵然对岸没有一个渡客，一声温柔的“过渡”却能启动老麻手里的桨橹，他很悠然地将船划过来了。

初来乍到的“眼镜”，哪里知晓这个码头的禁忌或者规矩，他不仅大声地喊了两声“开船”，而且朝老麻上岸的背影接续不断地重复了三遍。过渡对“眼镜”来说是重要的事情，他自然要重复三遍。几声“开船”不但没有唤回老麻，反而加快了老麻上岸的步伐。老麻在心里忿忿地说：你喊呀，有本事你游过河来。老麻的目的很明确，不能让此人坏了规矩，凡事一开头就不好收场，必须将它消除在萌芽状态。老麻上岸后到市亭里找人下象棋，研究他的楚河汉界去了，将“眼镜”滞留在河右岸。不仅“眼镜”那天过不了河，还导致两岸的其他渡客都过不了河，酿成了码头有史以来最严重的一次停渡事件。

老麻停渡一连停了三天——停了一个圩日的时间。直到三天后的下个圩日，老麻才回到船上。累积了三天的渡客，将码头挤得水泄不通。人群中有些是当天的渡客，有些是三天前和“眼镜”一起被滞留的渡客。大伙都默不作声。沉默是当前最好的姿态，绝不可“在沉默中爆发”。你爆发看看，除非你不想过渡了。他们大多都知道了停渡的原因，他们原以为这个禁忌只是说说而已，玩笑而已。没想到老麻是不开玩笑的，这个玩笑是万万开不得的，老麻果然是那样神圣不可冒犯。有人讨好地递给老麻一根带嘴的香烟，双手划桨的老麻不屑一顾地拒绝了。他心里哼了一声，一根带嘴的香烟就想抵消一声“开船”，没那么简单，对你们这种人不仅要观其行，更要听其言。停渡三天，让渡客们醒悟到，在这个码头上，必须知晓红线、守住底线、不踩高压线，一句话，就是要讲规矩。再通俗一点，就是绝对不能喊老麻“开船”。

渡了三批渡客后，老麻泊了船上岸去找老潘。彼时正值圩市热闹时段，人们忙着交易，暂时没有人过渡。老潘独自一人经营右岸一家供销分店，一个人守着六间房子。里面摆一些盐巴、米酒、煤油、棉布，还有锅碗瓢盆之类的生活用品，空荡荡的房子成为自行车的寄存处。渡客寄存自行车，上锁的老潘收取三毛钱；不上锁的分文不取，下班后老潘会选择其中一辆车子骑回家。有车主不舍得爱车让老潘骑了，宁可辛苦也将车子扛到码头，再扛上岸来，却被老麻打发回去。老麻说，摆渡木船，不许人车混载，这是上面的规定，也是规矩。他与老潘配合得天衣无缝。

老潘一见到老麻，就指着他塌陷的鼻梁说道：这回你是彻底地坏脸了。“坏脸”是方言，距离“坏身”只有一步之遥。老麻那张布满麻豆的脸本来就“坏”了，现在被老潘宣布“彻底地坏了”，等于宣布报废。方言“坏脸”含义比较复杂，一两句话很难翻译到位，引申过来相当于“坏事”，相当于“问题十分严重”。老潘说：你知道过河的人是谁吗？是新来的乡长！老麻一怔，直到此时他才明白喊他“开船”的竟是乡长，不！是新乡长。老乡长跟他熟稔，从未喊过他“开船”。老麻上岸来找老潘，其实也是想打探那天喊他“开船”的究竟是何方大侠，竟然如此胆大妄为，不知好歹。同时他要发泄一番，通过老潘这个平台表示他的谴责和抗议，敲山震虎，以正视听。老潘以酒代茶递给老麻一杯，老麻抿了一口，脸随即变了颜色，由猪肝色变成核桃色，那是脑部短暂供血不足的症状。他嘿了一声：谁跟谁呢，只要你在岸上，总要上我的船……老潘打断老麻：“眼镜”当天和他的随行绕道邻县，通过那里的一座大桥到达左岸，再沿着蔗区公路到了乡府。

老麻像断奶一样戒了“猪红”。吃奶已没有记忆，吃“猪红”是有记忆的。“猪红”是他的最爱，他每天把“猪红”当作早餐吃，百吃不厌。现在老麻的早餐变成了玉米粥。吃了玉米粥，老麻早早就来到码头，比以往足足提前了半个小时，以至到对岸接送邮件的老黄产生了错觉，以为他那块上海牌手表昨晚忘记上了弦。从这一天起，老麻格外留心观察每一位渡客，从他睨视别人的细节可以看得出来。老麻从来不会正眼看一个渡客，哪怕瞪你一眼也不是正眼，看一个人的时间不会超过两秒。他正眼看的事物只有一样——河面的漩涡。事实上，老麻对往返于这个码头的渡客了如指掌，哪些是熟客，哪些是生客，他一眼就瞅得出来。哪个是乡政府、食品站、供销社的，哪个是粮所、营业所的，他甚至能叫出名字来。后来老麻将目标锁定为戴眼镜的。锁定这个目标也毫无意义，老麻对两岸上戴眼镜的同样了如指掌。左岸是乡直机关所在地，戴眼镜的有乡政府覃助理、中学陆教导和温老师、供销社洪主任。右岸“吃皇粮”的只有老潘一个，老潘只有阅读邮电所老黄分给他的《参考消息》才会戴上眼镜。严格来说，戴老花眼镜的人不能归为“眼镜”之列。

一个月过去了，老麻没有发现一个陌生的“眼镜”渡客上他的船。连续两个星期，乡政府干部倾巢而出，频繁过渡，甚至有几个晚上也要渡河。老麻知道这是开展“计生突击宣传活动”。在此之前，老麻曾经有预感：在不久的将来，码头就会出现另一艘渡船。他甚至还窥见一个极为严肃的会场，会场里灯火通明，白炽灯光刺得他睁不开眼。会议专题研究码头停渡事件，一乡之长被滞留，那还得了！岂能容他老麻这样霸道，想摆渡就摆渡，想停渡就停渡，岂能如此容他无法无天！最后乡政府决定上报有关部门购买一艘汽艇，作为乡直机关干部过渡专用船。老麻在一阵突突突的电机轰鸣声中醒来，码头还是他的码头，渡船还是他的渡船。老麻家族“统治”这个码头已逾百年，到他这代已是第三代。这条百年老船传到老麻手上后，他给它装上了柴油机，不过仍然保留桨橹。枯水季节老麻还是划桨，柴油机只有汛期才会用上。然而这一个月来，老麻在船上除见到覃助理外，没见到第二个“眼镜”。老麻纳闷了，难道这家伙上任后就不下村，就守着办公室的手摇电话，发号施令？难道他偶尔下村或者到县里开会总是绕到那座远远的桥，从那里到达彼岸？老麻心里想：一个月你可以这样，一个季度你可以这样，可是一年、一个任期你都可以这样吗？不可以的，也不可能的。还是那句话，只要你在岸上，总要上我的船。

老潘亲自将消息送达码头上。消息不是“参考消息”，而是切实可靠的消息。老潘说：正好你泊船在这边，不然我要喊一声“开船”了。老麻说：你敢！老潘说：门市部的门没锁我就下码头来了。他的语速很急，像汛期的河水。昨夜来了两辆十轮大卡车，分别在门市部前面的空地上卸下钢索和木板。早上，县供销联社来人，清点门市部的商品，清退屋内寄存的自行车，将门市部变成指挥部，乡政府要在河上架起一座铁索桥……老麻听得心跳加速，他的第一个反应是：在这河上修桥，已不再是天方夜谭。

关于桥，关于这河上的桥，老麻不是没听说过，而且桥的话题从来就没停止过。都是渡客们说的，似乎是存心说给老麻听。渡客们说：这河面上要是有一座桥就好了。老麻心里说：那敢情好啊！但这可能吗？这河两岸多少人，架这么一座桥得多少钱，合算不合算？这不是你们想架就能架的，这是需要市场评估的。最后老麻给出一个结论，四个字：天方夜谭。老麻却不当面反驳，他默默地记录高谈阔论架桥的渡客，时不时给他们一个冷板凳。码头上自然一张板凳也没有，有的是冰凉的石头，你们就坐在石头上谈论架桥吧，凑不够一船人，我是不摆渡的。久而久之，渡客们意识到，这“架桥”和“开船”一样，在老麻面前是不可轻易出口的。老麻当初的结论肯定有他的道理，但道理也不是一成不变的，到了一定的时期，道理就不是道理了，或者不是硬道理了。危机如同汛期，终于来临，铁索桥一旦架起来，这码头就不存在了。老麻的船当然可以存在，但已不是渡船，是一只孤舟了。老麻一下子回到唐朝，和他的船一起，成为柳宗元笔下的绝句，后面两句好像是这么说的：孤舟蓑笠翁，独钓寒江雪。

渡船上的渡客肆无忌惮地谈论架桥，他们不再规避这个敏感的话题。更胆大妄为地将它与“开船”勾连起来，以问题为导向，以案例说案例。他们说：打死我们都想不到，一声“开船”竟然开出一座铁索桥来。尽管他们装模作样很别扭地用官话表述，但老麻一听就听懂了。老麻恨不得立马掉转船头，送他们回到原地继续感叹，无奈船到码头车到站，如同他触手可及的命运已经无法扭转或者拐弯。

汛期明显提前，往年是吃了粽子、祭了屈原，河水才动怒。眼下卖糯米的商客还没过河，河水已开始变浑、变急、变得桀骜不驯。汛期前老麻需要对柴油机进行清洗、维修。这项工作需要两三天时间。这两三天实际上也就是停渡，但此“停渡”非彼“停渡”，不属于事件。渡客们都清楚，这个时节单靠老麻手里的两把桨橹，是无法安全将他们送达对岸的。时间不是第一，安全才是第一。眼下急转直下的形势让老麻有些措手不及，形势包括提前的汛期，包括顺势而生的铁索桥以及为之奔忙的乡干部、设计员和工程师，他们频繁过渡，马不停蹄。按照老麻的性格或者心态，他应该是不慌不忙、不紧不慢的。确实，你们架桥关我啥事。然而，夜里老麻还是将他的三个儿子招呼来了，三个儿子分别读乡小学和中学。船上，老三举着马灯，老大老二当他的助手。只一夜工夫，老麻就把柴油机维修好了。柴油机发出稳妥踏实的声音时，老麻点燃香烟连吸几口，摇了摇头，似乎对自己的行为感到不可思议。其实老麻最清楚自己，他在惦记一个人。铁索桥都动工了，你还在岸上指手画脚。官僚主义要不得的，你还是乖乖上我的船吧。

铁索桥的桥址选择在码头附近，正好和渡船航向重叠。老麻现在的航向将是铁索桥经过的地方，也就是说，老麻家族用一条船在河面上开设的通道，将由一座腾空而起的铁索桥代替。照老麻理解，渡船航行通常选择在宽阔河段，这是因为宽阔的河段水流平缓，狭窄的河段波涛汹涌。架桥就不一样了，桥址要选择在狭窄的河段，以缩短里程，减少投资。这是用脚趾头都可以想明白的事情。可是已经施工的铁索桥竟然是从宽阔的河面上过的，是直接从老麻的头顶上过的。老麻怀疑，他们可能连选址都没选，直接就按照他的航道过了，简直就是他怎么划船，他们就怎么架桥。开始老麻分析一定是哪个工程师的脑子进水了，进一步推敲，事情绝没那么简单，完全是有所指向的，是有针对性的，带有典型意义的。一句话，“眼镜”是彻底地跟他杠上了。这杠不是一般的杠，是破釜沉舟，是要让他老麻彻底地从这个码头上消失。

老麻每天正常摆渡，原本就寡言少语的他，几乎变成了哑巴。渡客们异常活跃，船到河中就仰面朝吊在钢索轿厢里的施工员喊叫。那几根粗大的钢索什么时候从头顶上架设过来，老麻连感觉都没有。他起初只看到来了几艘吊船，将钢索从右岸吊下来，再吊上左岸。按照这样的速度，至少也要有三年的时间才能架起这么一座桥来。这是老麻的推算，也是他的期望。不过他的期望总是落空，比如他相信“眼镜”总会坐上他的船，深入施工现场，至今他连“眼镜”的影子也没见过。而他推算的时间也出现了偏差，不是一般的偏差，是严重的偏差，不但那几根钢索在他几乎没有反应的情况下就架设过来了（老麻曾经怀疑他们是在夜间架设的），而且桥面的木板很快就要铺设到对岸。原来他估算架桥至少需要三年时间，现在刚过半年即将大功告成。

这天，老麻独自坐在船上发呆，几滴雨水自天而降，不偏不倚地落在他的头上。雨水有些温热，像从太阳能热水器流出来的水。老麻仰头一看，天空蔚蓝，一片云彩也没有。正思忖着，从桥面上传来哈哈大笑声，几个青年仔正在给钢索“涂黄油”。老麻抹了抹头上的水滴，闻到一股浓浓的尿骚味，一股悲凉顿即从心底荡漾开来。老麻双手抱头，孩儿似的呜呜大哭。当夜，老麻病倒在船舱里，他被桥上那泡尿淋成重感冒。第三天老麻挣扎着要爬起来，老伴按住他：没人喊你“开船”了。老麻一愣，也只是愣了一下，心底像一盆熄灭了的炭火，一丝火气也没有，反而平静了。是的，码头都不存在了，还有什么规矩。老麻竟然乐了，逗老伴道：“你再喊一声。”老伴不耐烦道：“不喊了，也没人喊了。”老伴几乎不到船上来，因为老麻说了，女人上船和女人下矿井都是要不得的。老麻憋足力气，伸长脖子朝着空阔的河面吼道：“开船！”这是老麻平生第一次自己对自己下达的指令，是最后的呐喊，类似于溺水者绝望的求救。遗憾的是，喊声一发出即被咆哮的涛声淹没。要是往昔，这个声音就是一块巨石，会激起千层浪的。所以，眼前滚滚波涛与老麻喊声无关，他白白地喊了这一声。

铁索桥正式通行剪彩仪式，在老麻的头顶上举行。挂满彩带的铁索桥上，不时有炸响的鞭炮纸屑落下来，落到河面上，落到船头上，落在老麻的心上。老麻本来也想上岸去看看桥，他目前看到的桥是倒着的桥，没有人影的桥。他想看看正面的桥，看人走在上面的桥。为此他动员了自己一个晚上，动员自己摒弃私心杂念，敞开怀抱迎接新生事物。最后他决定放弃看桥念头，立场战胜了他的好奇心。老麻认为在桥头或者桥面上，他极有可能与“眼镜”相遇，他对这一点非常敏感，这也是老麻的底线。他老麻是绝不可以在桥上与“眼镜”相遇的，他们相遇的地方只能在船上，也必须在船上。

傍午，有人从桥上伸头出来，喂了一声。老麻定睛一看，是老潘。老潘说：“上来呀。”老麻没好气道：“我不上，够兄弟你到船上来下棋。”老潘说：“我守桥哩。”通桥后右岸供销门市部自然关停，老潘摇身一变成为守桥员，负责收取过桥费。过一趟桥收费三毛钱，收费标准和老麻一周前还收取的过渡费一样。老潘又招了招手，说：“上来喂，到桥上来走走。”这回老麻的回应斩钉截铁，不上，坚决不上，将来上了奈何桥，也不上你的铁索桥。在船上待了一辈子的老麻，原本与桥就势不两立，现在更是彻底地水火不相容了。不止桥，还有老潘，以前他们是同一个阵营，现在他投奔“敌营”去了。在旁观者看来，无论是从码头的历史沿革到时代的变迁，还是半个世纪以来老麻风雨兼程平平安安的摆渡，在码头或渡口消亡之后，守桥员都应该是老麻。尽管渡客们对老麻以往的霸道多有反感，但在安置他的态度上丝毫不夹杂着个人的情绪，他们一致认为将守桥员的位置还给老麻，是有理论依据的，因为这一位置与老麻或者老麻家族所承载的文化一脉相承。这当然是渡客们的一厢情愿，老麻肯定想都没想，何况他这样一个与桥水火不相容的人，怎么能够成为桥的守护者，不可能嘛。

老麻本来是上了岸的，上岸的时间是剪彩仪式后的第二天傍晚。这里面有个疑问：为什么通桥后第二天老麻还要到码头去？当然不是去摆渡的，因为没有渡客可摆了，他是去收拾卧具的。除了一条渡船，老麻另外还有一条卧船，是汛期夜间他值班时睡觉的船。其实每天傍晚这个时段老麻都会上岸，然而这次上岸与以往的上岸截然不同。规范的表述是，以前上岸叫收工，现在上岸叫下岗，叫失业也对，人社部门的统计就业表格的栏目上叫待业，反正都是无事可干。老麻在街头“逍遥”了三天后，发现铁索桥给这条窄窄的街道带来了前所未有的变化。以前是三天一个圩日，现在天天都是圩日，每天街头都像圩日一样拥挤。拥挤的人中多了很多陌生的面孔，连他自己也变得陌生起来。以前人们遇见他，几米远就招呼：老大，吃了没有？现在步履匆匆的，甚至视而不见，生怕跟他招呼一声时间就哗地过去，像过去船要开动了，啰唆一句就过不了河。第四天一早，老麻提着行李又回到码头上，并且在船上住了下来。老麻已经规划好了自己的未来，知道如何安置自己，妥善解决自己的再就业问题。他去了一趟县城，当然是摆渡上岸的，回来后对卧船作了一番改装。卧船船体比渡船小，但轻便、速度快。改装好卧船后，每当夜幕锁住河面，老麻就驶离码头。去的方向是下游，下游是顺流，到了河中间老麻就将马达关闭，任由船儿随波逐流，腾出手来操作另一套设备。清晨天蒙蒙亮，老麻准时回到码头。主顾们早已等候多时，主顾是他去县城采购设备时就联系上了的。他们协助老麻从船上卸下各种河鱼，有黄蜂鱼、芝麻剑、红河鲤……也不是全部都给主顾，老麻自然要留一些的。到中午时，老伴已经在温馨的船舱里摆开了小餐桌。

几杯小酒下肚，老麻觉得这样的日子也很熨帖。这种熨帖的感觉来自船上，或者说只有船上才有这种感觉。老麻知道自己是彻底地离不开船了，就像鱼儿离不开水、瓜儿离不开秧、人民群众离不开码头……呵呵，码头不存在了，人民群众早已大步流星地从自己的头顶上通过。老麻像河虾一样，浸泡了酒就醉了。码头上就有一道名菜，叫醉虾。

远远地老麻就看见了老郑。老郑是乡派出所的所长，跟老麻算是老交情了。老郑身后还站着两个干警，衣服下摆露出一截乌黑的枪管。当老麻掐疼肉身，确认这不是在梦境里的时候，为时已晚，船已靠岸。两个干警跳上船来，其中一个掏出手铐咔嚓一声将他拷上了。老麻镇静道："兄弟，你这是……"老郑也很爽快："老哥，对不起！上级有令，兄弟我只能公事公办。"

上岸时，老麻抬手示意一下，这样不大好吧，这副"手表"我如此一戴，待到岸上，我这张老脸就彻底地坏完了。老郑动摇了一下。老麻说："我保证不跳河。"老麻的保证是有案可查的。那一次，老郑和一名干警从右岸押着一个嫌疑人过渡，船到河中间，嫌疑人忽地跳入河中，拼命地朝原岸游去。老郑冲上船头。跃跃欲试，却不敢跳下去抓捕。老麻一看就知道他是个旱鸭子。那个跳下去的干警也只会两下狗刨式，哪里追得上嫌疑人。眼看嫌疑人越游越远，老麻扑通一声跳了下去，一下子就把嫌疑人"拎"了回来。在这个码头上，还没有第二个人有老麻这番身手。老麻不保证还好，一保证老郑心就不动摇了，而是坚定了。老麻真的跳到河里去，这个码头没有哪个人可以追得回来。

在派出所里，老麻与老郑面对面坐着。老麻没少和老郑这样坐着，在船舱、在派出所饭堂，都这样坐过。老麻说："我以为你忘记我了。"老郑说："哪里！我们一直都关注你、惦记你。"老郑说："我理解你，也同情你，但你这种行为不算是转变经营机制，不属于改革创新。你钓鱼可以，这河上随便你钓，几十根几百根钓竿都可以同时用上，就是不能电鱼，电鱼是违法的。这跟打仗一样，可以使用常规武器，但其他的就不能用。"老郑是退伍军人，每次跟老麻喝酒，谈的都是打仗的故事，这回也是。老郑没收了老麻所有的电鱼器械，经过一番批评教育后就让他出来了。

船舱顶部有一处裂缝，新的裂缝，什么时候开裂老麻没有注意到。透过裂缝能看见头顶上的桥，听到人们匆忙的脚步声。哪些是乡干部的脚步、哪些是普通群众的脚步、哪些是商人的脚步，老麻都能分辨出来。老麻甚至还能分辨出老黄的脚步——细碎，有些摇晃，像古时女人裹了的脚。老黄过桥的时间比过渡时间慢了半个小时，自然是通过时间比以往提前了的缘故。他手里的报刊每天最先被食品站的人阅读，食品站的人吃了新鲜里脊肉和下水，剔着牙踱着方步来到邮电所，见了老黄就问："热报纸"到了没有？老麻听到一阵轰隆隆的声音，后来知道那是摩托车在过桥。老麻看到桥面在摇晃，像地震一样，他心里不免有些担心。苍天在上，老麻确实是担忧而不是幸灾乐祸。他认为这桥属于人行桥，摩托车应该禁止通行，不然这桥撑不了多久的。

老麻认为他很有必要提醒一下老潘，老潘毕竟没划过船，他不知道桥和船一样都是有载重负荷的，都是有承受极限的。而且必须跟老潘讲明，从这桥上经过的重量，跟他以往卖油卖酒短少的斤两有天渊之别。后者损的是阴功，而前者可能会要人命。

还没等老麻到桥头去，灾难就发生了。用码头上的话说，贵人是有了，但被晾在一边。那天早上老麻醒过来后，看到从上游涌来了很多漂浮物，他急忙解开渡船铁链，由渡船拖着卧船规避到一处大湾内，以避免船体遭受漂浮物的撞击。老麻还没安置妥帖，就听到嘭的一声巨响，犹如山崩地裂，只见那桥像簸箕颠米一样将桥上的人和车颠到河里，然后就歪斜在河面上。老麻当即砍断卧船绳索，调转渡船方向朝事故现场驶去。落水的人拼命地朝渡船游来，老麻一面控制船的速度，一面向他们抛去救生圈，叫他们抓稳船帮。凡是露头的，都让老麻救到了岸边。老麻安慰落水者：只要人在，摩托车还会有的。

铁索桥倾斜事件总共造成十一人跌河，其中被老麻救起八人，三人失踪，五辆摩托车跌入河中。调查结果是，倾斜事件属于天灾人祸。天灾是洪水裹挟的一棵大树撞断了左岸一根作为固定的钢索，导致桥体倾斜；人祸是老潘违反规定，私自允许摩托车通行，而且是五辆摩托车拉风地同时通行，导致固定的钢索绷得更紧，大树一撞就断了。

老麻一刻也不敢停，或者说他很快就进入了从前的角色。他一面恢复正常摆渡，一面密切注意失踪者。他没有得到任何指令和安排，却按部就班地开展了他认为应该属于他的工作。第七天，三位失踪者从斜桥下浮上来了。老麻将船靠上去，用绳索将他们拖到码头，从卧船上拿来一张草席铺好，一一将他们抱上岸来。老麻认得他们，两个男的一个姓韦、一个姓黄，他们在地区民政局工作，老家在山后面的一个峒场。那个女的丈夫在军分区服役，她每个月都去探亲一次。唉！这次还没见上面，人已阴阳两隔。老麻心里说：你们要是坐我的船呀，就免了这场灾祸了。一只拳头狠狠地擂在胸脯上，又叹息一声：唉！

等渡客的时候，老麻就用铁铲铲除码头上的杂草。才多久呀，通往岸上的小路已是杂草丛生。渡客们说："看来这码头是少不得老麻的，就是铁索桥维修好了，老麻还得守护这里。"老麻提醒他们，这话可不能随便说，桥修好了就会稳固了。似乎是要对人们不爱惜桥的行为予以惩罚，上面对修桥工作抓得不是很紧，不慌不忙的。这种速度或者情形和老麻的心态有些吻合，他巴不得他们就这样慢吞吞地修下去。修桥的日子里，老麻始终等着一个人，等这个人上他的船来。老麻心里嘀咕，难道铁索桥维修，他也跟着"维修"了？了解老麻心事的人就撩他，你想让乡长再喊一声"开船"是吧？老麻既没点头，也没摇头，他的态度和他的脸一样模糊。

码头只热闹几天就又冷清了，有时寥寥三两个渡客，有时一个也没有。老麻从这些零星的渡客嘴里得知，原来是连接邻县水泥桥的柏油路已经开通。柏油路和铁索桥互为保障工程，铁索桥开工的时候，柏油路已先期施工。而今还坐船的是那些没有摩托车的人，有摩托车的渡客都绕道走柏油路了。天，原来如此，我老麻信息太闭塞了。什么互为保障？分明就是退路，"眼镜"他连退路都考虑好了。桥倾斜了过路，路塌方了过桥，想过路就过路，想过桥就过桥，总而言之就是不上你老麻的船。

这个夜晚，月朗星稀。

老麻用尽力气咳出一口浓痰之后，在心里和"眼镜"彻底地"和解"了，或者说他已经彻底地臣服于"眼镜"。不仅如此，老麻还原谅了"眼镜"，他相信"眼镜"那声"开船"绝对不是故意的，他只是不知晓码头上这个规矩。不知者无罪嘛。他现在已经完全原谅“眼镜”了。当然，如果“眼镜”能“亲自”到船上来一趟，哪怕只站那么一会儿，那么这个“和解”就完美了，就天衣无缝了。老麻的眼睛始终没有合上，大儿子俯下身子悄悄地说：“爸，乡长上过我们家的船，就是那个脸圆圆的，他还给你递过烟呢，是带嘴的‘刘三姐’牌。”又说：“乡长其实不戴眼镜。”老麻听罢安详地闭上了双眼，时年享阳七十三，也算是高寿了。

二十三年后，老麻家的老三成为乡长。他上任不久就做了一件事——修志。他特别关注“眼镜”的履历，发现“眼镜”在乡政府任职时间只有三个月，五月初到任，八月底就到省城的经济管理干部学院去读书了。一些老干部证实，“眼镜”其实只来了乡政府一次，就是报到的那一次。那段时间，乡长职位一直空缺。严格来说，这桥、这路都不是“眼镜”组织实施的，是县里统一安排的扶贫攻坚行动，也就是说，“眼镜”来与不来，这桥、这路都是要搞的。就是“眼镜”他那一届不搞，到后面老三他这一任乡长也是要搞的，必须搞的。

（原载2019年第11期《民族文学》，2019年第12期《小说选刊》、2020年第1期《长江文艺·好小说》转载，入选全国扶贫攻坚优秀中短篇小说集《易地记》，荣获2019《民族文学》年度奖）

补　粮

那年农历三月初三，堂伯以“补粮”仪式庆祝他的古稀华诞。“补粮”，顾名思义，就是补充粮食。就是说老人活到了一定岁数，他们生命中的“粮食”吃得差不多了，需要给他们调拨、补充，以延长老人的寿命。这是一种风俗，也是一种孝道文化，流行于桂西北一带民间。堂伯端坐在神龛下面，他的前面摆了一只坛子，坛子口敞开着，像一张随时吞咽食物的嘴。这张嘴在道公的主持下，咽下子女们依次倒进来的一碗碗粮食。其实也没多少碗，总共才有十碗，四个儿子四个儿媳妇两个孙女每人一碗。粮食不多，却是珍贵的，是山里人视为珍珠的大米。大米经过子女的手在倒入坛子的过程中，散发着银光，一些余光还掉到了地上。坛子封口后，堂伯直起身子，当即宣布一个决定：全家将搬迁到一个叫环江的地方去。这个决定有些仓促，让全场的人瞠目结舌，主持仪式的道公瞪得一只假眼差点掉了出来。显然堂伯不满足于这种一年一次小打小闹的生日，而是将“补粮”的外延大大地拓展，或者说，堂伯不愿拘泥于这种徒有虚名的形式，而是化为具体的行动。最为关键的是，粮食不再只补他一个人，而是让全家人都补上，相当于每个人都拥有一只坛子。当然不是坛子，是米仓。

俗话说，树挪死，人挪活。要知道堂伯也是一棵老树了，一棵风烛残年的老树。如果他是一棵榕树，哪怕是一棵老榕树，连根拔起移植到任何一个地方应该都没有问题，保证存活。可他不是一棵榕树，他顶多是山里一棵常见的苦楝树或者椿树，甚至可能是一棵芭蕉树。这样一棵缺乏强韧根须的老树经得起挪动吗？经得起连根拔起吗？任何一种展望或者评估都是可想而知的，没有悬念。然而，堂伯一旦做出决定，任何人都不能改变，也改变不了。他的决定像成型的牛角，你要改变它的方向，除非你把牛头割下来。堂伯决定易地搬迁到这个叫环江的地方的理由是，那里有广袤的土地，别说旱地，更别说尚未开垦的荒地，就是水田也种不完。田里长满了野草，田埂都让牛踩平了。堂伯说，那可是天养的地方。这个“天养”可不是某个讨嫌封建王朝的某个年号，它是农耕的一个代名词，是农事的最高境界。意思就是老天爷把你养起来，你想饿死都没有办法。打个比方，春天里一只鸟儿从美丽的南方飞来，鸟嘴里一粒谷物不小心掉到环江这片土地上，秋天里环江人就能收获一把稻穗。堂伯的描述从天空降落到地上，抽象变得具体，朦胧变得清晰，感性变得理性。他说，每到春播季节，无需开渠，无需引水，环江的田地自然而然冒出水来，仿佛上天已编好耕作程序，只要你撸起袖子挽起裤脚去耕耘、去播种，你只需要按部就班、循规蹈矩。一系列铺垫之后，堂伯抛出他的结论：那个地方的粮食吃不完。

决定移居环江的堂伯其实并不知道环江在何方，环江在广西的哪个位置。环江对他来说只是一个“昂巴郎”（大概）的概念，一个关于粮食的代名词。他的大儿子家宝问他：“爹，到环江县城下了车，我们到哪里去？你以为我们是去参观，去延安呀。”堂伯脱口而出：“对了，去大安，到了环江我们直奔大安。”堂伯将搬迁的具体地点具体到这个与延安有一字之差的地方。那么大安具体在哪里、在环江的哪个位置，堂伯也不知道。当然，不能说堂伯对大安一无所知，堂伯不仅听说过大安，甚至还见过一个大安人。这要追溯到十年前的1976年。那时堂伯在地区一所子弟学校当工友，负责给住校学生蒸饭。当时，每个学生每餐蒸一盒饭，午餐一盒、晚餐一盒。有一个学生例外，这个学生下午蒸了两盒饭，一盒晚餐吃，一盒下晚自习后当夜宵。那时候哪有什么夜宵，老师没有，学生更不可能有。但这个学生有了。这个学生是大安人。堂伯当时有四个孩子在公社读书，他们每个人一个星期的伙食是两斤玉米粉和两斤红薯片。就是这样的伙食指标，堂伯也不堪重负。两个大的不得不辍学回家，协助他负起家庭重担。堂伯从这个大安学生口中得知，不少家乡人在很早的时候就自发搬迁到大安去了，在他们那里落户，在他们那里成家立业，如今已是地地道道的大安人。可以说，堂伯那个时候就动了心思了的，或者说十年前他已萌生了移居大安的念头。催生这个念头的是这个大安学生饭盒里的大米饭。那些熟透的饭粒，成为堂伯脑子里的种子，在他七十岁的思想盆地里长出一片嫩芽。

一个决定的做出是有背景的。事实上，堂伯做出举家搬迁到环江去的时候，山里已包产到户了，实行了联产承包责任制，家家户户开始有余粮，堂伯家里也已有了足够的粮食。形象地说，就是可以打饱嗝了。饱嗝是一种象征，一种基本解决了吃饭问题的象征。如果全世界人民都打了饱嗝，那就意味着全世界基本消除了饥饿。有些农人打了饱嗝后，就把腰带松开了，知足常乐了，心满意足了。堂伯不是这样，堂伯站得高，望得远。别人站在晒谷坪上，只望见对面的高山。堂伯和他们不同，他的目光越过高山，望到北京天安门，望见心中的红太阳。饱嗝堂伯他打了，打了饱嗝后，他却将腰带勒紧了，恨不得打了死结。堂伯说，我们为什么不乘着改革开放的春风去开辟新天地去收获更多的粮食呢！堂伯摒弃枯燥的理论，用数据来说话，他指着排列在堂屋的四个米仓，我们这里一年满打满算就收这么多。可是到了大安，可能会翻倍，收八个米仓的玉米，甚至更多，甚至收的是大米。这很难说。后面一句堂伯不是犹豫而是强调。

堂伯出门了，用一个词语概括他的行动是：二话没说。他在五月的一天上午登上开往地区的班车。那时还没有班车直达环江，他只能坐到地区后再转车。大孙女阿红送他上车眼泪就淌下来，仿若爷爷这一去就不回来了。堂伯从车窗探出头来，信心满满地说："阿爷回来时就把你带上。"这是一趟难以命名或者提炼的旅程。探索之旅、发现之旅、创造之旅？似乎都不贴切。出发前，他对孩子们说的是去打前站。有一点很值得深思：堂伯的这趟旅程始于他七十岁而不是十七岁。十七岁与七十岁，是两个不同的层次，如同拂晓与黄昏。七十岁出门，通常是去找墓地，找最后的落脚点。可堂伯不是，堂伯是十七岁的动机，闯天下的动机。七十岁出门，是需要一点决心、一点信心的。这么说来，堂伯的黄昏之旅便是信心之旅或者决心之旅了。他肩上背一只帆布包，里面有几件替换衣物。腰间绑了一把柴刀，山里人砍柴割草剥篾片用的那种刀子。脚上蹬一双翻皮皮鞋，黄色的，是早年他在矿山挖矿分得的劳保鞋，一直没舍得穿，现在穿上去了他乡或者远方。他手上拿一把油纸伞，像毛主席去安源拿的那一把。

班车从环江汽车总站将堂伯送到大安。大安其实就是路边，世界上所有的路边。没有标识没有站点，是不是“大安”，司机说了算。司机说大安到了，买票到大安的请下车了。这话似乎是对堂伯他一个人说的，于是他就随车上的应该是大安人的旅客下车了。

堂伯没见到“大安”两个字，他见到一派成长的颜色——绿油油的颜色。田里的水稻绿油油的，坡上的玉米绿油油的。堂伯断然肯定：对了！这就是大安，大安就是这样的颜色。延安是红色的，大安是绿色的。

堂伯沿着村道不急不慢地走，实际上也是漫无目的地走。走到哪里才停下来呢？堂伯没有想好，也不可能想好。他的目的地竟然不以地点来决定，而是以时间来确定，走到天黑就不走了。有一点他在路上就想好了的，是他的身份。他现在的身份是一个匠人——篾匠，是过来寻篾活干的。他不相信大安人不收留他这个篾匠，他们种稻谷种玉米，成熟了以后总得收获吧，收获了就得用箩筐之类来装吧。收获的谷物总得晒吧，晒谷物总得需要晒席吧。还有，热天睡觉他们总得睡凉席吧。堂伯的分析是切合实际的，以一个老农人的眼光去分析农事，自然不失偏颇，而且眼下正是编织篾具的时节。堂伯是掐好时间了的。

夜幕降临，堂伯在一座三眼砖房前停下脚步，像旅客寻到了中意的旅店。前面堂伯曾留意两处房子，一座有两眼，一座只有一眼。这两家一看就知道住房比较紧张，尤其是后面一家。住房紧张的人家是无法安置自己的，如同城里的亲戚留吃不留宿。这是一个过渡时期，堂伯需要在当地人家暂时住上一段时间。最好的方式是一户人家住几天，干完活路就转到下一家。

主人正好扛着一捆竹子从山脚回来，噢，天，这简直是上天的安排，电影里都没有如此的巧合。堂伯将帆布包和油纸伞搁在台阶上，上去接过主人肩上的竹子放到地上。主人约六十多岁，身板硬朗，脸色红润，他望了堂伯一眼，你是？

篾匠，一路过来寻篾活干的。

主人说：上屋里来吧。

堂伯指着竹子问：你这是要编……

主人说：编晒席。

堂伯看了看天色，说还可以把竹子修好，明早起来就能剥了，就取下腰上的柴刀干起活来。堂伯是在黄昏时刻开启他的黄昏之旅的，又恰好在黄昏时刻开始他的事业。事业是从编织开始的。人生确实需要精心地编织。

这个屯叫晒谷屯，这户人家姓谭，是这个屯的屯长，官方称呼为村民小组长。堂伯运气实在是太好了，一找就找对了组织上的人。屯长应该不是世居民族，这从他家晒谷物沿用晒席可以看得出来。堂伯已经了解到本地晒谷物多不用晒席，谷物直接摊到晒谷坪上。屯长原想到圩市去买，去了几趟均没买到，只能自己编织了。堂伯没问屯长原籍在哪里，对每个人都不好刨根问底。但从他家晒谷物用晒席这一习俗来看，他的原籍应该与自己的家乡相距不远。屯长家一共有八口人，除了他，还有三个儿子两个儿媳妇两个孙子。大儿子和二儿子带着媳妇到城里打工，连孙子也带去了，只有到了农忙时节才回家帮上几天的忙。留在家里的老三，心也是飘忽不定的。屯长说，现在屯里年轻人都不愿意耕田种地，什么都不愿学，什么都学不会。堂伯说，年轻人的心跟牛鼻孔不同，不是一根绳子可以牵住的。屯长和堂伯一样，也是鳏夫，心情跟堂伯也一样，都恨铁不成钢。

次日堂伯早早就起来了，劈开竹子抱到堂屋，剥起篾片。屯长犹豫了一下问堂伯：一张晒席收多少人工费？堂伯说不收钱，管饭就行。屯长不信，哪能这样呢？堂伯说：我一路过来都是这样的。堂伯这句话不能算是谎话，因为他在山里给人家编篾具确实不收钱。

在真正的篾匠堂伯面前，屯长连半个业余都达不到。一张晒席屯长起码要编一个月，堂伯两个圩市的时间就编好了。屯长看着晒席，都不忍心拿去晒谷物。堂伯知道他的心思，自己到竹林里砍了竹子，再给屯长编凉席。晒席和凉席是有区别的，尺寸不一样，做工也不同。前者是粗活，后者是细活；前者是作品，后者是精品；前者是高原，后者是高峰。既然是精品，就得做出精品的样子来，所以堂伯剥的篾片特别精致，比自家的还要精致。精致的篾片，才能编出精致的凉席来。堂伯下足功夫，把凉席当作自己的信誉来编织，当作自己的形象来编织。他哪里是在编织凉席呢，他简直是在编织自己的未来。噢，上天，一个七十岁的老人，如此精致地编织自己的未来，你能无动于衷吗？你能熟视无睹吗？不到半个月的时间，堂伯为屯长编好了两床精致的凉席。

每天都有人来看堂伯编织，开始是来观赏他的手艺，觉得看堂伯编篾具简直就是一种享受，后来就一户接一户地将他接走。堂伯不再登门，而是原地等候。其实也不用等候，往往上一家的活路刚刚做完或者刚接近尾声，下一家人已守在晒谷坪上。门也不进，似乎进了门堂伯就走不成。这哪里是守候，简直就是捷足先登。堂伯的篾活越来越多，越来越丰富，编凉席、编箩筐、编摇篮、编簸箕、编背篓、编菜篮、编猪笼鸡笼鸭笼、编捉鱼的篓子……不是说这里的人不会做篾活，也会；不是说堂伯不来，这里的人就没有篾具可用，也有，却不那么齐全。比如想做一件事情，需要某种篾具，没有。堂伯来了以后，见到了某种篾具，就想做一件事情了。比如见到摇篮，就想起婴儿，就想起儿女们的婚事，这事很快就提到重要的议事日程上来。还有就是堂伯编出来的篾具不大一样。形状不大一样，感觉也不大一样。比如同一个箩筐，堂伯就能在筐上编出一个“丰”字来，鲜活生动。谷物往筐里一装，就不是单纯的谷物了，是季节了，是庄稼人的日子了，是丰收的景象了。一句话，是形而上了。比如同样是猪笼，堂伯编的猪笼就有说不清道不明的魔力，装进去的猪就是不哼不叫，安安静静的，都安静得无怨无悔或者心甘情愿了。

堂伯开始收徒。

收徒不是堂伯提出来的，是屯里人提出来的，具体说来是几个长老提出来的，要屯里年轻人向堂伯学习编织篾具、打制家具，学习酿酒、做豆腐，学习阉猪、阉鸡、阉羊、阉牛等技术。就像屯长说的那样，这些看似简单的传统技术，很多农村年轻人都不会。堂伯心里也有收徒的想法，几个长老一经提出，他就欣然接受了。同时堂伯也意识到，他教的不仅仅是晒谷屯的年轻人，而是晒谷屯的一代人。

如同教师需要教室，堂伯教授徒弟同样需要教学场地。屯长和几位长老亲自出马，最后他们选中一个地方——当年的“知青点”。“知青点”就是前后两排瓦房，前排是宿舍，有六间房；后排是厨房和工具房，也是六间房。十年前知青们回城后，这个“知青点”就废弃了。房子的泥墙看上去还坚固，只是瓦片有些残缺，需要检修一番才能重新住人。屯长召集屯里人，对“知青点”进行一番检修，然后我家一只锅头，你家几个凳子，就将堂伯在“知青点”里安置下来了。从堂伯的角度来讲，是扎下根来了，已经扎实稳妥地迈出了他移民计划的第一步。而屯里人认为，他们办起了一所传统技术培训学校。

堂伯的教学方法有他独特的一套：全面教授，有所侧重；急用先学，活学活用。他告诫徒弟们，这些技术不是一两天就能学会的，得日积月累，总之得需要时间慢慢打磨，回去告诉你们的家长，如果你们愿意，我会长期住下来教你们。

田地上绿油油的颜色渐渐变成金黄色的时候，堂伯已在这个名叫晒谷屯的屯子居住了两个多月。他每天手把手教授编织技术，眼睛却瞅着屋外的田野。可以说他是眼睁睁地看着田野上的绿色一点一点地变浅、变淡，最后变成了金灿灿。

晒谷屯，到了开镰的季节。

这一天，堂伯悄悄地跟阿勇交代了一件事。阿勇就是屯长家的老三，是堂伯教授的徒弟之一。阿勇其实很不愿意来学习所谓的传统技术，他一心想到大都市去闯，迫于他父亲的威力，他每天不得不来。堂伯让他到大安邮电所给老家的村里打个电话，就说他病了，病得不轻。阿勇望着他，你不是好好的吗？堂伯狡黠一笑，你去打了电话，我就病了嘛。

四个儿子四个儿媳妇两个孙女一路寻到“知青点”，却见堂伯好端端地在给一屋子的年轻人授课，上这个季节的最后一课：自制酒曲需要的元素与秘诀。大孙女阿红扑上去一把抱住堂伯，从裤袋里扯出一条长长的白布条来，阿爷，我们都带着孝布来了。堂伯抹掉她脸上的泪滴，你阿爷距离那天还远着哩！屋子里传出一阵哈哈大笑声。这事很快就在晒谷屯传开了，说堂伯家一家人大老远从一个叫都安的山区来给他奔丧。

“奔丧”队伍变成了“双抢”（抢收抢种）工作队。堂伯按照屯长提供的名单，将四个儿子、四个儿媳妇、两个孙女分派到缺乏劳力的农户去帮助收割。堂伯告诫儿子儿媳们，要像收割自家的谷物一样收割，逐步从体验丰收过渡到享受丰收。“工作队”的到来，令这些农户欣喜若狂。这个季节，农户最需要什么呢？人。只要有了人，什么人间奇迹都可以创造出来，毛主席这句话这个时候在农村得到最生动的体现。这个时候你要是下田收割一天，他们叫你一声“爷”都毫不含糊。

屯长家的大儿子、二儿子和大儿媳妇、二儿媳妇都回来了，但他请求堂伯也给他家支援一个劳力，理由是他家的任务重。屯长毕竟是屯长，他不说他家田多谷子多，而是使用了“任务重”这个词语。

堂伯说：你点。

堂伯知道他想点谁。

屯长点了阿红。

阿红其实不用下田，她和阿勇在家里负责后勤。

孙女不下田，可她的爷爷下田了。堂伯剥篾片的柴刀，换成了收割的镰刀。他没有具体分派到哪一家，而是今天帮了这家，明天再帮另一家。堂伯这招太厉害了，太综合了，太智慧了。如果说儿子儿媳们的分派有所侧重的话，那么到他这里就平衡了，就宏观了，就都兼顾到了。

既消除了闲言碎语，也彰显了堂伯的人格魅力。堂伯像个干部一样，整个收割季节，他以“三同”（同吃同住同劳动）的方式，走遍了晒谷屯的家家户户。

收获季节的农人是喜悦的，也是最困乏的。太阳从早晒到晚，脊背可以烤成烧饼。晚上收镰回来，端饭碗的手都抬不起来。这个时候酒成了解乏的最好的东西，成为恢复体力最佳能量。晒谷屯的人很少自酿米酒，他们喝的酒多是从代销店买的。喝米酒当然是喝自酿的好，自家酿的是原浆，卖出去的自然兑了水。兑了水的酒，品行歪斜了，酒味也不纯正了。堂伯预见这个季节，农家少不了酒，所以在“知青点”培训时，已经有前瞻性地指导徒弟们如何自酿家酒，回家开始发酵谷物，还突击打制了六套酿酒工具。酿酒工具可以轮流使用，六套酒具够全屯的农户用了。堂伯有时会提前收镰回到农户家里，像在自家一样熟门熟路地操作一切。当一家人疲惫不堪地回到家中，屋子里正飘袅着浓浓的酒香。

这个季节，堂伯和他的四个儿子、四个儿媳妇、两个孙女全程参与了整个晒谷屯的收割，他们见证了收获，见证了丰收。他们确实做到了像收割自家的谷物一样收割，也深刻体验到了丰收的喜悦。但是，他们没有收获，在“知青点”里，他们一筐谷物也没有。望着一个个晒成了黑炭似的儿子儿媳，堂伯坚定地说，这一切我们都会有的，很快就会有的。要是认真地总结起来，堂伯这一生最大的成功，就是思想工作做得非常到位。他不仅自身有坚定的理想信念，而且不打折扣地将这种基因传播给了子孙后代，并在后辈们的身上发扬光大。后辈们在家乡只收获苞谷，从未收获过稻谷。收获苞谷和收获稻谷是不一样的，成就感不一样，劳动量和劳动强度更不一样。整个过程没有一个人畏缩，没有一个人掉链子，都安人吃苦耐劳、无怨无悔的品格，在他们的身上得到淋漓尽致的发挥。儿子儿媳们的表现，堂伯是满意的，甚至还有一点点自豪感。踌躇满志的堂伯告诉儿子儿媳：我们不回去了。

堂伯来到屯长家。屯长刚好酿完一锅酒，正蹲在灶台前发呆，他这锅酒给酿寡了。真是奇怪，明明酒具是堂伯打制出来的，酿酒技术也是他一手传授的，可是堂伯不在现场，酿出来的酒不是酸了就是淡了。

堂伯说：收割完了，我们该回去了。

屯长惊慌失措，如同面对眼前这锅酿寡了的酒：回去？怎么就回去了！

屯长只问了两句就没话了。这确实是个问题，他们这一家人不回去，难道让他们常住下来？常住下来他们靠什么吃饭？

屯长说：你等我回话，我回话了你再决定回不回去。

三天后，屯长来到“知青点”。一进门，屯长就说：“你们回不去了，你们得留下来帮我们完成一项光荣而艰巨的任务。”

这项光荣而艰巨的任务，是上级要在屯里大面积种植秋植蔗。上级下达的任务自然光荣，但确实艰巨，任务指标下到晒谷屯就卡壳了，分派不下去。理由很简单，农户不愿意种植。

要种多少亩？

堂伯问。

五百亩。

屯长回答。

“天！我以为五十亩。”堂伯说，“这事我们得合计合计。”

屯长说：“就是五百亩嘛，你还合计什么？”

堂伯说："你等我回话。"

屯长一走，堂伯一家人就开始合计。其实堂伯压根就没有合计的念头，他所谓的合计表面上看是发扬民主，集思广益，实际上是统一思想，提高认识。他清楚这五百亩秋植蔗，由他们一家人来完成，肯定有难度，而且不是一般的难度，但他更清楚这五百亩甘蔗是屯长的一只烫手山芋，这只烫手山芋如果处理好了，他们一家就在这里站稳脚跟了。大儿子家宝一有民主机会自然不会放过，他提醒父亲，别忘了我们来这里的初心不是种甘蔗，而是种玉米和水稻。大儿媳妇补充道：糖是不可以当饭吃的。幼稚！堂伯驳斥道。对儿子儿媳的短见或偏见，对他们无法理解自己深邃的思想怒不可遏。他们哪里知道，这是拥有土地的第一步。种植秋植蔗的这些土地，是各家各户闲置的荒地和坡地，现在能种下甘蔗，将来自然可以种植玉米、水稻等其他作物。哪怕就是长期种甘蔗，甘蔗的收入也可以转换成苞谷和稻米。堂伯不想作进一步解释，觉得也没必要解释，他只说了一句："你们可以回去，但这五百亩甘蔗我是种定了。"

儿子儿媳们自然不敢回去，回去也没什么活路可干，家里那几亩旱地已让他们收摭得干干净净。屯长怀抱用作地界标识的竹条，满脸堆笑地带领堂伯一家去落实甘蔗地。堂伯的思想是深邃的，屯长的思想同样也是深邃的。这五百亩秋植蔗，可以说成屯长烫手的山芋，也可以说不是。是什么呢？各人有各人的盘算或者概念。

太阳还挂在中天，堂伯提前收工回到"知青点"。他架起锅头，装上酒具，酿一锅包谷酒，煮一锅大米饭。大米是他们一家人支援"双抢"时，屯里各家各户送的。这些日子他们仍然延续或者保留家乡的饮食习惯——喝玉米粥。吃大米饭还属于逢年过节的"特权"。今天不是过节，是堂伯对儿子儿媳孙女们的犒劳，用老家的话说是“会餐”。堂伯又泡了干菜、黄豆，洗了一刀腊肉。这些都是从老家带来的“土货”，它们将成为今晚的佳肴。

一家人从坡上回来，“知青点”里已点亮了蜡烛。众人洗了手，就坐到桌边来了。除了两个孙女，堂伯给所有人都摆了酒杯。他带头先喝一杯，朝四个儿子亮了杯底，意思是你们要像父亲一样自觉，要以父亲为标杆。喝了三盅酒，堂伯提议集体学习一下。他吩咐大孙女阿红拿来帆布包，掏出一个红色塑料封面的本子，戴上老花眼镜，手指头舔了口水翻起来，停在一个页面上：我们宣传大会的路线，就是要使全党和全国人民建立起一个信心，即革命一定要胜利。首先要使先锋队觉悟，下定决心，不怕牺牲，排除万难，去争取胜利……中国古代有个寓言，叫做“愚公移山”。说的是古代有一位老人，住在华北，名叫北山愚公。他的家门南面有两座大山挡住他家的出路，一座叫做太行山，一座叫做王屋山。愚公下决心率领他的儿子们用锄头挖去这两座大山。有个名叫智叟的老头子看了发笑，说是你们这样干未免太愚蠢了，你们父子数人要挖掉这样两座大山是完全不可能的。堂伯把本子传递给二儿子家和，家和接着念道：愚公回答说，我死了以后有我的儿子，儿子死了，又有孙子，子子孙孙是没有穷尽的。这两座山虽然很高，却是不会再增高了，挖一点就会少一点，为什么挖不平呢？家和再把本子传递到三弟家兴手上，家兴接着念下去：愚公批驳了智叟的错误思想，毫不动摇，每天挖山不止。这件事感动了上帝，他就派了两个神仙下凡，把两座山背走了。家兴最后将本子传给四弟家贵，家贵站起来双手捧着本子高声朗诵：现在也有两座压在中国人民头上的大山，一座叫做帝国主义，一座叫做封建主义。中国共产党早就下了决心，要挖掉这两座山。我们一定要坚持下去，一定要不断地工作，我们也会感动上帝的。这个上帝不是别人，就是全中国的人民大众。全国人民大众一齐起来和我们一道挖这两座山，有什么挖不平呢……这个红本本，是堂伯一直收藏且一直随身携带的“红宝书”。今晚它和蜡烛一道照亮了这个偏僻寂静的“知青点”，照亮了这间屋子里的人的心。

堂伯每天率领儿子儿媳孙女到荒坡上锄地翻土，这种活他们太熟悉了，如同熟悉手中的锄头。同样是锄地，感觉却不一样，在老家，挥动锄头的力度和幅度都是有限度的，那是因为老家的地块太小了。小到什么程度呢？用一句很形象的话说是：碗一块，瓢一块，丢个草帽盖两块。确实老家几乎没有像这样宽阔的土地，老家的地叫什么呢？叫畲地。儿子儿媳们大幅度挥舞锄头的姿势，简直是一种艺术造型——一种舞蹈艺术造型，这种造型源自于脚下宽阔且坚实的舞台。

屯长每天都来转一转，村主任久不久也来转一转，后来乡长就来了。乡长从一辆北京吉普下来直奔坡上，可以说是马不停蹄。原本纯粹的劳作在他的眼里一下子成为晒谷屯种植秋植蔗的热潮。热潮随着热浪扑面而来，乡长被感动了，深深地被感动了。屯长把堂伯介绍给乡长，说晒谷屯从实际情况出发，因地制宜，将甘蔗种植任务承包给外乡人。乡长从头到脚打量堂伯，堂伯窘迫得脸颊发烫，好不容易吐出一连串的话来：“乡长你放心，我们全家人尽量种，能种多少尽量种多少。”乡长还在打量他：“你是不是潘工友？”堂伯直起腰来，也把乡长打量了一番，震惊道：“我的天，你就是晚餐蒸两盒饭的……”堂伯急忙压低声音，这是乡长的隐私，岂可泄露！乡长一把捉住堂伯的手，好，太好了。

第二天上午，坡上来了两台耕作机，在坡上突突突地耕作起来。堂伯提着锄头跑到跟前，不让我们种了？机车手从车窗伸出头来，种，怎么不种，乡长叫我们来协助你种。过了几天，乡长又来了。不止乡长一人，还来了一帮人，他们运来蔗种和化肥，协助堂伯一家把甘蔗种完了。堂伯不知道，他的这一举措打开了全屯秋植蔗种植被动的局面，乡里将他们一家列为种植大户给予重点扶持。乡长叮嘱堂伯，往后你只需要把甘蔗管护好就行了，到砍运入厂时，自然有公司负责来收购，不用你老人家操心。乡长重复一遍："你一点都不用操心。"

枫叶红了，屯长家人来提亲。

屯长家老三阿勇和堂伯的大孙女阿红已恋爱半年，两人的爱情和眼下的季节一样瓜熟蒂落。当初分派"双抢工作队员"，屯长刻意点了阿红，堂伯就看出眉目了。堂伯在"知青点"能摆桌子的地方都摆上了，邀请每户的户主光临。户主一到门前就烧一串鞭炮，那天，整个晒谷屯的上空响了一个上午的鞭炮声。

春节过后不久，乡里通知堂伯做好甘蔗砍运入厂准备，一家人又忙碌开了。农人的命，本来就是忙碌的命。这个春节，堂伯一家没有回老家，他们忙着筹备盖房子。整个春节，一家人也是在忙碌中度过的。经过全屯群众集体讨论，报乡土管所批准，同意堂伯一家在"知青点"的地皮上推倒旧房，重建新房——这就意味着堂伯一家真正地在晒谷屯落脚了，生根了。

甘蔗入厂，县糖办通知堂伯去结账。堂伯签完字，一股血流忽地涌上脑门，差点晕倒在地，他被存折上的一笔"大钱"吓坏了。堂伯赶到乡政府找乡长，乡长说："这就是你的钱啊，种子，化肥，机耕、机种费和砍运费都扣除了。”出门来，乡长拍了他的肩膀，你今年还要继续种。堂伯回到屯里，心里还是不安，他找到屯长，不，是亲家，他说：“甘蔗地是屯里的，收入我们家不能独占，家家户户都应该有份。”这回是亲家打量着他，亲家说：“要分你分，反正我家不要。”后来，堂伯叫来女婿阿勇，让他开了一辆车，到乡营业所提了甘蔗款。回到屯里，堂伯逐家逐户登门，给每户都送上一份钱。屯里人和亲家一样，从头到脚细细地打量眼前的这个篾匠。

又是一年三月三，儿子儿媳们张罗给堂伯“补粮”。堂伯不但拒绝了他们的良好祝愿，还批评他们搞形式主义。生日那天清晨，他像往常一样早早醒来，他的目光梭巡在一座座米仓上，米仓里装满了苞谷、稻谷以及小米、荞麦。每一座米仓上都写着一个“豐”字，这个繁体的“丰”字，笔画那么复杂，要是编织到箩筐上那是相当费工夫的，就像他此生一样。

（原载2018年第11期《民族文学》）

暗　香

该给芭蕉剃头了。当然不是给芭蕉本人剃的，是给亲戚家属剃的。这自然是一种仪式，仪式通常在第四十九天举行，也叫做“脱孝”。就是说，明天剃了头以后，家属成员可以洗脸洗澡，可以刮胡须，可以剪头发了，可以恢复包括夫妻生活在内的各种活动了，含有解脱的性质。当然不是说解脱就解脱了，就可以忘却了，思念依然还会疯长，就像那坟顶上的野草。那可不是野草，那是一株株无穷无尽的思念。

达香一天天掰着指头数到今天。这四十八天来，达香的血管里始终爬着一群蚂蚁，她心痒难挠，心力交瘁。她的老公山薯直到今天，一点也没有返回广东的动机或者迹象。山薯在广东那边一个建筑工地当泥水工，芭蕉入殓那天他就回来了，和村里的壮年人一起操办芭蕉的后事。芭蕉生前是村主任，活着的时候脸面跟芭蕉叶子一般大。芭蕉轰然倒下，两腿伸直了，脸面还是芭蕉叶子那般大，一点也没有萎缩。芭蕉生前是积了功德的，比如他为村里争到“危改”指标，把危房、木瓦房都改变成钢混结构的砖房。虽不能说村里的砖房都是芭蕉建起来的，但每个房子两万多三万块钱的补贴，确实是芭蕉努力争取而来。像元宵的汤圆，吃了的人心知肚明。“危改”那些日子里，芭蕉务实的身影，全村人都看到了。下雨天，芭蕉手擎一张芭蕉叶当雨伞，从这家赶到那家，村里人都觉得他像一棵芭蕉树一样高大。比如芭蕉到广播电视局弄来几十面“锅盖”，接收卫星电视，把山外人的哭声和笑声引进村里。这些年村里壮年男子都出去打工了，就剩下老人、妇女和小孩，有肥猪陷入粪井里，全村人只能干瞪眼。一个种地的农家，可以没有耕牛，不可以没有男人。没有耕牛人可以顶替，没有男人连山上的猴子都要欺负你。这些年要是没有电视上的咳嗽声和哭笑声，恐怕山上的猴子早就搬迁下来，占了人类的地盘。比如……这些假设都是看得到听得见摸得着的“干货”，这些都得感谢芭蕉。开始达香以为办完芭蕉后事，山薯就回广东建筑工地去，最迟也是做完“三早”就必须回去了。眼下已逼近年关，难道山薯不想多挣几个钱回来过年？山薯去广东打工到现在只寄回三千块钱，而家里“危改”的房子还欠债四万多。照这样积累，不知要积累到猴年马月才能还清贷款。做完“三早”后，村里和山薯一起到广东打工的人纷纷结伴回去，山薯却一点动静也没有。达香暗示性地为他浆洗了衣物，把那只脏得像个粪篓的帆布包洗得干干净净。山薯视而不见，仿佛老婆打点的是别人的行囊。明天就是芭蕉的“剃头日”了，看样子山薯是要吃了剃头仪式的饭才返回广东。这个判断像螺帽一样固定下来，达香心绪越发变得焦躁不安，山薯你要是吃了剃头仪式的饭，你就不要回广东了，反正你也赚不到什么钱回来。

牛栏的门吱嘎一声，开启朦胧的天色。山薯赶着小母牛到后山去放牛。小母牛夹着尾巴走在前面，山薯吹着口哨跟在后面。一根细细的绳子穿过小母牛的鼻孔，越过它的脊梁牵在山薯的手上。屋檐下，达香的眼睛像一只马蜂，嗡嗡嗡地飞在山薯的周围。那把镰刀插在刀鞘里，绑在山薯的腰上。刀鞘的绑绳有些松垮，垂下的镰刀一抖一抖地擂着山薯的屁股，看那模样擂它半天也擂不出一个响屁。达香气不打一处来，山薯，你放牛就放牛，你带镰刀去干什么？小母牛喂饱了，就不需要再给它割草了。它一头小母牛能吃得几多草，它又不是一匹马。人无横财不富，马无夜草不肥。小母牛夜里是不需要添草料的。小母牛正值壮年，等待屠户或者畜师的挑选，你晓得不晓得。山薯，你这不是故意跟我过不去吗？你晓得你去放了牛，你去割了草，我就不能再去放牛，我就不能再去割草。我不出去割草，就没有理由出门上山去，我就……

出了门，达香直奔达訇家去。达訇的家在村东头的坡岭上，要绕过几块甘蔗地才到达。坡岭上就达訇一家，是一座两间三层钢混结构砖房。村里经过“危改”后的砖房，也就达訇一家是三层的，大部分农户只建了一层，达香家和另外三户勉强建了两层。有人说达訇的男人在广东那边挣了好多钱，这个判断很快就被有男人在广东打工的人家否定了。达訇的男人在工地上主要是做保安，兼顾些抄抄写写，挣的钱比他们还少，除非他既做保安又当内贼，把仓库的建筑材料卖了钱。达香知道这三层钢混结构砖房的融资机密，除了一户一份“危改”指标，芭蕉额外多给了达訇一家三份。这事过去就过去了，要是搁到今天，就不是睁一只眼闭一只眼那么简单了。芭蕉有时在村上检查工作到夜晚，忘了带手电筒就住达旮家二楼。村西头刘老锁以一把铜锁作交易，问达旮的儿子罐罐："罐罐，德昌主任来你家住哪里?"德昌是芭蕉的大名。芭蕉是女人们封给他的绰号，就像达香叫他男人山薯一样。罐罐拿了刘老锁的铜锁告诉他，德昌主任住我家外事办。这个毫无边际的答案，让刘老锁丈二和尚摸不着头脑。刘老锁没去过达旮"危改"后的家，哪晓得"外事办"是哪间房哪张床，更没晓得"外事办"是什么单位。达旮家"危改"后，芭蕉带来几块塑料牌牌。在一楼摆着电视机的客厅墙上，钉了一块牌：广播电视厅。堆放五谷杂粮的房间，牌牌上是"粮食局"。厨房门楣上的牌牌是"后勤服务管理局"，隔壁卫生间的牌牌是"污水处理中心"。二楼用来接待客人的房间，牌牌上是"外事办"……达旮的男人从广东回来，见到这些牌牌立马有一种君临天下的感觉。男人什么意见也没有，背着手在牌牌下面踱了几个来回，仿若莅临重要部门视察调研。为了感念芭蕉的功德，男人和村小学老师合作，在芭蕉灵前创作了一副挽联：主任辞尘从此音容难再睹，村民垂泪而今头雁何处寻。村人读罢，无不动容。

达旮端坐在"广播电视厅"看新闻。她家不仅第一个分到"锅盖"，比别家还多得了一台电视机。芭蕉不叫它电视机，叫它监视机，是安装"锅盖"的技术人员留下的。那个戴眼镜的工程师说，这台监视机讲它贵嘛你们买不起，讲它便宜嘛也就抵它五碗米酒。眼镜判断芭蕉绝对喝不了五碗米酒，没想到芭蕉一口气喝了八碗，眼镜只得乖乖地将监视机留下来。眼镜他们一走，芭蕉就倒在"外事办"，直到黎明鸡叫才醒来。达旮心疼地责怪芭蕉，看你搏命的样子，我宁可不要这台"太监机"。芭蕉说八碗算什么，比起那几十面"锅盖"轻松多了，那些"锅盖"都是一面一碗的。达匄一早起来，第一件事是打开电视看新闻。男人到广东打工后，达匄把责任地租给承包户种甘蔗，不但免去了繁重的农活，还得到芭蕉的褒扬和奖励。那年县里新建一家糖厂，政府发动全县大面积种植甘蔗，将任务层层分解到村里。芭蕉下队来发动，手上那只电喇叭用完一箱电池，还是没有一户行动起来，处在一种“村看村，户看户，党员看干部”的胶着状态。达匄不是村干部，也不是党员，却第一个带头行动，把四亩责任地全部租出去种了甘蔗。年底她不但如数收回承包金，还得到芭蕉送来的一万块钱的“以奖代补”。

达匄抓给达香一把南瓜籽。达匄看电视时要嗑瓜子，嘴里一直嗑个不停。她挪过一只凳子，让达香坐了，眼睛始终没有离开电视画面。画面上一辆美军巡逻车正在燃烧。达匄叹息一声，我的哥哎。达香挨着她坐着，心思和视线却不在电视画面上。她的眼神在屋子里搜寻，定格在不远处的墙角那里。墙角那里堆放一捆红薯藤，若不细心观察，难以发现搁在红薯藤上的那把镰刀。那是一把长柄镰刀，因为长年割草割藤蔓，沾着草汁藤液，寒来暑往，天长日久，刀面和刀柄的颜色已和枯萎了的草叶藤蔓颜色融为一体。达匄觑了达香一眼，嘴里吐出瓜子壳，她知道达香所要刺探的秘密，这是她们的秘密，也是全村女人的秘密。这个秘密其实就是村里的一个风俗或者规矩，即村里的女人如果跟死去的男人生前有过瓜葛，七七四十九天之内自觉将家里的一把镰刀扔到他的坟上。

达香盯着达匄看，良久才冒出一句：“你还没扔啊？”

达匄麻利地将一颗瓜子抛进嘴里，舌头搅动一下，瓜子壳就吐出来了。她的嘴简直是个嗑瓜子的机器。达匄说，我为什么要扔！就是全村女人都扔完了，也轮不到我，我和他可是白开水一般清白。这话说得理直气壮，其实是霸道了，不负责任了，不实事求是了，说得严重一点，就是不守道德不讲规矩了。原以为村里第一个种植甘蔗的是你，那么第一个到坟头扔镰刀的也应该是你。原以为你会提供一些信息，例如坟头上有几把镰刀了，甚至还会敦促大伙早些把镰刀扔了，让他不留遗憾安心去往天堂，以后大伙都到了那边，遇见了也不感到为难。

达香很失望，真的很失望。当然，最大的失望是达訇过河拆桥翻脸不认人的态度。怎么能这样呢？啊，怎么能这样呢？达香在心里一遍又一遍地询问，是反问，也是扪心自问。她站起身来，走出门去。达訇在身后说，你应该去达美家走走，第二个扔镰刀的应该是她。这话把达香彻底地推出了门，也转移了目标和方向。达香本来没这个念头，经达訇这么一说，她突然觉得有必要走访一趟。达美是个寡妇，三年前她老公在悬崖上捉蛤蚧时摔死了。一年后媒婆给她介绍了一个老光棍，各方面的条件都很匹配，可是达美拒绝了，拒绝的理由是有人照顾她了。村里人都清楚，经常照顾她的人是芭蕉。不止达美一个，还有达萍、达琼、达燕、达英、达东、达柳、达娟、达慧、达丽，达香觉得也都很有必要走访。她们和达訇一样，都一起在芭蕉叶下躲过雨，倾听过雨打芭蕉叶的声音。

第一站走访达美。达美的家和刘老锁家在村西头。刚到半路，达香就被山薯一声吆喝掉头。走访达美不行了，走访达萍、达琼、达燕、达英、达东、达柳、达娟、达慧、达丽也不行了，行动计划被迫取消。山薯赶着小母牛从山坳口下来，身后跟着一个人，达香一眼就认出是八叔。八叔是主持芭蕉法事的道公，明天剃头仪式自然还得由他来主持。总体部署的是他，收尾也是他。八叔这辈子做了多少场法事，他已记不清楚了，没有一场他做得不圆满。那些在悬崖上捉蛤蚧摔下来缺脑袋断腿脚的，那些在几千米深井下挖遇难的，那些身家上亿却无后的……没有一个不让八叔打理得服服帖帖。芭蕉开始也睁眼，摆着架子。但这架子在八叔面前不堪一击，八叔对芭蕉的了解，就像了解他自己的酒量一样。八叔晓得当了一辈子村干的芭蕉最得意的是什么，他一生的亮点是什么，他的短板是什么，他的叹息和遗憾是什么，他心里牵挂的又是什么。八叔吩咐助手为芭蕉做了一百多只小纸房，又做了一百多面纸“锅盖”——这些都是芭蕉政绩的缩影或者结晶。但这些“杰作”都做好摆在芭蕉灵前，芭蕉还是睁着眼，还是端着架子。八叔说，算你有种，你比那些官员还倔。那些大官都给我面子，就你不给。助手说别理他，让他保留意见，我们该干啥干啥。他决然告一段落转入下一个环节。这个环节让人有些难堪，主要是妇女同胞难堪。八叔说这番话时，男人们分头忙着杀猪宰羊挖坟墓都不在现场，八叔见缝插针抢抓机遇把话说了。八叔说有些事讲了不能做，有些事做了不能讲，门前的芭蕉没数过，吃没吃过心里明白，德昌他自己也有纪录。坟顶上的镰刀，我不去考究是哪一家的，也没有人去辨认是哪一家的。镰刀扔了就扔了，不追究既往，不记入档案，不告知家人。达香当时和达訇挨坐在一起，八叔说完这番话时，达訇鸡爪似的手在她大腿上狠狠地掐了一下，疼得她差些喊出声来。痛感似乎传感到八叔那里，达香抬起头来就撞上他那双鹰眼。做法事时，八叔拎一只小布包，在熊熊烈火上“过”了一遍，然后放进棺材里去。芭蕉生前不做笔记，他像古人记数一样，随身携带一只小布包，每离开一个农户家就往小布包里放进一颗小石子。看上去那只小布包沉甸甸的。盖上棺材板的时候，芭蕉已一脸安详，像生前的某一次香眠。

达香！山薯的声音从山腰传下来，你赶快烧水杀鸡，八叔要来我们家。杀哪只？杀那只半夜打鸣的花公鸡。达香心里咯噔一下，八叔不是到芭蕉家筹备剃头仪式吗，干吗要到我们家来？达香转身进屋时，一股怒气又生了出来，山薯，八叔要来就来嘛，你大声喊叫什么，你要让全村人知道八叔来我们家，以为我们家死人了是不是？你如果今天死了，“三早”后我就带阿妹嫁人，我才不等到七七四十九天，我才不熬它三年五载，我才不管你瞪眼豁嘴要大牌。

达香递给八叔一杯水，眼神落在他手上，却感到那双鹰眼在凌空俯视她。达香头也没抬地转身去烧她的火。她把一根又一根干竹子塞进火塘，火塘时不时嘭地发出一声巨响。在案台那里切菜的山薯责怪她，你就不会用刀子把竹子先劈了嘛，劈了它就不会爆了。达香没好气应道，刀都在你那里了，一把在你手里，一把在你屁股上，你让我用手来劈嘛。说罢就朝山薯的屁股飞去一眼，恨不得在上面狠狠地蜇它一针。山薯把小母牛关进牛栏进了家门，直到现在那把镰刀竟然还没解下来，竟然还吊在他的屁股上。山薯不再吭声，任凭火塘里发出嘭嘭嘭的响声，仿佛在倾听过年的爆竹。

八叔和山薯喝了几杯酒，就提出要到芭蕉家去。剃头仪式有许多前期工作他要部署，夜里还要召集家属成员开个预备会。某些重要的流程，事前还要提交家属成员审议讨论，以便统一思想，达成共识，确保实现剃头仪式筹备组的意图。虽说已内定好了，但基本程序必须走完。芭蕉生前接受过各种各样检查核查，挨扣过分。被抽调参加过各种各样的评议组检查组，也给人家扣过分，提出过整改意见，到他这里就要认真了。这种事情，在场的人谁也没体验过，谁也讲不清楚，从来没人胆敢马虎应付，敷衍了事。达香以为山薯邀请八叔进家来，是要谈他受戒的事，甚至可能在剃头结束之后顺便举行受戒仪式，了结心事才返回广东。达香知道山薯已拜八叔为师，只是尚未正式受戒。山薯对她说过，受戒后他不一定就当道公，他还是继续回广东打工，以后老了才转换角色。然而桌上山薯只字不提受戒一事，而是谈了缠在达香心头上的那件事。山薯告诉八叔，他每天放牛途经山腰芭蕉墓地都留意观察，四十八天了，坟顶上只有一把镰刀。

八叔在啃鸡头，因为过于匆忙，鸡头的毛拔得不是很干净，从他嘴里勾出的肉末夹着绒毛。

山薯端起酒来敬八叔，你敢肯定只有达花（芭蕉的女人）的一把吗？眼睛盯着八叔，在等他确认。八叔喝了酒，给了一句不是山薯想要的答案。八叔说，还没扔的今夜第一遍鸡鸣之前要扔了，过了第二遍再扔就没有意义了。达香盯着碗里的鸡肉。她杀了一只母鸡，而不是那只花公鸡。她埋头撩拨碗里的饭粒，一粒也没吃到嘴里去，仿佛在为逝者喂食。

搁下筷子，八叔起身向达香道谢告辞。山薯跟着站起身来，我也过去帮忙，猪和羊下午都要宰杀了，杀猪那帮屠夫可以操刀，宰羊不是我操刀的话那活血就吃不成了。吃羊不吃羊活血，等于不吃羊。两人一前一后出门，山薯腰上绑着那把镰刀，那把垂下的镰刀，一抖一抖地擂着他的屁股。达香心里呸了一声，我根本就没听芭蕉女人讲要杀猪，更没听她讲过要宰羊。猪肉是跟屠夫德照要的，羊肉也没列在菜单上。芭蕉的女人还讲，剃头仪式限在小范围内进行，一家一户只派一个代表。听你这么一讲，好像剃头仪式是你来具体操办的，好像要剃的不是芭蕉的头，而是你的头。

山薯回到家是后半夜。昏暗的灯影下，山薯摇摇晃晃地站在床前。喝得醉醺醺的他，问了一句，睡着了吗。达香没吭声。山薯一把掀开被子，摸着达香的脸，你睡着了吗。达香侧过身来嗯了一声。山薯稀里哗啦地脱去衣服。叮当一声，那把镰刀被山薯扔到墙角那里。达香暗暗呼出一口气来，这口气她憋了整整四十八天了。四十八天来，达香第一次掌握镰刀的去向或者藏身地。有几次山薯放牛归来进门后，明明见镰刀还在他屁股上，眨眼间突然就不见了，然后就下落不明，第二天早晨又绑在山薯的腰上。达香为此怀疑山薯在广东偷偷学了魔术。最让达香上火的是，家里居然只有一把镰刀。这把镰刀是山薯的父母留下来的，说不定是他的爷爷的爷爷留下来的。想想看哦，对一个基本上还处于刀耕火种状态的农户而言，家里只有一把镰刀，如何发展生产力，如何脱贫致富？达香坐起身子。山薯搂着达香的脖子，嘴里喷着酒气，说一句"我明天就回广东了"就趴到她身上。回广东，回广东，明天你才回广东，对我还有什么意义？心里虽是这样说，身子却主动侧过去，说明天是星期六了，阿妹周假回家，你见了她一面再回吧。山薯嗯了一声，又含糊不清地说了一句什么就打起呼噜。山薯一阵接一阵的呼噜声，很像猪圈里吃了带有酒糟的泔水的年猪发出的鼾声。达香心里想，原来人和动物喝醉了所发出的声音是一样的。所不同的是，年猪的鼾声寄托着达香对丰收的一种期望、一种喜悦，而山薯的呼噜声只让她心烦，彻夜难眠。要是在别的夜晚，达香绝对翻身下床睡到阿妹的床上。但是今夜达香期待山薯的呼噜声，这种呼噜声，像黑夜迷途的人渴望一阵雷鸣一道亮光。达香小心翼翼摇着山薯，山薯没有反应。达香又摇了两下，山薯的呼噜声不但没有间歇下来，而且一浪高过一浪。

达香悄悄地穿上衣服，蹑手蹑脚下床来。屋里一只灯泡亮着昏黄的光，这四十八天来一直这么亮着，像守夜人困顿而警惕的眼。达香趿着鞋疾步来到墙角，一把抓起镰刀。姑奶奶！你终于让姑奶奶逮住了，这些日子你躲到哪里去了呢？啊，你躲到哪里去了？这些天来一直想找到的镰刀，此时此刻终于握在她的手上。达香的手心湿漉漉的，她把镰刀换到另一只手上，腾出另一只手来擦她脖子上的汗水，脖子也湿漉漉的，达香浑身湿透了。

达香蹲在墙角那里，翻来覆去地揣摩那把镰刀，她必须在很短的时间内做出抉择。现在距离第一遍鸡鸣越来越近了，她甚至听到公鸡已开始扇动翅膀，冷不防就发出一声低鸣。一旦这声鸣叫划破时空，即宣布期限的终结。达香急忙站起身子，来到堂屋神龛前，从八仙桌下摸出一把铁锤。

达香返回到墙角那里，拿起镰刀，来到床前停留了一下，观察床上的动静。山薯的呼噜声依然此伏彼起。达香回到堂屋，拿起铁锤猛地敲击镰刀，屋里顿即发出一个尖锐的声响，达香吓了一跳。她竖着耳朵再观察动静，床上没有反应。她来到大门前，小心翼翼地拉开门闩。门，通情达理地开启了。一股冷风趁机而入，达香打了个寒战。达香往屋外瞄去一眼，夜，黑咕隆咚的，天空没有一颗星星。达香转过身来拿起镰刀和铁锤，一个人影赫然立在她的面前，她“啊”地尖叫一声。

山薯像一根柱子立在那里，纹丝不动。冷风嗖嗖地灌进屋里来，达香浑身筛糠似的发抖。山薯弯腰捡起地上的镰刀，牢牢地握在他的手里，镰刀被掌握在时刻维护镰刀形象的人的手里。那把铁锤他没有捡起来，估计是铁锤与现下无关，或者说他想把铁锤让给女人，他不能让女人手无寸铁。

山薯冷笑一声，我早就估摸到死鬼的坟顶上，应该有你这把镰刀了，你早就想把它扔给死鬼了。从死鬼入土的那天晚上起，你的眼睛就一直盯着这把镰刀，你以为我看不出来。你晓得我为什么迟迟不回广东？你以为我贪死鬼家那几块肥肉？我就是要等到这一天，我就是要看你怎样把镰刀扔到死鬼的坟顶上。死鬼都走了，死鬼的肉身都开始腐烂了，你还念念不忘，你还放不下他。死鬼比我好是不是？死鬼太好了是不是？死鬼待你太好了是不是？随着一道弧线划过，一记响亮的巴掌啪地落在达香的脸上。一阵撕裂般的剧痛从脸上蔓延开去，迅即覆盖全身。剧痛没有催生泪水，而是引发出一股强大的力量。

他就是待我好！

他待你好那你就去陪他呀，你现在就去呀。他的坟墓就在山腰那几棵芭蕉树下。你何必去扔镰刀，你干脆日夜守在那里陪他好了。那几棵芭蕉树上正好吊着几串芭蕉，那芭蕉又粗又长又嫩又甜，你不用担心饿了肚子。

达香嘤嘤地哭出声来。

咦，你还真想他呢。

我就是想他！

达香伸出一只手指，指着屋子天面，改造这个房子的时候你在哪里？你晓得是哪个帮我请来民工帮我算好价钱然后组织施工？你晓得是哪个帮我联系小四轮运来水泥钢筋砂子碎石？你晓得是哪个帮我联系顶杆拉电架线捞砂拌浆？你晓得是哪个到信用社帮我担保签字画押要得贷款？我告诉你，这些事情如果没有他的帮忙，一件都落实不了你晓得不？还有，还有我牙痛得几天都吃不了饭，你在哪里？我生病发羊毛痧只剩下一口气的时候，你在哪里？

达香的手垂下来，山薯的眼神也从屋子天面落下来。接着达香嗓门的音量也随之降下来，事实上，我跟他没有任何违背道德的瓜葛，我和他根本就没有那种事。那天，房子封顶我发羊毛痧，他买来一只公鸡杀了给我刮痧，我们家的公鸡他都舍不得杀。他说杀了我们家的公鸡，你回来就会骂我，你是一个心疼公鸡的男人。他拿着公鸡毛在我的后背挑出一根根羊毛来。他这样一刮，第二天我就好了。你用你的狗鼻子去闻闻看，床上除了你一身臭味，还有哪个陌生男人的气味。

山薯重重地喘了一口气，忽然觉得裆部有些瘙痒，就用手去挠了一下。他自己觉得有些不好意思，小声地问道，那，那你干吗还要去扔镰刀？

达香说，我扔的又不是刀身，我扔的是刀柄。

刀柄？

山薯一愣，这是一个出乎意料的问题，一个值得思考或者探讨的命题。山薯顿然觉得腰有些酸了，腿有些麻了。他蹲到地上，翻来覆去地端详手里的镰刀，和刚才达香蹲在墙角那里一模一样，他现在复制了一遍。直到此时，他才领悟一个基本常识：原来镰刀是由刀身和刀柄两个部分共同组成的。

山薯一只手握着刀柄，一只手捏着镰刀的弯角，在观摩，在思考。握刀柄的手忽地松开，一把年代久远的镰刀吊在他的手上，开始有些晃荡，后来就稳住了，看上去整把镰刀就像一个问号。再细细观察，镰刀的上半部像一钩弯月，缺陷的弯月，开始思念的弯月。弯月是铁质的，是所谓镰刀的实质性的部分，没有这一部分就不能真正地叫做镰刀。镰刀的下半部分是一截约二十公分长的木柄，也就是所谓的刀柄或者刀把。这一部分不能说它无关紧要或者无所谓，当然没有它，镰刀还是镰刀，却不是完整的镰刀。它的随意性很大适用性很广泛，它可以和菜刀、柴刀、砍刀甚至斧头搭配，组合成为另外一种刀具，成为另一种刀柄。总之，它虽然只能而且永远只能是刀柄，但它是镰刀或者菜刀或者柴刀或者砍刀甚至斧头的重要组成部分，这一点是不能忽略的。

山薯认为风俗上扔的镰刀，照他理解应该是一把完整的镰刀，至少也是达香所说的刀身。那么单单扔了刀柄，有没有这个必要？有没有那个意义？山薯的眼神定格在刀柄上，刀柄饱经风霜，布满一道道纹路不规则的裂痕。如果生手抓握，可能会夹伤手掌。山薯突然想起，这截刀柄其实他早就想换了，只是没有时间或者机会换掉而已，他一直都不在家，他大部分时间都在广东。这个记忆一旦复活，山薯当即毫不犹豫操起铁锤，猛地敲击刀身。只一下，刀柄就剥离出来，掉到了地上。当刀柄离开刀身，山薯也就心石落肚了。

山薯盯着地上的刀柄，意犹未尽又问一句，这样的刀柄有必要扔吗？

达香理直气壮地回道，当然要扔。

扔到门外算了吧？

得扔到他的坟顶上去。

那又何必呢？

达香的态度很坚决，她说，刀身有刀身的内容，刀柄有刀柄的性质，同样不能含糊。

山薯拿一只手电筒出来，捡起那截刀柄递给达香，说，我陪你去吧。达香摇了摇头，我自己的事情我自己处理。山薯把手电筒递给她，达香只接过刀柄就出门去了。

达香一口气爬到芭蕉的墓地，黑暗里她感觉眼前凸起一座土丘。那土是新鲜的，像初春刚刚翻犁过的田泥。周围还弥漫着香火味、火药味以及浓郁的酒香味。达香向前迈出一步，一条腿先弯下来，接着另一条腿弯下来——她跪到了地上。

大哥！

达香颤着音说，我来迟了，你走的第一天我就应该来了。第一天来不了，那么“三早”后我也应该来了，可是直到今天直到明天就要剃头了我才来。我确实遇到了一些困难，就像以前我遇到的种种困难一样。有些困难需要你帮助才能克服，比如“危改”我要贷款就需要你帮助，比如我牙痛需要你帮按着牙龈，再在门上钉一颗铁钉，比如我发羊毛痧了，就需要你帮我刮痧。但是有些困难只有我自己才能克服，比如扔镰刀这件事，只有我自己才能抉择。我该不该扔镰刀，只有我心里明白，当然你心里也明白。你更应该明白的是，克服困难是需要时间的，需要过程的。当年你在村里发动种植甘蔗也是动员了几个月才完成，我现在克服这个困难也花了整整四十八天。其他的困难同样需要我今后逐个去克服，同样需要时间，同样需要过程，所以请你谅解，也请你放心。大哥！你的大恩大德，我和达訇、达萍、达琼、达燕、达英、达东、达柳、达娟、达慧、达丽等姐妹们都会永远铭记，就像我每天都会留意你给我治牙时钉在门板上的那颗钉。看了那颗钉，我的牙就不痛了。你在那边多珍重，能够减少应酬就尽量减少应酬，别再喝那么多的酒了……达香说罢将手里的刀柄扔了出去，黑暗里一丝声息也没有。

身后闪了一束亮光，像天际划过的一道闪电。来到近前，山薯的手电筒突然熄灭，达香一个趔趄，整个人扑进了他的怀里。山薯搀扶着她，一步一步摸索着回撤。刚才上来的时候，达香压根就没觉得黑暗，甚至还看得见路上一只只清晰的脚印。她的每一个脚步都踩在那些脚印上，一路上来很顺畅就找到芭蕉的墓地。现在她突然觉得四周黑压压的，她必须依靠山薯的搀扶，才能迈开步伐。还好，不远处就是他们的家，家门敞开着，透出昏黄的光，照亮他们越来越近的归途。

剃头的时候下着雪，雪在后半夜就下了。这雪就像哀伤的人的泪水，一落就没个收场。村里已几十年没下过雪了，此时，山林、田野、屋舍覆盖着白雪，四周一片白茫茫的，仿佛整个村庄都裹上了孝布。南方的雪和北方的雪是不同的。北方的雪像棉絮，裹着暖意；南方的雪像盐巴，夹着咸味。北方的雪像经常走动的朋友，一年见几次面都很正常；南方的雪像远在天边的亲人，要十几年甚至几十年才见一面，若要想再见上一面恐怕要等到下辈子了。

达香早早就来到芭蕉家，和达訇、达美、达萍、达琼、达燕、达英、达东、达柳、达娟、达慧、达丽一起汇入到芭蕉家孝男孝女行列，头上缠着孝布，跪在芭蕉灵前。芭蕉的女人抽噎着，这些天他睡在里面本来就够冷了，再下这场雪还不把他冻坏？姐妹们就陪她哭了一阵子。既然是剃头，那么就要象征性地剪一点点头发。八叔捏着剪刀，机械地在每个人的头上做一个剪的动作。当然，也会有一点点头发飘落下来，但无伤大雅，丝毫不影响发型。形式毕竟是形式，剃头仪式的主要内容，自然是吃肉喝酒，是要化悲痛为力量的。

八叔滔滔不绝地念着经文，依次摘下每个家属成员头上的孝布，每个成员都能清晰地听到头顶上那清脆的咔嚓声。那声音掷地有声，干脆利索。八叔手上那把剪刀，应该不是一把生锈的剪刀，生锈了的剪刀是不可能发出这种脆声来的。

作为村里唯一临时留守的男人，山薯具体负责剃头仪式的后勤工作。他在屋子里进进出出，忙前忙后。他的临时留守居然是正确的，有前瞻性，简直就是预案，不然就得去请别村的男人来帮忙。他的腰上多余地绑着一把镰刀，镰刀吊在他那扁平的屁股上，似乎是在做某一种展示或者暗示。当然，也可能是作为一种劳动工具。那把镰刀吸引了灵前所有女人本能的目光，她们顾不得八叔是否真的剪了头发，条件反射地伸着脖子凝视山薯的屁股，连八叔也走神张望了一眼。那把镰刀的刀柄是新的，散发着树木清新的味道。

（原载2020年第4期《作家》，2020年第5期《小说月报》转载）

回　来

唐虎赶着羊群下山，他看见一个人沿着盘山公路爬上来。唐虎觉得这人有些固执，明明弯道之间就有便捷的小径，可他偏偏就沿着公路走。唐虎认为就是那只顽固的老公羊也不这样固执。唐虎在一棵榕树下清点羊群的时候，背后有人干扰一声，唐虎！唐虎转过身来，见到大口喘气的堂兄唐象。唐虎说你回来啦？唐象点头，他的言语被胸腔不断喷涌的气浪淹没。唐虎进到屋里，绑在腰上的刀鞘还没解下来，就对昏暗里黑黢黢的影子说，唐象回来了！又补充了一句，走路回来的。那个黑黢黢的影子是他的父亲唐豹。唐豹在酿一锅芭蕉酒，屋里飘着酒的芳香，夹着一股水果味。这种混合型的味道，体现了这锅酒的本质特征。唐豹在火塘边直起身体，你讲什么？埋头给另一只火塘生火的唐虎没有反应。唐豹又追问道，唐象走路回来了？唐虎就站了起来，你不是听见了嘛。唐豹正往锅里添水，他手中的葫芦瓢停在半空，唐象他真是走路回来的？

唐豹走近唐象家，手电筒光朝那个停车场扫过去。每次回来，唐象的“路虎”就停在那里。“路虎”这个名字是唐虎告诉他的，他原以为只有人类才取这样的名字，没想到汽车也有这样叫的。看来野兽都是宝贝，尤其是穷凶极恶的野兽。唐豹在停车场没发现“路虎”，只闻到“路虎”往昔的油味，于是他相信了唐虎的话，唐象确实走路回来了。唐豹关掉手电筒光，敲了敲唐象家的门。屋里没有动静，唐豹推了一下门。门虚掩着，一推就推开了。伙房里灯火不明，唐象在煮一锅面条，灶台上弥漫着麦子的味道。唐豹咳了一声，一口痰涌上来，堵住了犹豫在喉头那里的一句话。

二伯！唐象转过身子，见到了唐豹。

喔！唐豹还盯着唐象看，似乎他要说的那句话就悬在唐象的脸上。唐象的脸仿佛一块黑板，上面写着各种各样的答案。唐象有些憔悴，瓜子脸比清明节回来时瘦了一圈，两只眼睛凹进去了。唐豹把视线移到灶台上，终于说出一句话来，锅里的面条干了。唐象急忙用一个汤盆把面条盛起来。唐豹说，到我家去吃吧。唐象婉拒道，改天吧，今天太累了。这话不假，唐象整个人看上去的确很累，器官累，神色累，说话也累。这种累不是一天两天的累，而是累了相当一段时间。这个世界上，没有谁比农民更了解累，没有谁比农民更清楚什么叫做累了。

唐豹返回家里，堂屋里已坐了几个人，他们是前来参加唐氏家族理事会议的理事。今晚会议的议题有两项：一项是对唐氏族谱第三卷作最后审定，如果没有错误和遗漏，就送去印刷厂付印；另一项是唐氏祠堂的选址，要尽快明确下来，以便破土动工。理事们边抽烟边审阅唐氏族谱第三卷清样，都很认真、专注和负责任。唐虎往餐桌端上一碟腊猪头皮、一盆腊猪蹄、一碗腊山羊肉、一锅黑豆煮野菜，大伙就围着餐桌坐了。这样的例会有点类似于国外的早餐会或午餐会，只不过他们属于晚餐会。唐豹没有像以往一样把整坛酒搬出来，只是给每人各斟了一大杯。唐豹开宗明义道：今晚少喝点，一是天气太热，喝酒是要看天象的；二是今晚要议的事项很重要，大家需要保持清醒的头脑，酒能兴事，也可乱事。话是这样说了，就在大伙都把主攻方向瞄准那些腊味时，唐豹自己却干掉了满满的两大杯。这两大杯酒是今天刚酿出锅的芭蕉酒，还带着热度，加上空腹饮，酒的威力很快就在他的脸上呈现出来，是豁出去的神态。一桌人明白唐豹这是有话要说，是发表重要讲话的前兆。果然唐豹说，你们只管吃你们的，支着耳朵听我讲就是了。说罢就把筷子搁到碗上说，我有个建议，本次例会的议题暂时不议，我们议另外一个话题。大伙跟着把筷子搁到碗上，嘴里还在不停地咀嚼。唐豹示意大家都拿起筷子，照吃不误，然后说一句，唐科长回来了。

哪个回来了？

有人没反应过来。不止一个，而是除了唐虎以外所有的人都伸长脖子盯着唐豹看，不明白他说的是谁。这是怪不得他们的，他们这个村的人历来自负，使唤他人都是直呼其名，甚至绰号。唐豹只好遵循习惯，他说唐象回来了。

众人一听，重新拿起筷子，烟火的味道被他们嚼得脆响。

这哪是话题？就算是话题，也不是什么新鲜话题。唐象他哪年不回来？他的父母虽然不在了，可他一年都回来几趟。唐象回来，跟学生从学校放假回来，跟打工妹从广东回来，有什么区别？没有！再说唐象今晚回不回来跟他们没有任何关系，唐氏族谱第三卷的审定、唐氏祠堂的选址问题，是他们这些理事说了算，轮不到唐象来拍板。唐象虽然在市里当科长，但在唐氏宗族协会中连理事都不是，他连列席会议的资格都没有。唐豹又说了一句，音量比前面一句降低了些许，屋子里的人却都听见了，唐豹说，唐象是走路回来的。

一桌人这又搁下筷子，把身子靠到椅背上去了，嘴巴也不动了，都停止了咀嚼。有一张椅子忽地往前滑了出去，差点撞翻了餐桌。这一滑就滑出灵感来了，滑出联想来了。这就让人想起了轮子，想起了唐象脚下的轮子。哦，原来唐象的脚底下是装着轮子的，原来唐象是属于轮子上的人，就像草原的汉子是属于马背上的人一样。是啊！以往唐象回来，哪次不是开车回来的？哪次不是浩浩荡荡车轮滚滚地回来的？

唐象的车是不是抛锚了？

幼稚！

唐象的车是不是报废了？

还是幼稚！

屠夫唐蟒两个幼稚的问题，先后被老中医唐驼断然否定。老中医唐驼是过去村里大地主唐獒的独子，他的父亲大地主唐獒生前每次运动都要挨批斗，每批斗一次他的膝盖就要脱一层皮，唐驼就上山采药给父亲敷伤口。无师自通的他，后来成了远近闻名的中医。老中医唐驼这些年专给人治疗癌症，所有投医者他没有治好一例，但所有投医者吃了他的中药直到咽下最后一口气都没哼过一声、骂过一句，他们都是安乐地离开尘世。老中医唐驼长年订阅的《中医报》，不只登载医疗信息，还有时事政治，这就大大地丰富了他的知识面。

唐豹把左腿架到右腿上，说，在你们到来之前我去看了唐象，唐象给我明显的感觉是，他的灵魂被抽走了。举一个简单的例子，当年我家唐虎从瓦斯爆炸的矿井逃回来时，就是这样一副模样，当然，唐象他一辈子没挑过煤。

全桌人没有一个做声，都一脸的肃穆。

事实上唐豹说完这句话，一个共同的观点已在每个人的脑子里诞生了，定型了，关键是谁先把它挑出来。这就像一桌严肃的宴席，人人都拿起了筷子，就看哪个人先吃第一口菜——这需要勇气，需要胆量，需要气魄，甚至需要阅历。

有人咳了一声，是屠夫唐蟒在咳。大伙以为唐蟒有话要说，却见他从裤袋里摸出一包烟，分给抽烟的人，自己也点上一支。

屋里烟雾缭绕。

唐象这孩子八成是出事了！

老中医唐驼终于拨开云雾，他说，以我的经验，出了事情的官员和癌症患者的神态特征是一致的，他们都很恍惚，很绝望，就像唐豹你所说的丢了魂魄那样。当然我还没见到唐象，我是依据唐豹你刚才的描述得出这个初步结论的，这个结论是否站得住脚，还需要大家商榷或者推敲。

唐蟒掐灭烟头，说这有什么大惊小怪的，我天天杀猪，也捉摸不透哪头该杀哪头不该杀，哪头该留做猪种，哪头该活到春节，不过，凡是瘟猪我都劝主人家及时杀掉，尽量把损失降到最低……

唐蟒你不能这样说话！

老教师覃大钊教育他，另外，我还要批评你，你让人吃瘟猪肉不但缺德而且犯法。老教师覃大钊不是唐氏家族成员，但他在村里代课了二十九年，唐氏家族已把他当做本族成员之一，还聘请他为唐氏族谱第三卷执行主编。

我说两句吧。

道公唐善举刚张嘴却搁了舌头，他伸出左掌摊在膝盖上，拇指从小指开始一节一节地数着指头。连续数了两遍指头后，唐善举分析道，唐象是辛卯年腊月出生的，按照处级领导干部任职年限规定，他还没到退下来的年龄，他至少还可以干一届，会不会是其他什么原因提前从科长岗位上退下来了？改任非领导职务了……

我话还没讲完呢！

道公唐善举说，唐象肯定是出事了，不过据我分析，唐象的事情应该不是很严重的事情，他可能只是被撤职或者降职了，顶多是被开除公职，因为他还能够回来，尽管是走路回来的，如果他被判刑了、坐牢了，他还能回来吗？不可能回来了。依我分析，他应该是“软着陆”了。唐善举把他的手指收拢成为一只拳头，他说，我们整个家族要正确对待唐象回来这件事情，不能因为他回来了就抹杀我们唐氏家族的历史，就否定我们整个宗族的荣耀，应该肯定，我们整个唐氏家族队伍的主流是好的嘛，我们很多孩子还在外面做事嘛，还在建设国家嘛，我们正在做的事情要继续做，接着做，努力做，我们的族谱该怎么写，还得怎么写，不能因此影响整个家族的各项建设。

屋外响起一阵劈里啪啦的雨打芭蕉叶声，没有人再说话，仿佛都在听雨，其实都在想着唐象回来这件事。大伙觉得这次唐象回来有些意外，也没有什么意外，就像屋外这场雨下得有些仓皇，但也下得情有可原，下得顺理成章，下得天经地义，这个季节不下雨下什么呢？这个季节就是下雨的季节嘛。

唐豹把左腿从右腿上放下来，他说时间差不多了，各位理事还有什么意见没有？有意见请继续发表，如果没有意见，我就强调三点：第一点，要扮好我们的脸，唐象是回来了，但他是我们唐氏家族成员这一点没有改变，我们不能冷眼看他、歪脸对他，要给他信心和勇气，人活着靠一口气，人死是没了气；第二点，要管住我们的嘴，人言之所以可畏，是因为它是一把刀，在这里我要特别提醒唐蟒，你历来说话语似锋芒、言如利刃，容易伤人；第三点，要伸出我们的手，如今唐象一无所有，没了权没了职，没了父母没了家，我们就是他的靠山，大家能帮就帮能扶就扶，哪家的饭菜煮熟了，推开窗户喊他一声，不就是添一张凳子多一副筷条嘛，当然也不能东一顿西一餐吃到老，归根结底还得他自己养活自己，自立自强。唐豹把话说完，屋外的雨也停歇了。众人走罢，唐豹吩咐唐虎道，你给唐象送一床棉被过去，他家的被子从清明到现在没翻晒过，怕是霉烂了。

天蒙蒙亮，老中医唐驼扛一副木梯来到唐象家，他把梯子架到屋檐上，就去敲大门。唐象开门先闻到一阵奇异的药香，又见一副木梯架在屋前，接着就见到弓着身子站在木梯下的唐驼，是你呀！驼叔，你来修瓦啦？唐驼弓着身子攀上木梯，边往上攀边朝下说，你家屋子起码有五年没修过瓦了，五年没修过瓦的屋子是不能住人的，你昨夜睡不了，是吧？唐象急忙过去扶住木梯，仰头回道，昨夜家里漏得到处都是水，都装了好几个脸盆了，幸好蚊帐顶上没漏水。唐驼说，如果我没记错的话，上一次你家修瓦应该是你回来给你爸妈立碑的那一年。唐象说没错，就是那一年，也是驼叔你来修的瓦。

唐驼在屋顶上说，你进屋去吧，我要扔废瓦片了。

唐象离开木梯转身进屋，却见唐虎挑了一担瓦片过来。修瓦就得换瓦片，唐虎把自家明年修瓦的备用瓦片挑过来了。唐虎放下担子说，你要是闲着没事，就攀木梯去给老驼递瓦片。

唐象捧着瓦片攀上木梯，堆好瓦片就趴在那里看唐驼修瓦。唐驼不是蹲着，而是蜷曲身子伏在那里，把那些移位和开裂的瓦片一块一块地复位或更换。在唐象的印象中，唐驼的身子就没挺直过，一辈子他都是弯腰走路。那一夜，母亲得了急病，鼻子不停地流血。唐象打着火把到唐驼家去求医，唐驼二话没说，背起那只自制的药箱弓着身子就来了，一副膏药贴到母亲的肚子上，母亲的鼻血就止住了……唐象眼前一阵模糊，他抬头望了一眼天空，天空阴沉着脸孔。

你的脸色不是很好！

唐驼冷不防说了一句。

唐象忙说是的，我最近刚做了体检，问题比较严重。

你主要是哪些问题？

血压高、血糖高、血脂高。

唐驼说，你这是典型的“三高”，我听说现在又流行新“三高”。

唐象问道，哪新“三高”？

唐驼说，就是上面高度重视、百姓高度关注、官员高度紧张。

唐象哈哈笑了两声。

唐驼说，人吃五谷，哪个没病？就是我们这些给人治病的人同样也有病，我的血压就是临界的，当然，在我这个年龄段临界属于正常的范围，我总结过了，人害病啊！就跟你们当官一样，当官不要当重要部门的官，得病不要得重要部位的病。

唐象说，你这句话有意思。

唐驼说，你不要介意，我只是在医言医，没别的意思。

唐象说，没什么的，我想听你讲呢。

唐驼说听我的话，不要太在乎你的“三高”，虽然你的“三高”从临床来看是比较严重的，但远不像那些人到了病入膏肓的地步，你的“三高”是可以控制的，生活还在继续，你要开朗乐观，心态很关键，心态好了，免疫力就出来了。

唐象你下来！下来！

有人在房子下面喊道。

唐象转身往下看，见唐蟒把两顶藤帽叠在一起戴在头上，正站在屋檐下面，打着手势叫他从木梯上下来。

唐象问他，你今天不杀猪？

唐蟒没有直接回答，而是把唐驼数落一番，他说唐驼啊唐驼，你是一只钳了毛的老鸟，你把人脉可以，你把天脉不行，修瓦不是想修就修，是要看天象的，你看看这天象，乌云翻滚，雨迫不及待，怕是憋不到傍晚了。唐蟒攀上木梯，他说我要是不来，老鸵鸟他一个人修到明天下午都修不完，唐象你信不信？反正我是相信的。唐蟒又说，今天我帮你修瓦，明天你帮我杀猪。唐象说好，我明天去帮你杀猪。唐蟒攀上屋顶，把头上的一顶藤帽摘下来，朝唐驼扔过去，别以为你是医生，就可以把太阳当作月亮。唐驼接过藤帽戴到头上，原来你这个拿刀子的也有软心肠的时候。

唐虎挑来最后一担瓦片，他叫唐象去给唐豹当帮手。唐豹在灶房里炸扣肉、煮腊肉，一条毛巾搭在他那黝黑的脊背上。唐象打了声招呼，二伯！唐豹嗯了一声，问他们都上屋顶了吧？唐象说都上了，我来时唐虎也上去了。唐豹说晚饭上桌的时候，他们应该收工了。唐象说我家修瓦，却让二伯你劳神费力。唐豹抬头看唐象一眼，说劳神费力谈不上，担心倒是有点，昨夜雨下一夜，我也一宿没睡好，耳边尽是雨水滴在锅里盆里劈啪作响的声音。

唐象心里禁不住打起一个热浪头，他说二伯我能帮你什么忙？唐豹说不用，你就坐在那里跟我说说话，我干活的时候最希望有人在旁边跟我说话。唐象坐到火塘边，拢了几把柴火，随时添进火塘去。唐豹说你家屋子的瓦该修了，有条件再把房子翻修一新，不过不要着急，一步一步来，眼下首先是把房子的瓦修了补了，再给祖宗立个神龛。

唐象想了一下回道，二伯，我家里有神龛的。唐豹哦了一声，你是说那个木箱吗？那不算是个正规的神龛，过去你的身份你的地位不允许你在家里设立神龛，现在形势不同了，你也回来了，不存在任何顾虑了。唐豹忽然问道，彩旗在美国念完书了没有？彩旗是唐象的女儿，高中就到美国去读了。唐象回道，彩旗在洛杉矶工作了。唐豹又问道，那秀萍呢？秀萍是唐象的老婆，早些年提前退休去陪读。唐象犹豫了一下回道，也在那边了。唐豹听罢不再追问，心想估计是不会回来了。

晚餐唐象喝了不少的酒，回到家里倒头就睡，一觉醒来看见唐豹在清扫头天修瓦时落下的碎瓦砾和树叶。唐象急忙爬起来抢过唐豹手里的笤帚，说二伯怎么能给你来扫呢？一看抢也是白抢了，老人家早已把屋子里打扫得一干二净。唐豹问他，你不是答应去帮唐蟒杀猪吗？他在家里等你。唐象说我哪敢杀猪啊！我跟他说着玩的。唐豹说你说着玩，人家唐蟒可是当一回事的，连我这里都请示汇报了。说完，他当即就从八仙桌上拿一把刀递过来——一把剑鱼状的杀猪刀，凉飕飕地闪着寒光。唐象望了那刀一眼，手臂上的汗毛就竖了起来，嘴里嗫嚅道，二伯，我给唐蟒当帮手可以，这刀我拿不了。唐豹瞪他一眼，你这是去杀猪而不是去调研，杀猪不拿刀怎么杀？唐象战战兢兢地接过刀。唐豹在背后鼓励他，把袖子挽起来胆气就出来了。

唐蟒站在猪圈那里，等待唐象到来。

唐象望了望四周，问了一句，就我们俩？唐蟒说那你认为应该需要几个人。唐象疑惑道，我们两个怎么杀得一头猪？

平时就我一个。

啊！唐象既惊叹又不大相信。

唐蟒进到屋里，背一只电瓶出来，手上连着一根电棒。唐象一看就明白了，你这样太残忍了吧？唐蟒说我不残忍，别人也会残忍，我们都不残忍，大家就没猪肉吃了，其实我这个手段一点都不残忍，而且是最文明的，也是最人性的，都跟国际接轨了。唐蟒打开猪圈栏栅，赶一头猪出来，估摸有五百斤重。唐蟒把猪赶到一个平台上去，猪很听话地往前走，原来平台那里有一口潲锅，在引诱它前行。猪刚把头往潲锅里伸进去，唐蟒手上的电棒就猛地戳到它的屁股上，它哼都没哼一声就趴下了。唐蟒朝唐象挥舞手臂，拿刀子上来啊！唐象端着“剑鱼刀”走向平台，哆哆嗦嗦来到猪旁边。唐蟒用电棒指着它脖子上的一个部位命令道，对准这个地方捅进去！

唐象像害了疟疾一样浑身发抖，我，我不敢！唐蟒吼道，快！快点捅进去，让它缓过气来就麻烦了。唐象哆嗦着手，把刀尖对准唐蟒圈定的部位，闭着眼睛捅了进去，一股鲜血从猪脖子喷出来，唐象一屁股瘫到地上。

唐蟒拿着水管往猪身上洒去，却见唐象还坐在那里喘息，他说你起来呀，水漫过去会湿了你的裤子。事实上唐象的裤子已经被淋湿了，鲜血从猪脖子喷出来的刹那间，一泡热尿也从裤管流了下来。唐象遮遮掩掩地站起身子，撞上唐蟒一缕意味深长的笑。这意味深长的笑令唐象狼狈不堪，一看自己衣服裤子上溅了不少的血水，自认为有了一种掩盖，料想他唐蟒也看不出什么破绽来。

吃罢饭走出唐蟒家门，唐象摇摇晃晃地打着酒嗝。唐蟒拎一块猪头皮追出来递给唐象，说你今天操刀，这块猪头皮差点忘了给你。唐象搓着手，没有接住，那块猪头皮噗地掉到地上。唐豹弯下腰去把猪头皮捡起来，对唐蟒说，我把它腊起来吧。唐蟒话里有话地说道，那就对不起了，它在我这里是上不了灶台了。唐象没听明白，仿佛他俩交流的是暗语。

唐豹今天也喝了不少酒，但拎在手上的猪头皮一点也不晃悠。快到唐象家时唐豹停下脚步，目光从头到脚把唐象扫了一遍，最后落在他的裤腿上。唐象一下子感到羞愧难耐，不自觉地朝自己的腿上瞄去，但见浅灰色裤子上的血迹已经暗淡，而从腿根往下洇出的几行尿渍则格外醒目。唐象紧盯唐豹的嘴唇，担心他说出一句什么话来。唐豹说，后天晚上唐善举有个法事活动，你去给他当帮手。唐象呼出一口气来，连忙表态，后天晚上我就跟他去。

唐善举要做的法事，是给一位老板过“油锅”。这位老板在外地任职，离开家乡已有几十年了。这次突然回家乡来，请道公唐善举过去，目的是赶“邪气”，以期排除干扰，扫清障碍。从村里到老板家所在的那个峒场，有两个小时左右的路程。本来老板说好了要派一辆车来接的，道公唐善举却拒绝了，他向来夜间不在山区公路上坐车。唐象在唐豹家借了个手电筒，跟着唐善举上路了。路上唐象提出一个要求，不要泄露他的身份。唐善举安慰他，放心！人家要是问了，我就说你是我带的一个研究生，再说这位老板早年就出去打拼了，不认识你的。

唐象问道，你还真带研究生啊？

唐善举说，徒弟就是“研究生”嘛，我今年就带了八个，其中就有退休干部和教师。你也不要小看我这个行业，我现在的出场费是这个数……唐善举伸出一只巴掌来。

五百？

再加上一个零。

唐象说，这么多啊！

唐善举说，还要看对象看场合，像今晚老板这场法事是两个大巴掌。

唐善举说一个名人的出场费，恐怕也不过如此，当然，道公也不是个个都能当的，就像干部也不是个个都能提拔一样，都要经过严格考核，层层选拔。

说是两个小时的路程，他们走了三个小时才到老板的家。唐象一进门，累得差点趴下，不等老板家人端过茶水，他自己找到暖壶，一连喝了两大碗水这才缓过气来。唐善举汗都没擦一下，就在八仙桌那里铺开物件开始工作。他先画了一张符，然后叫唐象照着他画的画，一连画了十几张。唐善举拿来糨糊，叫唐象把符贴到大门的门楣上。

老板过来递给唐象一支烟，唐象道谢，我不抽烟。老板说，我好像在哪里见过你。唐象指着唐善举道，我是他徒弟。唐善举在一边说，老板你真健忘，上次你回来安神龛，就是他跟我过来操办的。

“油锅”仪式做完，唐象还歪在那里睡，直到吃夜宵时唐善举才把他叫醒。唐象睁开惺忪的睡眼，唐善举以为他会四处搜寻一样东西——那只小铃铛，可是唐象居然一点记忆都没有，估计他已把刚才做过的事情忘得一干二净，或者说他根本就没把他刚才做过的事情当一回事，他站起来直接朝餐桌走过去，这让道公唐善举感到无限的失望。

老板不停地给唐象夹菜、敬酒，他对唐善举说，你这位徒弟也太累了。唐善举顺水推舟道，他最近连续跟我赶了几场，目前还在试用期，还在适应阶段。老板说我真佩服你们干这一行的，坐着也能睡觉，我躺在床上吃了安眠药也没睡进去。唐善举说坐着睡算什么，我站着也能睡，只是不能随便睡罢了。

返回的路上，唐善举问唐象，你们平常在会场开会听报告是不是都打瞌睡？唐象并不回避，他说如果都像你这样念叨，会场里所有的人都会睡过去。唐象这个态度让唐善举心里很窝火，他说我念《二十四孝》时，全场的人都竖着耳朵听的，都听得泪流满面。

一连几天，唐象都是在唐豹家搭伙。说是搭伙，其实是帮厨，是唐豹叫他过来帮忙的。唐豹这几天很忙，年前他砍下几棵苦楝树，本来是想换下祖屋的几根老柱子，现在他临时决定锯成木板给村小学打制一批课桌椅。这让老教师覃大钊很感动，覃大钊每天放学后就过来当帮手，用砂纸打磨已经做好的课桌椅。覃大钊在村小学代课二十九年了，转编的机会明显很渺小，可他心里还有些不甘，不甘心离开这三尺讲台。前天，唐豹跟他谈了一个想法，覃大钊欣然同意，但他强调必须试讲，这是程序，也是手续。

覃大钊进到厨房来，对唐象说道，明天你给孩子们讲个课。

讲课？讲什么课？

唐象感到很唐突。

覃大钊说，随便讲嘛。

唐象说，我哪会讲课呀？

覃大钊说，你讲励志嘛，励志你应该能讲的。

孩子们一大早就来到学校，一到三年级五十多个学生挤在一间教室里。覃大钊把唐象作了一番介绍，他说唐象伯伯是你们的校友，是从我们村走出去的，是从我们这个学校走出去的，是你们的骄傲，是你们学习的榜样……覃大钊介绍到这里就打住了，他请唐象登台讲课。

唐象虽然面容有些憔悴，但状态还是不错的，他两手往讲台上一撑，精气神就出来了。他说同学们，感谢你们的老师覃大剑的盛情邀请，今天来到母校，来到我曾经学习的地方，感到很高兴……覃大钊心里咯噔一下，我的名字你都不懂嘛？唐象继续说道，你们覃老师的名字，跟一个历史人物一样，都叫大剑……覃大钊心里又咯噔一下，只听唐象说道，那个大剑啊！很了不起，在白色恐怖的环境里，他同敌人展开英勇的斗争，他被逮捕以后，残暴的敌人拔掉他的指甲，他也没有当叛徒，最后他为解救苦难的老百姓献出了宝贵的生命……唐象每说一句“大剑”，覃大钊就觉得身子被一把利剑狠狠地戳一下。唐象讲完课的时候，覃大钊感觉自己已百孔千疮、遍体鳞伤。他后面可以说是仓皇地扯着唐象离开教室。出了教室门口，他还往黑板上扫去一眼，幸好唐象没有在黑板上面留下一个字。

唐豹扛课桌椅来到学校时，覃大钊拉他进到宿舍，将唐象试讲的情况告诉了他。唐豹听罢不以为然，他说你肯定他讲错了吗？你翻阅档案了吗？你查阅党史了吗？你能排除他讲的这个人物不是历史人物吗？说不定这个大剑就是那个人物的哥哥呢？你再给他讲一堂看看，说不定这堂课他讲的是哥哥，下一堂课就讲到弟弟了呢！

覃大钊一脸苦笑道，这不是开玩笑的事情，我现在还在想，明天怎么跟孩子们解释。唐豹说这有什么困难呢？这不是很简单的事情吗？你就跟孩子们解释，这是我们的方言嘛，通俗易懂嘛！据我所知，很多地方还用方言上课呢，再说孩子们还小，他们哪晓得大剑是谁？覃大钊一脸严肃道，他们今天不懂，总有一天他们会懂的。这批课桌椅我替孩子们收下了，但我不能把孩子们交给他，他可以给干部作报告，他给孩子们上不了课。

转眼间唐象回来已经十天了，唐豹认为唐象家的神龛还是早些安上去为好，就把自己的建议告诉唐象。唐象没有意见，于是就敲定了一个日子。唐象把堂屋正墙下面的一个樟木箱子搬出来，之前他把祖宗的神龛装到这个箱子里。现在这只不显山不露水不动声色的神龛，将要被一面堂堂正正的神龛代替。唐豹把打制课桌椅剩下的木板扛过来，钉到堂屋正墙上去。还在隔壁村做法事的唐善举被唐豹提前召回来，让他先念唐象家的“文件”。老教师覃大钊趴在八仙桌上，捏着毛笔书写列祖列宗的名位。唐蟒和唐驼负责厨房的活，两人为一只香猪的品种不停地打嘴仗，却丝毫不耽搁干活。

黄萍娟是在祖宗牌位上墙的时候来到的，那时候唐象正跪在神龛前给列祖列宗敬酒，站起身来时见到了黄萍娟。唐象一惊，像被魔法定在原地一样一动不动了。黄萍娟先开了口，你回来了？唐象这才回过神来也打了招呼，你怎么知道我回来了？黄萍娟说“寄爹”昨天托话给我的，说你家里今天有事，让我过来帮忙。黄萍娟说的“寄爹”是唐豹，也是黄萍娟和唐象当年的媒人。唐象那年当干部后和黄萍娟分手了，有人说是唐象喜新厌旧把黄萍娟抛弃了，也有人说是黄萍娟主动提出分手的，她不想影响唐象的前程。黄萍娟后来嫁给一个乡干部，不久丈夫下乡时出车祸去世，她就没有再嫁。没有再嫁的原因，据黄萍娟说是没有碰上像唐象这样的男人。唐蟒在厨房里听到黄萍娟的说话声，出来对她说，你来得正是时候，刚拔出来的萝卜还带着泥，劳驾你洗洗了。

宴席半夜方散，出门时，唐豹提醒黄萍娟，神龛下面的炭火不能熄了。

黄萍娟回道，“寄爹”你放心。

黄萍娟收拾碗筷后，抹了手坐到火盆前。这盆炭火给两人带来阵阵暖意。黄萍娟埋头拨弄火炭，对唐象说，累一天了你早点休息吧。唐象盯着她的脸看，没有生养的黄萍娟还是当年的模样，还是那样的清纯，只是添了些许成熟或沧桑。两人坐在那里一时无话，良久，唐象对她说，那我休息了。

半夜里，黄萍娟往火盆里添上几块木炭，就拉了灯爬上堂屋的一张床去。那是平时接待客人的床。床上，黄萍娟哈欠连天，却不敢闭眼。

黑暗中，黄萍娟迷迷糊糊地听到脚步声由里及外，最后停在她的床前，她的心怦怦直跳。

萍娟，你睡着了吗？唐象小声问道。

黄萍娟不敢出声。

萍娟，你睡着了吗？唐象再次问她。

黄萍娟还是不敢出声。

唐象在床前逗留了一下走了，黄萍娟急忙扯过枕巾盖住自己的嘴巴，长长地呼出一口气来，睡意也消退得一干二净。

突然，咚的一声，屋子里传出一个巨大的声响。黄萍娟急忙跳下床来，一把拉了电灯的绳子。地上，唐象一头栽倒在那里，一张小凳子侧翻在他旁边。唐象一双惊恐的眼睛慌乱地望着她。黄萍娟抬头一看，神龛附近的横梁上吊了一根绳索，绳索上打了一个圆圆的圈。

黄萍娟一把将唐象扶了起来，呵斥他道，你这是怎么了？唐象抱住她的双腿泣不成声，萍娟，我出事了，出大事了。

黄萍娟问他，出什么事了？裤袋的事还是裤裆的事？

唐象说，都是！然后就号啕大哭，我不想活了！

黄萍娟说，出事了你就不想活啦？

唐象哭着说，我没脸活下去了……

黄萍娟一巴掌狠狠地扇到唐象的脸上，死了你就干净了？死了你就有面子了？死了你就解脱了？黄萍娟用力将他扶了起来，你说！你现在就对神龛上的列祖列宗说，说清楚了你再上吊，我不拦你，真没出息！那些被判了死刑的人还乞求法官让他们多活几天呢。

唐象扑通一声跪到神龛前，连连叩了几个响头，各位祖宗，我对不起你们，对不起你们啊！黄萍娟点燃神龛上的一根蜡烛，将横梁上的那根绳索烧断，一把将它扯了下来……

唐象在家里摆了三桌酒席，除了堂弟唐虎、道公唐善举外出缺席，整个家族的人都来了。老教师覃大钊本来也是被邀约了的，但他去乡里上示范课了。大伙进桌后，唐象宣布一件事情，他说我公休结束了。听唐象这么一说，闹哄哄的场面倏地寂静下来。

公休？

唐蟒嘀咕一声。

老中医唐驼小声道，你一个屠夫懂什么公休？

唐蟒白了他一眼，你懂？你休过没有？老中医唐驼说我当然休不上，只有干部才有公休。唐蟒回道，照这么讲，你这位远近闻名的老中医把脉也没把准，人家只是回来公休嘛。

唐象挨桌给大伙敬酒，他说感谢各位叔伯兄弟的关心和关照，公休十多天来我吃东家喝西家，把整个家族的饭碗都端遍了，这餐饭算是我给大家表示一个心意。他先给唐豹敬一杯酒，说二伯，神龛的确应该立了，家里没有神龛那是对祖宗不孝敬。唐豹利索地移开椅子，直起身子，端起酒杯招呼大伙道，喝酒！大家喝酒！唐象往杯子里添了酒，接着给老中医唐驼敬酒，驼叔，难得你这些年来一直为我家修瓦。唐驼说，哪年你回来把祖屋翻修成别墅，我就没机会了，我的手艺也就失传了。

唐蟒端着杯子主动给唐象敬酒，他看上去醉醺醺的，舌头在嘴里打转，好！很好！你还当科长就好，如……如果你不当科长了，你回来什么事都干不了。

唐蟒，你废话！唐豹打断他道。

唐蟒说我没废，我清醒得很。我跟你讲唐象，你要是不当科长了，回来你能干什么？杀猪你尿裤子，当道公你熬不了夜，代课你代不了，你说你还能干什么呢，你说。除非让黄萍娟把你包养了，你好好珍惜吧，千万别把手上的碗饭给砸了……啪的一声，唐豹一记耳光响亮地扇在唐蟒的脸上，你以为你是谁？这话是你能讲的吗？你有这个资格吗？唐象默默地站起来，屋子里所有的人也跟着站起来，空气瞬间凝固，却见唐象搂着唐蟒的肩膀和他碰杯，仰起脖子一口把酒干了。

唐豹亲自送唐象出村，送到山坳口。一辆警车已经停在那棵榕树下，车门两边各站着一个人。唐象转过身来，说，二伯，我走了。唐豹朝他挥了挥手，你安心走吧，回来的时候，要是我还活着，就在这个坳口等你。

（原载2016年第3期《花城》，2016年第7期《小说月报》转载，入选中国作协创研部主编的《2016年中国短篇小说精选》）

散　文

罗仕林的个人简历

在我的面前，摆着一份广西壮族自治区脱贫攻坚先进个人推荐审批表。表里填写着这样的内容：

姓名：罗仕林。性别：男。民族：瑶族。政治面貌：中共党员。籍贯：广西都安。出生年月：1975年8月。工作单位：都安瑶族自治县隆福乡隆旺村三叉村民小组。职务：农民。通信地址：都安瑶族自治县隆福乡隆旺村三叉屯。推荐参评类别：奋进类。个人简历：1988年6月至1992年1月，小学毕业后在家务农；1992年1月至1996年8月，在南丹县大厂镇矿山挖矿；1996年8月至1996年10月，在家自制火砖建房；1996年10月至2004年3月，在云南省蒙自县矿山挖矿；2004年3月至2006年6月，在云南省云县矿山挖矿；2006年6月至2007年5月，在云南省云县矿山挖矿中发生意外事故，被巨石压断右腿，膝盖以下被截肢，截肢后在家养伤；2007年5月至2015年11月，装上假肢后，在周边村屯做建筑零工；2015年11月，在精准扶贫识别中被认定为贫困户；2015年11月至2016年11月，依靠在周边村屯做建筑零工收入和危改补助资金，建起砖混结构稳固住房，达到“八有一超”，通过“双认定”光荣脱贫摘帽；2016年11月至今，在家研究养殖技术，建设牛棚，饲养牛犊3头，代贫困户饲养牛犊15头。主要事迹：罗仕林在扶贫政策扶持下，获得政府“贷牛还牛”产业扶持牛犊1头，他边养牛边研究养殖技术和方法，通过借贷建起一个面积约100平方米的牛棚，种植牧草20亩，为其他无能力养殖的贫困户代养牛犊15头。如今，罗仕林的养殖场已发展成为18头牛的养殖规模。罗仕林还挤出时间在周边村屯做事建筑零工，每天收入100多元。罗仕林脱贫致富的故事，被拍成微电影《断翅画眉》，激励当地群众脱贫致富奔小康，不愧是新时代的楷模。获奖情况：2018年12月荣获“首届感动河池十佳自强自立残疾人提名奖”。

最初让我感兴趣的是审批表上所填写的被推荐人的内容。表格上所设置的栏目与被推荐人的身份明显有些“不兼容”。没想到细细一看，表格上所填写的内容竟然显得是那么的接地气，简直是还原了个体生命的真相。我也是填写过个人简历的人，第一次觉得罗仕林有些“另类”的个人简历才是真正的个人简历。我以为这样的简历应该成为今后其他个人简历的模式。随着对罗仕林个人简历的反复阅读，我对他的人生越来越感兴趣。这种兴趣让我迫不及待地走近他，了解他。

山高弄深路又长，

画眉声声过山冈；

踩着晨雾去放牧，

幸福洒满金阳光

……

一首动听的山歌，从山坳口上传来。深秋的三叉屯，群山如绿黛，白云绕山间，鸟语花儿艳，牛羊遍山冈。三叉屯是隆福乡最偏远的一个瑶族小山村，群山连绵，峰峦叠嶂。过去这里交通不便，生活条件恶劣，出门就爬山，运输靠肩挑背驮，如今公路已修到农户家门口。

唱山歌的正是瑶家汉子、推荐表上的主人公罗仕林，他从山腰下来，脚上穿着不一样的鞋，一只是真鞋，一只是假鞋。眼前的罗仕林跟审批表上的照片没有多大的差别，庄稼人饱满的脸庞、饱满的天庭、饱满的嘴唇，犹如饱满的谷物。罗仕林说：别看我这里地处深山僻壤，我们这个屯近年来出了两个清华大学生呢，现在三叉屯名声在外了。

我说：现在人们知道三叉屯，那是因为你啊！

罗仕林的脸上浮现出一缕哀伤：其实我小学时功课也是很好的，每次考试都是拿第一名，跟我同班的几个小伙伴，后来考上区外几所重点大学，他们当年的成绩远远落在我后面呢，可是……罗仕林说，他家有十兄妹，他排行老二，小学毕业后，他被迫辍学回家，成为家里的主要劳动力，协助父母担起家庭重担。为了一家人能吃饱穿暖，一年四季，不管风吹雨打，无论严寒酷暑，他挑着山货，担着柴火去圩市摆卖，一分一毛地换回油盐钱。罗仕林说：那时候，贫穷像贼一样跟着我，形影不离。

我说：那时候还没有精准扶贫。

罗仕林说：是的，也没有控辍保学。

我说：那时候如果有控辍保学，说不定你就是清华北大的学生了。

罗仕林叹息一声：不说这些了吧。

1996年，20岁的罗仕林看到土里刨食没有任何指望，一家人的生活越来越困难，他决定走出大山，外出打工挣钱。于是，他跟乡亲借了80元路费，怀揣致富奔小康的梦想，坐车去到云南矿山挖矿。其实这不是罗仕林第一次出门，也不是第一次去矿山挖矿。早在两年前，罗仕林就到南丹县大厂镇挖过矿。罗仕林说道：现在矿山设施已经很完善了，矿山安全生产有了根本性的保障……那时挖矿虽然风险大，但工资确实高，是所有打工工种中获得最高工资的工种。他说他每个月领到工资，留下生活费后，剩余的钱全部寄回家里，给父母买米买油买盐，供弟妹上学读书。矿山挖矿的经历，罗仕林记忆尤深，他当即给我念起一首诗，他说这首诗是一天深夜他在简陋的工棚里创作的：

矿山淘金苦万千，
穷夫硬汉只为钱；
夜幕降临何处去，
牛棚草里夜难眠。

罗仕林在矿山挖矿几年，家境渐渐有了好转，弟妹的温饱解决了，读书费用也有保障了，但他还要再筹一些钱。再筹一些钱，不为什么，只为家乡那个日思夜想的阿妹。想着他们的初恋，想起他的阿妹，罗仕林每天升井后，总是情不自禁地眺望家乡的那个方向。夜里一遍又一遍地翻阅姑娘寄来的情书：大山高呀大路长，妹在家乡望北方；山歌唱到太阳落，不见阿哥妹心慌。

正当罗仕林信心满满憧憬未来的时候，一场突如其来的灾难击碎了他的梦想。那年是罗仕林到云南云县矿山挖矿的第十个年头，那一天，他像往常一样跟工友们下井作业。接近中午的时候，意外发生了，正在埋头挖矿的他，没有注意到矿井上方一块大石头落下来，因躲避不及，石块砸中了他的右腿。血液拌着矿渣废水，在巷道里流淌……罗仕林说：那年我去云南是站着去的，回来的时候是躺着回的，算是走了一趟鬼门关。

罗仕林的右腿没了，家庭收入来源也断绝了。那段时间，他天天蜷缩在床上自责：本想到去云南寻找美好生活，不料却把半条腿丢在了矿山。梦想破灭了，以后的日子该怎么过！

他拄着拐杖走东家串西家，这家几百那家几十地借款，在自己的家里开了一间代销店。当年他在云南挖矿，家里还时不时给村里的困难户借钱，现在他却向别人伸手。由于屯里人口少，日常开销不大，代销店开店不久就经营不下去了，倒闭了。真是应了那句话：辛辛苦苦十几年，一夜回到解放前。

2015年10月的一天，一男一女两位年轻的乡干部登上罗仕林的家门。

罗仕林说，至今他还清晰地记得那两位干部的模样：男的长得高高瘦瘦，架着一副眼镜；女的长着一张圆圆的脸，脸上只有一种表情，总是笑眯眯的。坐下来后他们对罗仕林说：我们是来搞精准识别的。然后就对他进行提问，提问内容包括家庭成员、劳动力、耕地山林面积、房屋结构、收入来源、牲畜家禽饲养情况等等，实地查看家具和锅碗瓢盆。罗仕林说那天整个打分评估过程，一点都不繁杂，甚至有些“简单了事”——因为那间摇摇欲坠的木瓦房，家徒四壁。

后来啊！罗仕林说，我家就被识别了。

罗仕林所说的“被识别”，就是被认定为建档立卡贫困户。

我说：总得有一个原因吧。

罗仕林说：原因是因残致贫。

我说：我很想知道你戴上这顶“帽子”后的心态，我知道很多人想戴这顶“帽子”，我听说有的人为争得这顶“帽子”还大打出手。

听真话还是假话？

当然听真话。

罗仕林说：戴上这顶贫困帽，我觉得很没面子，一下子在村里人面前抬不起头来，我少了半截腿都没这么难堪……自从被识别的那天起，我就暗下决心，早日摘掉这顶“帽子”。

在采访罗仕林之前，我接触过一些贫困户，还没碰到讨厌“贫困帽”的人。有些贫困户戴上这顶帽子后，一天到晚就等着扶贫政策上门，等帮扶干部上门。罗仕林不等，这顶“帽子”让他坐卧不安，他豁出去了。

我虽然少了半截腿，但我还有双手。罗仕林说。他曾当过建筑工，有建筑方面的技术，于是，他四处联系工程，出去筑水柜、建房屋、修公路。每天起早贪黑，风里来雨里去，目的只有一个——早日摘掉这顶“贫困帽”。

现实是残酷的。罗仕林虽然有技术，但毕竟缺了半截腿，干体力活他要付出比健全人多一倍的艰辛。农户家建房砌墙要搬砖，这搬砖可不是说的那么轻巧，要知道砌墙的水泥砖每块重达50多斤。一天到晚不停地搬砖，腿疼得脸变了形，身子也走了样，他常常砌了一块转，就不得不休息一下，痛苦地揉一揉伤腿，然后又咬牙继续砌墙，继续搬砖。

2016年，罗仕林家获得政府危改补助资金1.8万元，加上一年多来他和妻子打拼积攒了5万多元，罗仕林用这6万多元买来建筑材料，自己动手，建起了自家一栋漂亮的两层楼房。

罗仕林幸福地回忆道：那一天，我记得清清楚楚，2016年10月21日。还是之前那位年轻的女干部，她后来成了我们家的帮扶干部，成了驻村工作队员。不过她的脸蛋不再是圆圆的，一年后她比我还要憔悴。那天女干部来到罗仕林家做“双认定”，即让帮扶干部和帮扶对象共同认定帮扶户已实现“八有一超”目标。罗仕林激动地说道：那天我家双喜临门，一喜是乔迁新居搬进小楼房，另一喜是终于摘掉了“贫困帽”，退出贫困序列。

摘帽后，罗仕林一家依然享受扶持政策。2017年7月，罗仕林户得到“贷牛还牛”项目，分得一头母牛。这个“贷牛还牛”，就是通过小额扶贫贷款资金扶持贫困户养牛。贫困户免费从养殖龙头企业“贷牛”，可自养也可由合作社代养。牛养大后企业按不低于市场价回购。贫困户还牛后再贷牛，滚动发展。

这头母牛的到来，一下子让罗仕林忙碌起来。其实他开始并不忙，后来他的两个建档立卡贫困户的弟弟也各分得一头母牛，两个弟弟要外出打工，就把自家的牛牵进了哥哥家的牛圈里，由哥哥代养。兄弟手足情深，牛不分你我。罗仕林每天六点准时起床，像伺候人一样伺候牛，打扫牛圈，喂牛草料，然后再出门储备草料。3头牛长得很快，才养一年多，每头母牛就产下了牛犊子。显然扶贫牛都是肩负使命有备而来的，而且恪守信用，说生就生，毫不含糊。

罗仕林感慨地说：因为我腿残，上山割牛草有诸多不便，但这只是小问题，可以克服，最大的困难是牛疾病的防疫和医治。这些外来的扶贫牛，普遍水土不服，一下子难以适应山区环境，很难护理，容易生病，所以牛圈要经常消毒，保持清洁卫生。罗仕林记得他刚饲养不到一周，就有几头牛不吃草料，他的妻子用摩托车搭载他连夜去到20多里外的农户家，向养了10多年牛的乡亲请教，终于学到简单的治疗和护理诀窍。后来，罗仕林又多次到乡里参加畜牧养殖培训班学习，跟县畜牧水产局专家学到了更多的育牛疾病预防知识。

2018年5月，乡政府决定再给三叉村13个贫困户投放“贷牛还牛”项目，仍然是每户一头牛。这些农户看到罗仕林户通过养牛增加经济收入也想效仿，但他们家里没有劳动力，养不了牛。可是他们如果放弃养牛，就会失去一笔收入，尚未脱贫的脱不了贫，已经脱贫了的则无法稳定收入来源。罗仕林和妻子商量，决定帮助这13个贫困户代养他们的牛。乡政府领导知道后，就把13头牛交给了罗仕林，村里人为此称他为“牛司令”。

其实你完全可以不代养这批牛，而且是白白地养，等于帮他们干活赚钱。我说，你是怎么想的，出于什么考虑？

罗仕林没有回答，妻子替他回答了，以前他和村里人一起去给人家建房，他每天砌墙的面积比身体健全的工友少了很多，可是在分配工钱的时候，大家都和他平均分配。妻子说着眼圈就泛红了：每一次分工钱，我们都感到不好意思，罗仕林每次也都推让，工友们却说，都是乡里乡亲的，你们家有困难，大伙自然应该多多帮助……罗仕林终于说话了：其实乡亲们和我一样，都不喜欢“贫困帽”，都想把它摘掉，我自己已经先期摘掉了，自然应该帮助大家一起摘掉它。

去年9月，罗仕林代养贫困户的15头牛，全部卖出，贫困户每户分到红利1000多元。这些贫困户和他商量，让他用农户的本金买来16头牛继续饲养，以后继续每年分红利。罗仕林说：这个问题我也想过，如果我现在把农户的本金退给他们，这笔钱很可能就会花光，就会坐吃山空。我只能继续当好“牛司令”，让牛生牛，让钱生钱，让利滚利，让农户每年都有一笔可观的收入。

贫困农民蓝启光的妻子说：我60多岁了，身体又不好，如果没有罗仕林代养我的牛，我就少了这笔收入，我就难以脱贫，太感谢罗仕林了！贫困户有收入的同时，罗仕林的付出也有了回报，去年他卖了自家的3头牛，纯收入6万多元。

2019年7月1日，罗仕林光荣地加入了中国共产党。这一天，在乡党委庄严的会议室，罗仕林和另外8名新党员，面对鲜红的党旗举手宣誓。早在脱贫摘帽的那一年，罗仕林就找到村党支部第一书记，坦露了他的心迹。他说：党对我这样一个残疾的贫困农民，真是恩同再造。党给我出路，给我动力，给我财富，更让我看到奔头。党的恩情我无法报答，我愿意把此生交给党，跟随党，为党的事业奉献我的一切……据都安县委组织部统计，2016年至今，全县共有脱贫摘帽后的768名农民加入了中国共产党。解放战争年代，翻身农民子弟踊跃报名参加中国人民解放军，投身民族解放事业；在全面建成小康社会的今天，摘掉贫困帽子的农民志愿加入中国共产党，汇聚实现中华民族伟大复兴的磅礴力量。分别时，罗仕林告诉我，他已筹措资金准备扩建牛圈，进一步扩大养殖规模，带动其他农户把致富产业做大做强，让大石山区人民群众的日子越过越红火。

（选自报告文学集《嘱托》，2021年11月中国言实出版社出版）

考　试

小学一年级到三年级，我在老家都安玉纳屯就读，教我的老师是二伯。二伯在武鸣读过公立初中，学历比我父亲还高。一年级时我基本上是没怎么读书的，每天二伯都要到家里来找我去上学。透过门缝看见二伯从学校里出来了，我和几个堂弟就跟他捉起迷藏。我们转移到山脚下，头戴伪装草帽躲到草丛里，像战士埋伏在阵地前。二伯在家里找不见我们，也来到山脚下，在我们的眼皮下转来转去就是看不到我们。二伯找不见我们，就大声地喊道：红日、眼明、四龙，赶快到学校来，要上课了。然后吹响含在他嘴里的那只铜壳哨子。1971 年 1 月的某一天，天寒地冻，球场周边苦楝树的叶子都掉光了，7 岁多的我就这样在与二伯的捉迷藏中迎来了人生的第一次考试。

监考老师是从加王校点过来的，名叫蓝华龙。二伯转到加王校点去监考——异地监考那时就已经实行了。蓝华龙老师发给我们每位学生一张白纸，然后就转身在黑板上忙着书写。那个时候的考试不像现在，有印好的试卷。那时的试卷只是一张白纸，试题由老师抄写在黑板上。蓝华龙老师忙着在黑板上书写的时候，我飞快地在白纸上写着："天上星，亮晶晶，我在大桥望北京，望到北京天安门，毛主席是我们的大救星……"我背写的是一篇课文，课文讲述的是解放军战士蔡永祥叔叔守卫大桥的故事。

那是1966年10月10日的凌晨，蔡永祥叔叔正守卫在钱塘江大桥上。2时34分，由南昌开往北京的列车向大桥飞驰而来，蔡永祥叔叔突然发现离他40多米的铁轨上，横着一根大木头。如果不排除这个险情，桥毁车翻、人员伤亡的惨祸就将发生。司机虽然采取了紧急制动，但巨大的惯性使列车仍然轰隆隆地向前冲去。在雪亮的车灯下，司机看到一位年轻的解放军战士向列车跑过来，他似乎对自己的安危毫无察觉，在列车即将过来前拼命把大木头掀出了轨道……乘客、列车以及蔡永祥叔叔视为生命的钱塘江大桥安然无恙，而年仅18岁的蔡永祥叔叔，却献出了宝贵的生命。

我正写着，同桌阿鸾侧过身来悄悄地对我说："不是这样考试的，你得等蓝华龙老师写完题目，然后按照他的题目来答题。"阿鸾的声音虽然很小，但蓝华龙老师还是听见了，他立即停止书写，猛地转过身来，三步两步来到我跟前，大声呵斥道："你是怎么搞的？你会不会考试啊！"当我醒悟或者明白怎么考试之后，那张白纸（试卷）只剩下另一面，一面已被我写满了蔡永祥叔叔的先进事迹，也就是说，蓝华龙老师抄写的试题我只能答一半，而他也没有第二张白纸（试卷）给我了。考试结果可想而知，只答了一半试题的我，那年语文期末考试只考了41分。我背写的那篇课文没有得分，因为它与考试题目无关。

二伯监考回来就到我家来，我躲在里屋不敢出来。二伯似乎不是急着要见我，他只顾跟我的母亲说话。他告诉我母亲：蓝华龙老师在新民中心校期考总结会上说，玉纳小学有一个一年级学生，连考试都不会。我当场就问他：考试前你交代清楚了没有？你提醒了所有的学生没有？你说我的学生笨，他能一字不漏地背写下一篇课文，你这个当老师的试试看，你背得没有？我跟你赌，赌一头大肥猪。我在里屋听得清清楚楚的。我至今想不明白我为何背写了那篇课文，但我承认我那时确实不会考试。二伯突然叫道：“红日，你出来。”我战战兢兢地来到二伯跟前，二伯抚摸着我的头：“没什么大不了的，不就是一次考试嘛。”又问我：“下回你晓得怎么考试了吧？”我点了点头。

到了二年级，期考还是蓝华龙老师来监考，分发白纸（试卷）时，他多看了我两眼。他在黑板上出题的过程中，两次转过身来看我。到了三年级的期考，仍然是蓝华龙老师来监考，可他似乎已经淡忘了我这个不会考试的学生。

四年级，我到新民中心学校去读书。有一天放学回来，二伯叫我进到他位于学校的宿舍。他从床下拖出一只木箱，脸上的表情充满神秘。他直起身子，警惕地将门关好，然后才打开箱子，似乎箱子里装着发报机。箱子一打开，里面全是书，各种封面的书籍将整个箱子塞得满满的。二伯一本一本地将书拿出来搁到床上：《水浒传》《三国演义》《红楼梦》《西游记》《儒林外史》《聊斋志异》《唐诗三百首》《红岩》《青春之歌》《野火春风斗古城》……当年10岁，在封闭的农村长大的我第一次知道，除了语文课本，还有这样多的书籍。也就是在那一年，我第一次接触到文学书籍。我小心翼翼地问二伯："这些书我可以看吗？"二伯说："就是给你看的，不过你得分批分期看。"二伯让我看的第一本书是《红岩》。

在《红岩》这部小说里，我知道了革命，知道了革命者江姐、许云峰、"双枪老太婆"；知道了伴之革命的白色恐怖；知道了渣滓洞、"白公馆"；知道了叛徒甫志高、特务徐鹏飞；知道了那个可爱可亲的小萝卜头，他遇害的时候比我还小一岁。二伯的这些书籍，后来全部变成了我的藏书。每每从书架上取下一本，都能看到扉页上这样一行字：吉秋存书。吉秋是我二伯的名字——他是我的启蒙老师，也是我步入文学创作之路的引路人。

我同样常常想起当年的监考老师蓝华龙。四十七年过去了，我还清晰地记得第一次考试的情形，记得蓝华龙老师的那一声断喝。当年那个不会考试的野小子，如今居然能"混"到这个份上，还有什么不知足呢？得了吧。

（载于2018年9月18日当代广西网）

最美风景

我的手机里存满了凌云的照片，这些照片是2015年9月和2018年5月我有幸两次到凌云参加文学采风活动时所拍下的。平时手机里的照片多了，我会删除一些出去，但凌云的照片我一张也没有删除，都原封不动地保存着。没删除的原因自然是因为这些风景太美了，美得让我不忍心删除。闲暇时，我会打开手机，手指在屏幕上滑动，一张接一张地欣赏这些美丽的风景，比如此时。

浩坤湖自然是拍得最多的，我两次到凌云的第一站，都是浩坤湖。第一次车停山坳口，第一眼见到浩坤湖，我就被她的美给镇住了。不得不承认，我对浩坤湖有一种与生俱来的亲切感。我的家乡，那个叫新民的山村，每到六七月份，山洪暴发，洪水泛滥，也内涝成这样一面湖水。洪水往往需要两三个月才会消退，这样的风景就会在我们孩童的眼里延续两三个月。当然，这是不能比拟的，我家乡的洪水不能叫风景，叫自然灾害。人家凌云的浩坤湖，才是真正的风景，而且有文化品味。按文友志文兄在他的作品《经典凌云》里讲述，浩坤湖古称东湖，浩坤湖的美在几百年前就被人发现了。在汾洲钓鱼台附近的石壁上刻有一块两米见方的《游东湖记》，写这篇文章的是明代泗城（凌云古称）的土司岑云汉。岑云汉于1630年（崇祯三年）秋月，陪同桂林文人谢子嘉游浩坤湖时，写下了这篇游记，由桂林府石匠封华刻于石壁上。我没有在现场看到此文，却在下榻的宾馆看到一本小册子——《游东湖记》，由政协凌云县委员会和凌云县文联编撰。册子里志文兄对岑云汉这篇游记做了翻译。古时候，岑云汉他们游浩坤湖需要三天时间，而我们只用一天时间就够了。便利的交通，大大缩短了美景与我们的距离。我很想探寻那处钓鱼台，很想拍下那面石壁，可惜两次行程均没有此项安排，看来要等到第三次行程了。其实，浩坤湖的美要从山坳口上才能领略到，只有在高处才能领略她的湖光山色、她曲折的岸线和岛渚星罗，因而我所拍到的浩坤湖的照片，多是从山坳口上拍的，且都是全景。坐在船上，身处湖中，我自然要充分感受湖水的清幽、山势的俊朗和水鸟的弧线。当然，也拍了一些照片，不过都是特写。

从浩坤湖回到凌云县城，有一个地方是必须要去的，也是必须要拍摄的，这个地方叫水源洞。听志文兄介绍，这个水源洞，很不一般。步入洞内，但觉凉风习习，流水潺潺。洞顶石崖上刻着四个苍劲大字：第一洞天。系1778年（乾隆四十三年）左江观察使王玉德所题。洞中有钟乳石、石笋、石花、石柱，形状各异，千姿百态。从水源洞里流出来的水，被当地人称为“圣水”。每年的农历七月初七，各族男女竞相来到水源洞取“圣水”、洗“圣水浴”；大年三十则到这里请“智慧水”。水源洞的水，自洞口那棵盘根错节的千年古榕树下流出，形成一泓清澈的池水。我拿出手机连续拍了几张照片，来到水池边，掬一捧清泉含在嘴里，算是给自己请了一把“智慧水”。但凡水源处均称为“河流之母”，可水源洞却被尊称为“澄碧河之父”。和所有人一样，我也感到蹊跷。志文兄提示我抬头观察眼前一处突出的钟乳石，于是明白了这一命名的依据。水源洞，缘于水，更缘于丰富的文化内涵。走在崖壁刻满诗文的水源洞里，仿若紧跟在凌云悠久的历史脚步之中。据统计，历朝历代文人墨客在水源洞口内外崖壁上留下的诗词、楹联、题字累计达80多首（副、处），其中或托物言志、或体悟人生，集中体现了凌云历久弥新的人文精神和多姿多彩的文化底蕴。有些诗文和楹联我印象特别深刻，比如道光初年州官吴嘉纶题写的对联：稽首向慈云到此自惭为吏俗，源头来活水而今方觉在山清。

夜幕降临，华灯初上。泗水河两岸，流光溢彩。我和佩华兄、一平兄、红一兄、小刚兄漫步在河堤上。看似漫不经心，实则有些迫不及待。经过一家小店门前，见到灯箱上几个字很熟眼：红日啤酒店。当即拍下来，发了一条微信朋友圈。远在延安学习的才夫兄很快回帖：请如实填报个人事项。感谢才夫兄，您的提醒很温馨，也很温暖。在太平桥方桌边，我们五位客人刚坐下来，凌云五位文友就到了。早上还在车上的时候，负责招呼我们的小黎已说好了，宵夜要请我们吃“地羊”肉，而亲自烹饪“地羊”美味的是她的闺蜜阿卯。此生我吃过柳州的“稻草地羊”、玉林的“荔枝地羊”、宜州的“脆皮地羊”、都安的“水煮地羊”，还有环江的“生焖地羊”……自从2015年在凌云县城吃了“凌云地羊”之后，我就下了定论，这是我吃到的最好吃的“地羊”美味了，尤其是太平桥“干锅地羊爪”的味道，简直就两字：绝了！我们嗑瓜子聊天时，阿卯来了，一个长得健康丰腴的青年女子翩然而至。凌云女子长得水灵，就是水分很充足的那种，阿卯也是。阿卯一坐下来，一连串开了六瓶啤酒，一口气跟我们五位客人各干了四杯。酒过三巡，六瓶啤酒见底后，阿卯亲自烹饪的“地羊”肉由服务员端上来，装在一只瓦罐里，很古朴，很原始。阿卯扭开液化气炉开关，让文火慢慢地炖着，不一会儿，一股奇特的肉香味袅袅飘出，令我等垂涎欲滴，立即拿起了筷子。与凌云传统的做法一样，阿卯烹饪的“地羊”肉也是连皮带骨头的。不同的是，阿卯省去了油炸这一环节，直接切块下锅。水是直接从水源洞里挑来的“圣水”，而不是自来水，配料是山上长的野山姜。我问阿卯，配料里是不是还包括某种植物的果壳。阿卯断然否定道，咱郭家人（阿卯姓郭）从不干违法的事。据小李透露，阿卯是他们家族祖传烹饪“凌云地羊”方法的第五代传人。凌晨时分，方桌边剩下我们几个男将，我们已经干掉了七件啤酒，第八件接着上来。佩华兄见我不停地用手帕擦拭脸上的汗水，说了一句，大伙都脱了吧！我还没反应过来，佩华兄已把上衣脱了，接下来一平兄、小刚兄、红一兄干净利索地脱了。我忸怩一番，也把白色的T恤衫脱了。我承认我羞于当众裸露躯体是因为内心的脆弱和自卑。我深知自己的躯体属于书斋里的产物，它缺少地气，缺乏与大自然的亲密接触，缺乏烈日的炙烤和大雨的浇注。它表面上看去是嫩白的、是茁壮的，其实是亚健康的，是经不起风吹雨打的。是夜，我第一次在自然界、在滔滔奔流的泗水河畔、在凌云这片净土上的夜空袒露自己的躯体，同时，也袒露自己的灵魂。咔嚓！咔嚓！凌云文友杨再礼兄拿着手机，接连为我们拍了几张“裸照”。照片上，我们五个兄弟笑得很灿烂很自然——因为我们回归了自然。

再回到浩坤湖上。

这次在浩坤湖上，我是拍有不少照片的，比如跟我的偶像——著名作家毕飞宇老师合影的照片。此前东西主席发微信叫我到凌云参加采风活动我是有些犹豫的，犹豫的原因是今年杂事特别多，年初计划写的文字到五月份了一个字也没写出来，想静下心来做些作业。但当东西主席说毕飞宇老师要来凌云时，我就不再犹豫了。我最早阅读毕飞宇老师的小说是在2001年，那年四月我读了他的中篇小说《玉米》，之后又读了《玉秀》、《玉秧》和《青衣》。而读得最认真、最仔细的作品是毕飞宇老师2005年在《北京文学》增刊上发表的长篇小说《平原》。在反复读了三遍《平原》之后，我深刻地意识到，原来小说的语言应该是这样的，原来小说的故事应该是这样的。头晚东西主席在宴请毕飞宇老师一行时，我第一个到达，目的是想在第一时间见到偶像。可是飞机晚点，带路人进城后又走了弯路，直到夜里差不多八点才见到毕飞宇老师。握手的时候，我就想对他说一句：毕老师，您是我多年来一直都想见的偶像啊！可是握着偶像的手，我的舌头迟钝了。当晚，我先后两次去给毕飞宇老师敬酒，每敬一次酒我都萌生跟他照相的念头，想想还是到了凌云再照。船行驶到湖中，我终于鼓起勇气走上前去，弯下腰身虔诚地对毕飞宇老师说道，毕老师，您是我的偶像，我想跟您照一张相。毕老师微笑着，一把拉着我坐到身边。我把手机交给东西主席，请他为我们拍照。在浩坤湖上，东西主席是这一幸福时刻的见证者和拍摄者。在这一面浩淼的水上，我实现了17年来的一个梦想——与我的偶像毕飞宇老师同框。

（选自散文集《致凌云》，漓江出版社2018年8月出版）

相约合山

振学兄履新合山市不久，给我打来一个电话，邀请我到合山走一走。通话的时候，我能感觉到一阵阵晚风轻轻地吹拂。振学兄说我正跟合山市文联主席在河堤上散步，你什么时候到合山来一趟？让家乡的文学热风也吹进这座昔日的煤都。电话里换成了另外一个声音，一个甜美的女声：红日兄一定要来合山一趟，您一来准能把合山的文学氛围带起来。这么一说，这个看似简单的邀约变成了沉甸甸的责任。我深知我的能耐是极为有限的，把一个地方的文学带动起来，光靠我一个人的力量是远远不够的。我惊奇于振学兄的“异质化”，身为主政一方的主官，此时他的脑子里居然牵挂文学居多。

之后我一直在构思合山之行，像构思我的一部作品。我一面构思一面打探这座昔日的矿山，这座曾经为广西及西南地区输送过“光”和“热”的小城。自1905年打出广西第一口煤井起，合山开采煤矿的历史已逾百年。因为那里有广西三分之二的煤矿，因为煤炭开采历史悠久，合山被称为“百年煤都”。当繁华落尽，洗净铅华之后，合山变成了资源枯竭型城市。面对极大的挑战和艰难的选择，合山市充分发挥百年老矿的文化底蕴，着力打造工业旅游城市，他们在搞矿山博物馆、矿山公园和铁轨景区。据说所有的景点都是利用矿山、矿井、矿区棚户区、旧火车站、旧铁轨、废弃绿皮火车等改装过来的。那里有世界上独一无二的铁轨自行车。其间合山市文联的同志不断给我寄来一本叫做《大好合山》的文学内刊，从中我得知合山除了有煤，还有一群文人，最老的作家已年近八十。他们用手中的笔默默地记录这座“百年煤都”的前世今生。昔日的矿山历史，今天的成功转型，为他们提供了源源不断的创作素材。但是，我能为合山的文友们做点什么呢？我一直没有想好。

我还没想好的时候，已经踏上了合山这片充满神奇的土地，时间是2016年7月9日。我和来自广西区内外的40多位作家被振学兄请到合山，参加文学采风活动。振学兄亲自当导游，引领我们参观矿山博物馆、矿业工程遗迹、矿山公园、江滨路地质环境治理项目、铁轨十里画廊……尔后每位作家撰写一篇散文，以《大好合山》为书名结集出版。临别的那天晚上，振学兄来到宾馆我的房间对我说：这次活动安排得很紧凑，我还没能跟你细谈合山的文学。我说：这次活动不是专门安排文学讲座了吗？这种形式很好嘛。振学兄说：讲座当然很好，我也去听了，收获颇丰，但合山更需要一个常态化的载体。这事我在想，你也帮我想想，想好了你再专程来合山一趟。

想问题是需要时间的，想出解决问题的办法更需要时间。直到2017年的11月份，我终于认为我可以再去一趟合山了。这个月的6日这一天，

《民族文学》罗城创作基地在美丽的仫佬山乡正式挂牌成立，当罗城仫佬族自治县长潘秋琳女士从《民族文学》石一宁主编手中接过基地牌匾的时候，我当即有一种给振学兄打电话的冲动。手机刚呼叫第一声我却挂断了，我决定到合山去面见振学兄，这事得当面跟他谈。12月12日，我从金城江出发，沿着红水河直奔合山，这是时隔一年之后我第二次到合山去。与上一次不同的是，这次我是带着答案去的。彼此见面的第一句话让我抢先说了。我直截了当或者迫不及待地说：合山文学需要一个“场”，这个“场”就是文学创作基地。

振学兄说：具体一些。

我说：合山很有必要创建《民族文学》创作基地。

振学兄说：再具体一些。

我说：合山，不是“一条马路、两排树、三个乡镇、四家班子”概定的那么简单。这是一座有煤矿开采历史、有转型故事的城市，同时又属于多民族聚居的地方。新中国成立以来，居住在这里的壮、汉、瑶等多个民族和睦相处，生生不息。与我们民族文化息息相关的《民族文学》杂志是由中国作家协会主管、中国作家出版集团主办的唯一的全国性少数民族文学期刊。自1981年创刊以来，迄今有汉、蒙、藏、维、哈、朝等6种文字版本，是中国多民族文学精品荟萃的园地，是中国多民族作家和读者的精神家园，发现和培养了一大批少数民族文学作家，为繁荣发展我国少数民族文学作出了重大贡献。从2007年开始，《民族文学》先后在全国各地创建了十几个创作基地，其中就包括咱们家乡河池市的巴马、大化、罗城等3个少数民族自治县的创作基地，接下来天峨、环江、都安等创作基地也将授牌成立，并且将覆盖全市。如今，这些文学创作基地已成为当地少数民族文学事业发展的一张重要名片，不少民族作家的创作得到《民族文学》的重点扶持，而基地也成了培养本土作家新的平台。比照各方面的条件，合山比任何一个县（区）都更加成熟，更具魅力和吸引力。这是一方面的意义，另一方面是，成立创作基地、开展采风活动、发表出版反映合山诗画般风光的作品、书籍，对助推合山矿山文化旅游，意义非凡。举个例子，去年你组织开展了文学采风活动，作家们撰写的各种文章在报刊网络上发表，立即掀起周边人自驾游合山的热潮……我的这番话说得有些长了，有些颠倒身份了，没想到振学兄听罢兴奋地说道：这个“场”要得！

我说：这个“场”，正是合山文学常态化的载体。

我当即拨通手机，让振学兄跟石一宁主编通电话。两人在电话里一拍即合，敲定创建合山创作基地。之后公务特别繁忙的振学兄，全程参与多民族文学作家合山行采风活动暨《民族文学》合山创作基地授牌仪式的各项筹备工作，几次三番通过邮箱和微信给我发来实施方案，听取我的意见和建议。这次我主动提出要求，希望能再去一趟合山。振学兄回复：那当然。

2018年6月26日这天的合山，天高云淡，风和日丽。经过半年多时间的精心策划和筹备，《民族文学》合山创作基地如同原野上的果树，瓜熟蒂落，收获在即。红河酒店门前，振学兄与风尘仆仆远道而来的石一宁主编热情握手，互致问候，两人一见如故。振学兄指着一旁的我说：按照我们合山这个地方民间的说法，他就是咱们两家联姻的“月老”。石一宁主编转向我，你说呢？我回答他道：我哪算是“月老”，要说“月老”，文学才是。

（载于2018年8月7日当代广西网）

邕宁榨粉

那天在邕宁那楼镇，鬼子说田耳吃了三碗榨粉，其实我也吃了三碗。吃了第二碗后，再次起身时我本来是想舀一碗米粥的，犹豫了一下我又盛了一碗榨粉。和田耳一样，我对榨粉情有独钟，偏爱有加。在我工作的地方金城江城区，有两个地方的榨粉最好吃：一处是良伞农家乐，取名“猪脚榨粉”；一处在澳门城，匾名叫“正宗都安榨粉”。如果某一天早晨我提前一个小时起床，那是我要去行政中心开会或者要去吃榨粉。澳门城榨粉店就在行政中心附近，吃了榨粉后直接进入会场，所以我很乐意去行政中心开会。但是如果没有会议的话，专门到那边去吃一碗榨粉，这碗榨粉的成本就有些高了。二两榨粉只要六块钱，往返打车费二十元，这碗榨粉变成了二十六元。不过比起那些真正的“粉丝”，我算是小巫见大巫了。

我有几个都安兄弟，周六经常开车到一个叫“红旗桥”的地方去吃马山榨粉，往返要加五十块钱的汽油和缴二十块钱的过路费。有时他们还专程到邻近大化县城和武鸣区，去吃“贡川榨粉”和“府城榨粉”。武鸣区属于南宁市，府城镇距离南宁更近，这碗榨粉就相当于到首府去吃了。

第一次见到的邕宁榨粉，装在几个大盆里。装在大盆里不新奇，大化的“贡川榨粉”、马山的“红旗桥榨粉”也都是满满地装在大盆里的，甚至还有人说，不装在大盆里的不算是榨粉。新奇的是邕宁榨粉是不带汤水的干拌粉，乍一看像干捞面。粉的颜色有点黄，像面，又不完全像。粉上面撒了葱花和碎肉末，一只勺子搁在盆沿。我拿起勺子时心里有一点担心，担心粉丝粘在一起舀不起来，还有一点点失望，这样一盆“干货”，看来味道不会好到哪里去。没想我一舀轻易就舀起来了，粉的韧性很好，粉丝并没有缠绵地粘成一堆。吃第一口，没什么感觉，像往常吃的干捞面。第二口、第三口，粉的味道出来了，是米浆的味道、稻谷的味道、田野的味道、陈年的味道和日子的味道。有一点点酸，但不是很酸，不是所有榨粉的那种普遍的酸、共性的酸，是那种恰到好处的酸，或者说酸得恰如其分。吃完第一碗，我有一种吃上正宗桂林米粉的感觉。在我工作的金城江城区，有多家桂林米粉店，都是带着汤水吃的，殊不知桂林米粉正宗的吃法，是先干拌着吃，最后再添汤喝了。邕宁榨粉正是这种吃法。当然，这只是其中的一种吃法，邕宁榨粉也有带汤吃的。

和广西所有的榨粉包括武鸣榨粉、马山榨粉、大化榨粉、都安榨粉一样，邕宁榨粉的制作也是六道工艺：洗米、发酵、打浆、压团、打团、榨粉。后来，自治区质监局发布了《邕宁生榨米粉制作技术规程》，为邕宁榨粉的制作工艺提供了官方标准。按照此规程，邕宁榨粉标准的工艺流程是：洗米、泡米、发酵、清洗、磨浆、压干、制作生熟粉团、打浆、现场压榨成型、煮制、加配菜、盛装调味。其中有几个环节至关重要。比如选米，新米是做不了榨粉的，榨粉原料须选择存放两三年的稻谷制成的大米。比如发酵，将大米置于容器中直到散发出香味，用手揉捏米粒形成细碎粒状、略显黄色才算发酵成功。在那楼镇一带，还有将磨好的米浆滴干水分后用布包起来放进火塘，用草木灰埋上两三天时间，让米浆慢慢地发酵的做法。比如配菜，各地榨粉的配菜各有不同，马山榨粉、大化榨粉的配菜主要是猪肝、隔山肉、粉肠、黄喉等新鲜猛料，被食客称为“三两粉七两肉”，当然这种说法不免有些夸张。邕宁榨粉常用的配菜主要是碎肉末、碎头菜、豆腐条，俗称“三大样”，另外佐以葱花、紫苏和香菜。碎肉末选用新鲜半肥瘦猪肉，碎头菜选用大头菜根茎部分。根据顾客口味可再提供扣肉、豆芽等配菜。汤水是用猪筒骨加入香菇、红枣、桂叶、生姜、陈皮、八角、草果等配料熬制的高汤。此外，邕宁榨粉煮制配菜的方式也和其他地方有所不同，即将碎肉、碎头菜等配料逐一配齐，放入碗中，和粉一同放入水锅，让碗漂浮在煮粉的滚滚热汤之上。揭盖之时，粉煮熟，配菜也熟了。

在别的地方，榨粉属于小吃或者零食，而邕宁榨粉属于主食，这是它与其他地方榨粉最大的区别。每逢重大节日或有贵客临门，邕宁人除了杀鸡宰鸭，还要制作榨粉。一大早起来，一帮人（主要是妇女同胞）就开始为几盆榨粉忙碌开来。架锅、生火、熬汤、剁肉、切菜、煮制……客人坐齐，桌上除了鸡鸭鱼肉等美味佳肴，还有一盆飘着独特酸味的榨粉。远方来的客人，往往视米饭米粥煎饼粽子而不见，眼睛只顾盯着那盆榨粉。那天在那楼，我和田耳兄就是这种情形。

邕宁人吃榨粉还吃出了节目。每年农历三月十一至十二，在蒲庙镇的“花婆节”上，展示生榨粉的传统制作技艺是重要的节目。邕宁的蒲庙、那楼、百济、中和、新江等5个乡镇，每个乡镇都有制作榨粉的传统，每个乡镇的街上遍布大小生榨米粉店，这其中，又以那楼镇、蒲庙镇的邕宁榨粉最为出名。

那楼，一个特别亲切的名字。“那”在壮语中意为“田”和“垌”，泛指田地或土地；“楼”即“我们”或“我们的”。“那楼”就是“我们的田地”。在这个典型的岭南小镇，我听到了许多与榨粉有关的故事。明末清初，那楼镇出了一位进士，这位进士到外地做了官后，每年端午节都要回乡看望乡亲们，而这位进士招待乡亲的食物便是榨粉。后来，这位进士告老还乡，便在家中兴办私塾，教书育人。每个学童每天都能免费享受一顿午餐，相当于现在村小学的营养餐。这顿午餐，吃的便是榨粉。这位进士临终的时候，没有给子女留下任何钱财，只留下一座最为宝贵的书院。乡亲们念其一生的恩泽，遂定于每年的五月初五端午节作为纪念他的节日。并约定俗成，每到这一天，乡亲们都要到祠堂里给他供奉祭祀。贡品除了熟鸡、猪头皮，还有一样东西是不能少的，那就是榨粉。同时还开展丰富多彩的活动，比如学生集体诵读诗文、孩童拜师、女儿回娘家……后来又增加几项便于传承传统文化的活动，比如舞龙舞狮、吹八音、唱采茶戏，等等。这么说来，邕宁人的这一碗榨粉，就不仅仅是一碗榨粉了，而是一种文化、一种文脉，它代代相传，历久弥新。

（载于2018年7月24日当代广西网）

一切顺其自然

几个星期前，你们的蓝校长在市委党校学习，我们见面时蓝校长说让我来给大家做个心理辅导。我觉得“心理辅导”这个话题说重了。首先呢，我认为在座的各位同学心理没有问题，最多是心里有点儿紧张，没有必要做什么辅导，就好像一个人本来就没有什么病，硬是把他辅导出病来，这就不好了。然后呢我不是心理医生，没有营业执照，没有资格给大家辅导；作家证呢倒是有一本，给同学们讲几个故事倒是可以的。（掌声）小孩小时候睡觉前总要让妈妈给他讲故事，讲着讲着，小孩就睡着了。（笑声）其实啊！能让小孩一听就睡着的故事，就不是好故事。真正的好故事，是让小孩听了怎么也睡不着，眼睛一直睁到天亮。但愿我的故事不是这样的故事。（笑声）

六月是生长的季节、是个成熟的季节、是个即将收获的季节，就像你们即将有收获一样。这个时节晴空万里、风和日丽，唯一不足就是热了一点。可是有人却写了一本书，书名叫做《黑色的六月》，原名叫《黑色的七月》。六七月份天气多好啊！阳光灿烂，怎么就变成了黑色了？知道为什么吗？（学生：不知道）就是因为高考嘛。高考都这么多年了，一切早就步入正轨了，按部就班了，有必要这么紧张吗？这不是我们所能说得清楚的，或者说你不想紧张都不行。今天晚上我一进校园来，自己都有点紧张，一看到那么多的标语自己就自然紧张起来。不过都高的标语已经算少了，而且很理智。有些标语确实“很雷人”，比如“纵然撞得头破血流、也要冲进一本大楼”。看到这样的标语，你不激动都不行。

俄罗斯有一个著名导演叫安德烈·塔可夫斯基，生前拍了不少电影，比如《牺牲》《乡愁》《镜子》《潜行者》《伊万的童年》《压路机与小提琴》《今天不离去》，等等。他在一本书名叫《雕刻时光》的书里讲述了两个真实的故事。第一个故事是这样的：一群叛军就要被枪毙了，他们站在执刑的队伍之前等待枪决，他们在医院墙外的一片泥地上等待，泥地上坑坑洼洼。那时候正好是秋天，他们被命令脱下外套和鞋子，其中有一名年轻的士兵，他脱下外套和鞋子之后，抱着外套和鞋子，穿着满是破洞的袜子，在泥坑之间走了好长一段时间。你们说他在找什么呢？（学生：不知道）他是在寻找一片干净的地方，来放置他几分钟之后就不再需要的外套和鞋子。

明明知道自己马上就要被枪毙了，马上就要死了，但这个年轻的士兵就是坚持要把外套和鞋子给安顿好。这个令人心酸的故事意味深长，给读者无限的想象。有人理解为这是一个告别生命的仪式，是生命最后时刻的一种行为。有人认为这位即将被枪毙的年轻士兵，想方设法安顿好自己的外套和鞋子，从象征的意义上说，（它们）已不再是普通的外套和鞋子，而是这位士兵生命的化身。这位士兵对外套和鞋子的执意安顿，是他对自我生命的一种安妥仪式。外套和鞋子，是他无字的遗嘱。任何一种理解都是正确的。而我个人简单的理解是，这个年轻的士兵面对死亡，面对生命的终结，没有一点恐惧，更不用说紧张了。

还有一个故事讲述的是：一个人被电车碾过，压断了一条腿，他被扶到路旁房子的外面，靠墙而坐。在众目睽睽之下坐在那儿，等待救护车的到来。突然间，他再也忍不住了，从口袋里取出一张手帕，将它盖在被压断的腿上。这也是令人意想不到的行为。当然，这个俄罗斯导演塔可夫斯基讲述的这两个故事，是从艺术的角度去讲述的，是为了强调艺术影像应该忠实于角色和情境，而非一味追求影像的表面诠释。可是放到现实生活中来，除体现人性和尊严以外，就是面对灾难的淡然应对和从容不迫。

前面讲了刑场，最后我讲讲球场。球场，也是战场。讲球场，就要讲运动员，我讲的这名运动员是中国乒乓球队著名运动员王皓。以前中国人打乒乓球握的基本上都是直拍，为什么？因为我们平时吃饭拿的是筷条；欧洲人握的都是横拍，因为西餐拿的是刀子。王皓是中国乒坛史上全部使用直拍横打技术的第一人，也是目前世界上直拍横打技术最好的运动员。借助于这一技术，王皓曾经长期在世界男子乒乓球排名榜排名第一，多次获得世界大赛冠军。

20世纪80年代末，欧洲横拍弧圈球技术很厉害，中国直拍左推右攻技术到了生死边缘，就发明了直拍横打技术，解决了直板反手弱的问题。直板横打运用得最好的是王皓，他从小就练习直板横打，而且反手只使用横打，没用推挡。他的反手不亚于横板选手，横打技术成为他的绝招。直拍反手的“拧、拉、撕、弹、冲”五大技术均炉火纯青，与任何一位横拍选手比赛反手都能占有明显优势；正手杀伤力大，中远台对拉能力强。概括来说就是正手不弱，反手超强。王皓的球路灵活多变，控制技术好，进攻技术质量高，是中国乒乓球队技术最全面的运动员之一。可是，在2004年奥运会乒乓球男子单打决赛中，意外地输给了韩国运动员柳承敏。当时以柳承敏的技战术水平，赢王皓一局都难，为什么王皓输了？因为他上场后太过于紧张，紧张到动作都变形了，技术发挥失常。当时坐在电视机前的观众都恨不得上去帮他打了，可惜观众只有胆量没有水平。后来，两人多次交手，柳承敏再也没有赢过一场，为什么？因为王皓没有思想包袱了。可是为时已晚，当年奥运会人家把金牌拿走了。当初王皓要是放松心态，不刻意为自己设定目标，按照平常的训练放开去打，就是平时怎么练就怎么打，金牌就是他的了。

讲到王皓，离不开他的师傅。他的师傅是谁？知道吗？（学生：刘国梁）对了！就是中国乒乓球队前总教练刘国梁。刘国梁可以说是少年成名、一战成名，是中国男乒第一个获得大满贯的运动员，也是世界乒坛继瓦尔德内尔之后第二个获得大满贯的运动员。什么叫大满贯？就是奥运会、世锦赛、世界杯三大赛都获得冠军，才能叫大满贯。1996年亚特兰大奥运会，男子乒乓球单打决赛在刘国梁和他的队友王涛之间进行。王涛当时是队里的老大，刘国梁平常与他比赛，基本上没赢过。比赛时，刘国梁放开手脚，轻装上阵，淋漓尽致地发挥自己的技术水平，经过五局鏖战，最终赢得了比赛，获得了奥运会金牌。

一年一度的高考即将来临，战场已经摆开，战斗即将打响。大家没有必要那么紧张，不就是跟平常一样考嘛。我当年去参加高考，我父亲都不知道。三天不见我就问我：你去哪儿了？我说去参加高考了。我儿子高考前，我还带他去南宁书城玩玩、放松放松，搞得班主任韦海春老师很紧张。由于心态好，发挥正常，当年我儿子考了都高文科状元，被中国人民大学录取。（学生鼓掌）高考只是人生考学中的一次大考，还不是最后一考。人生中还有很多很多的考，除了考学、考级、考研，还有考证、考评、考察、考核、考验，等等。未来很多的“考”，排队等着你们。面对人生的一次次“考”，最好的办法是淡定，是顺其自然、顺天应命。顺其自然不是一个简单的成语，它充满了哲学思想，是对人生一切的综合考量和人生经验的积累和反馈。一切顺其自然了，一切就会顺顺利利、顺水顺风、顺顺畅畅、顺天应人、顺从其美，最后是顺理成章。在座的各位同学，你们今年的高考会是这样，你们未来的人生也是这样。谢谢大家！

（2018年5月22日晚在都安高中“调整心态·决胜高考”心理辅导会上的演讲，选自《河池文艺圈》）

石话·实话

来大化我是一定要看石头的，这并不是说我是“石迷”、“石友”或者“石头收藏家”，甚至“石商”。其实，我对石头知之甚少，我所掌握的一些有限的石头知识，全是一位叫杨景洪的朋友传授给我。我收藏的唯一的一块石头，也是杨景洪先生送给我的，他取名为“日出”。我开始是对石头充满好奇，后来就积累了一些关于石头的故事。那些关于石头的故事，常常出现在我的小说里。我所说的石头是奇石。

横穿中国西南的红水河，谷深滩险，水流湍急，不仅是一条能源之河，更是一条奇石之河。广西境内的天峨石、大化石、都安石、来宾石、大湾石、彩陶石等知名石种，全都出自这条神奇之河。鬼斧神工的大化石，也叫大化彩玉石，它主要出现在岩滩水电站下游约6公里的河床中。

据地质学家和赏石专家考证，大化彩玉石生成于古生界二叠系约2.6亿年前，属于华力西期有基性侵入岩和火山岩。由于火山溢出活动具间歇性，所以熔岩层中夹有硅质岩及粘土岩，黏土岩受角岩化，围岩受接触变质作用，变成硅化程度很高的岩石。后期经矿物质侵染，形成不同色彩的草花纹，纹理清晰美观。岩滩水电站建设之前，这里滩险流急，含沙量大，上亿年的冲刷，同时受其中溶解的多种矿物元素如铁、锰的浸染，使大化彩玉石具有匪夷所思的水洗度，石肤光滑如脂，包浆古朴，色彩饱和，形成了著名的观赏石。著名作家贾平凹题写的“中国观赏石之乡”这几个字，就刻在一块巨大的奇石上，矗立在大化县城滔滔的红水河边。

20世纪80年代末，我的朋友杨景洪先生还是一个学生，他到岩滩水电站实习。机器轰鸣的工地上，咆哮的红水河边，一堆堆从河床中勾起来的石头，毫不起眼地躺在那里。轻松的实习之余，杨景洪先生和同学一起到河边捡石头，惊奇地发现这种石头很沉、很滑，上面有很漂亮的花纹。一番漫无边际地把玩之后，随手扔进湍急的河水之中，他们不知道他们扔掉的是宝贝——奇石。也就是在那个时候，开始有本地和外地的爱石人士来到大化，开始在河岸和河底采集奇石。到了1997年，整个大化进入大规模的奇石开采时期。这个时候，杨景洪先生已经是一个商人。已经是商人的杨景洪先生有一次在岩滩街上，听到有人用7000元买了一块石头时，像当年随手扔掉手中的奇石一样随口说了一句：神经病。

2003年，当地报纸刊登一条消息：岩滩镇一个农民以68万元的价格卖了一块石头，石头的名字叫“红河魂”。这条爆炸性新闻在当时普通干部每月只有几百元工资的红水河边，引起了强烈的反响和各种议论。作为西部欠发达地区的大化县，这68万元是一笔不小的价钱。就在人们还沉浸在68万天价议论中的时候，又传来一块叫“盘古”（就是后来众所周知的“烛龙”）的岩滩石卖了228万元超天价的消息。不仅如此，买主还送给卖主一台全新的皮卡车。神话还在继续，2006年，有个姓韦的商人以1.1亿元的价格，做成了一笔奇石生意。等到我的朋友、商人杨景洪先生反应过来的时候，岩滩河床基本上已没有奇石可采掘了，它们不断地被人买走或转手倒卖或收藏囤积待价而沽。一家豪华的奇石馆，在大化县城应运而生，每天有全国各地的“石友”“石迷”慕名而来，络绎不绝。据说奇石馆里面收藏的奇石，平均每一块都售价百万以上，而市场上身价百万的奇石中，十有八九是大化彩玉石。大化彩玉石因此成为“观赏石中的奇葩”“名石中的珍品”，是奇石中的“明星”。在各种重大的“石展”中，大化彩玉石往往是不可缺席的。没有雍容华贵的大化彩玉石高调亮相，“石展”就会黯然失色。

在奇石圈内，“石友”们对大化彩玉石的评价是：石质玉化，手感温润；色彩饱和，流光溢彩；形拙意巧，浑然天成；纹路明晰，意蕴丰富；品质高贵，审美宜人。大化彩玉石几乎具备所有知名观赏石的优点：长江石、玛瑙石和三江石的坚硬润滑；寿山石、彩陶石的细腻光洁；灵璧石、来宾草花石图案花纹的变化多样……

原以为这样的“赏石之奇葩”“名石之珍品”，在经过赏石界深入地鉴赏、研讨、交流，定位成为国宝级的奇石之后，在现实生活中应该继续熠熠生辉。然而，凡事都是有度或者都是有规律性的，大化彩玉石也一样。大化彩玉石被大规模发掘，不过短短十年时间，其价格每年以翻番的速度上涨，一阵疯狂之后，奇石市场归于沉寂，有价无市成为一种新常态。

当我再次来到大化的时候，那个享誉全国的豪华奇石馆已经被封起来了，据说是因为老板资不抵债，跑路了。这完全可以理解，因为奇石馆的石头是不可能白白地让人欣赏的。随着奇石馆的消失，大化彩玉石渐渐成为一个时代的记忆。如今在大化县城河边的一些商铺里、在岩滩镇上的一些居民家里，还摆设一些奇石，虽然谈不上无人问津，但光顾的“石友”已经很少很少了。有一次，我与杨景洪先生交谈，问及为何当初奇石市场那么疯狂。杨先生说：当初有大老板在买，买了送人，收了奇石的人，又重新投放市场。又问为何现在奇石市场萧条了。杨先生说：因为不能送了。哦！原来如此。本来鉴石、赏石、评石是一种审美的行为，收藏一块上好的奇石，除了可能会增值，还可以陶冶情操。但是，这一过程一旦被某种行为干扰或者破坏了，那么这样的奇石就像被人工彻底打磨了一样，原始的意义或者原先的本色就不复存在了。

在一个朋友的家里，我见到一块酷似孔子的大化彩玉石，石名叫“儒家始祖”。这块奇石，石肤润泽，色彩鲜艳，外形完整，线条明晰，人物形象生动，寓意深远，是一块可遇不可求的收藏级奇石。杨景洪先生解释，儒家始祖孔子作揖的形象，不但人物刻画入木三分，而且把儒家思想的仁义、道德、中庸、谦虚等思想精髓表现得淋漓尽致——我默默地观赏着，没有说一句话，而孔子也和我一样沉默着。

（选自2018年9月团结出版社《吟咏大化》一书）

文学创作也需要“驻村”

这次能够获得骏马奖，我首先要感谢市委、市政府领导和市委宣传部领导对我的关怀和培养！这不是客套话，这是发自我内心的肺腑之言。2002年，组织把我从都安县政府办公室主任的岗位，提拔到河池日报社担任副总编辑。能够提拔其中有很多因素，最主要的因素是组织对我的文字表达能力的充分肯定；我成为自治区党委宣传部签约作家后，组织又把我调到市文联担任副主席，让我拥有更宽裕的时间从事文学创作。也是从这个时候开始，我恢复中断多年的文学创作，开始了真正意义上的文学表达。我被鲁迅文学院作家高级研讨班录取后，在向市委提交请假报告时，一想到要离开岗位4个多月，心里一直忐忑不安。没想到市委主要领导看了报告大笔一挥，同意我离岗到鲁院学习。我的很多作品就是从鲁院回来后陆续发表的，从而一发不可收拾。这些年来，市委领导一直鼓励我多深入生活，多写出反映时代心声的精品力作。去年秋天，我到天津领奖，何书记第一时间给我发短信：“猛烈祝贺《驻村笔记》荣获第十八届百花文学奖长篇小说奖！你的获奖感言深深地感动了我们。”手捧奖杯从台上回到座位，第一眼看到何书记的祝贺短信，泪水顿时湿润了我的双眼……这些年来，市委领导对我这个作家从来不另眼看待，而是高看一等厚爱有加，我也把他们当作自己的知心朋友。有几次半夜写作写到兴奋，我就忘形地给何书记打电话，何书记无论再忙也都耐心地听我把废话讲完。在这里我向大家透露，《驻村笔记》里那位清廉爱民的市委贺书记的原型，就是咱们的何书记。正因为我工作生活在河池这片文学沃土，正因为我拥有这样一个温馨和谐的创作环境，天时地利人和，我都拥有了，所以就有了我今天的收成。

2013年11月3日，习近平总书记在湘西土家族苗族自治州十八洞村同村干部和群众座谈时，首次提出“精准扶贫”重要理念，我意识到这将是未来一个时期我们国家的重要战略和重大行动，作为从事现实主义题材创作的作家，要主动投入到时代的大潮中去，创作出反映时代风貌的文学作品。2014年初，我向市委组织部报名到罗城仫佬族自治县黄金镇寺门村担任扶贫工作队员，寺门村是我们单位的扶贫联系点，但由于种种原因请求没有得到批准。2015年3月，我再次向市委组织部提出申请，这一次我的请求终于得到了市委的批准，当年10月，我被任命为罗成仫佬族自治县黄金镇寺门村党支部第一书记。在驻村两年时间里，我切实挑起担子，扑下身子，真正进入到第一书记的角色中去，和乡村干部、驻村工作队员一道亲身参与了贫困户识别评估、填写表格、建档立卡、培育产业、移民搬迁、开展基础设施建设、迎接检查督查验收等全过程。在驻村两年时间里，我白天工作，晚上写作，做到履职、创作两不误，驻村结束离开寺门村时，我也完成了长篇小说《驻村笔记》的创作。2017年《小说月报·原创版》第7、第8期连载这部小说，同年8月作家出版社出版单行本。小说发表出版后，在广大基层读者中引起比较大的反响，并进入全国农家书屋。2019年《驻村笔记》荣获第十八届百花文学奖长篇小说奖，这一次又荣获第十二届全国少数民族文学创作骏马奖。这既是评委对我这部作品题材和质量的认可，也是对我个人深入生活、扎根人民的创作态度的肯定，而我认为，文学创作同样需要“驻村”。

驻村让我看到了精准扶贫的真实场景，也看到了精准扶贫的复杂性与艰巨性。精准扶贫不是把需要搬迁的群众搬迁出来、不是让该吃上低保的农户吃上低保、不是让贫困户和帮扶干部都在卡册上签上名字那么简单，而是要从本质上解决贫困村和贫困户的一系列贫困的根本问题。同样我的创作也不能平铺直叙、泛泛而谈，而是要深入到人的内心世界。贫困户分数线尚未公布时，我在村里看到的是一种眼神，分数线出来后，我看到了两种甚至是三种以上的眼神，这些眼神常常令我彻夜难眠。

驻村让我看到了第一书记、工作队员长的什么模样，他们真实的形象是什么。驻村前我从电视上看到的第一书记、工作队员都很风光，穿着西装、衬衣，甚至系着领带，想要项目就得到项目，想办什么事情就办成什么事情。现实中的第一书记可不是这样，他们穿着红马甲，一身疲惫，满眼血丝。他们有的辞别娇妻幼儿，有的是把父母托付给亲戚邻居，毅然奔赴脱贫攻坚第一线。他们没有双休日、节假日，他们连吃饭的时候都要打电话接电话，汇报一个又一个数据，回答一个又一个问题。

他们用心做事，倾情为民，为群众铺路搭桥，盖房蓄水。他们帮助贫困户就业找门路，他们千方百计动员贫困户搬迁到异地安置点，他们天天见到帮扶户，他们把村里当作自己的家，把驻村工作当作家务事来做。这些场景除了写进我的小说《驻村笔记》，还写进了电影《秀美人生》里。有的驻村第一书记、工作队员因为意外事故、劳累过度永远长眠在脱贫攻坚的阵地上，有的同志叫什么名字，人们都不知道——他们是新时代最可亲可敬的一个群体，这个群体将永远记载在共和国治贫史册上。

驻村让我看到了精准扶贫给深度贫困地区、极度贫困地区带来的翻天覆地的巨大变化，“两不愁三保障”在贫困山区生根开花结果，山区群众祖祖辈辈的愿望，终于得到了实现。那年，寺门村屯屯修通水泥路、建起集中供水工程、全部实现电网改造，群众生动地比喻道：解决基础设施问题，就好比做父母的给儿子起了新房，媳妇就会自动找上门来，幸福就会找上门来。人民群众发自内心地感谢我们的党和政府，感谢人民领袖习近平。

脚上沾有多少泥土，心中就积淀多少故事。两年驻村激发了《驻村笔记》的创作灵感，丰富了我的创作素材，拓宽了创作视野，拉近了与人民群众的感情，思想上得到了洗礼，艺术上得到了提高。今后，我将按照习近平总书记在文艺工作座谈会上重要讲话精神的要求，更加自觉地深入生活，扎根人民，坚持以人民为中心的创作导向，不断创作出更多群众欢迎的精品佳作。不久前，中国作协第九届主席团召开第六次会议，会议深入学习宣传贯彻习近平新时代中国特色社会主义思想和习近平总书记关于文艺工作的重要论述，贯彻落实中央指示精神，布置了以全面建成小康社会、建党100周年为主题的重点文学创作。我和我的团队，将紧紧围绕这两个重大时间节点开展重点文学创作，切实增强责任感和紧迫感，积极组织和引导广大作家强化政治责任和历史担当，聚焦主题、选好题材、讲好故事，努力推出更多体现历史高度、彰显时代精神的文学精品，向党和人民交出一份优秀的文学答卷。

（2020年10月10日在第十二届全国少数民族文学创作骏马奖获奖者见面座谈会上的发言）

纪念碑脚

这里的“脚”不是那个“脚”（人和某些动物的腿的下端，接触地面支撑身体的部分），是“下面”的意思，是金城江城区的方言。纪念碑脚，就是纪念碑的下面。原先这个“脚”是指电影公司到报社这个地段，其间有文化局大院和文联。这个地段，都包括在纪念碑“脚”的范围之内。后来这个“脚”就限定在金城江公园门前门内了。纪念碑脚有一扇拱门，门楣上镶嵌有“金城江公园”这几个字，需要仰头才能发现。进入拱门，是一条原石铺成的小巷。小巷不长，估计不到一百米。市政部门见到小巷闲着觉得可惜，就用油漆画了一个个方框，变成了停车场。沿着小巷或者停车场往里走，就是一百多级台阶，拾级而上就见到庄严的纪念碑了。除了纪念碑，还有韦拔群。壮族人民的伟大儿子韦拔群同志腰扎武装带，肩挎驳壳枪，两眼目视前方。如果你乍到金城江，打车到市文联来，你最好简明扼要地说，“到纪念碑脚”。出租车司机一听，就熟门熟路地送你过来了。如果你说到市文联，个别司机不一定晓得。不仅出租车司机不晓得，送快递的也不一定晓得。不晓得文联的人大把多，这很正常。如果你说到金城江公园，有些司机可能会把你带到山上去。这也没错，因为金城江公园就在山上——这是我一个在纪念碑脚“混”了十五个年头的人的切身体会或者经验。在这十五个年头里，我的所有故事或者经历都与这个“脚”有关。说得明白一点，这十五年来我就是在这个“脚”的范围内转来转去的，始终没有跳出这个“脚”的领域。如果退休政策没有什么改变的话，再过六年我就“到点”了。估计到退休前的这段时间，这种现状不会发生变化。变化的只会是我日渐花白的头发、模糊的眼力、减退的食欲。而这些非本质上的变化，是不足以改变现状的。

然而我的与这个“脚”有关的故事或者故事的源头，则要追溯到更远一些的年份。“更远”是习惯了的夸张表述，其实也不很远，更不是童话里的“很久很久以前”。“很久很久以前”没有具体年份，而我是有具体年份的，具体年份是1986年。1986年是一个什么样的年代呢？这么说吧，那是一个青春的季节，一个充满浪漫与想象的岁月，一个激情奔涌的时代。中国当代文学创作获得了前所未有的广阔空间。我就是在那个时候知道纪念碑脚，知道纪念碑脚有一本文学杂志——《金城》。那时候我在乡下一所中学教书，是一名中学英语教师，更是一名走火入魔的文学青年。通常把一名文学青年说成“走火入魔”，这就说明这个青年中文学的“毒”相当严重了，就像误入传销组织的人。那个时候的《金城》是一份很了不起的文学刊物，据说在当时中国的任何一趟火车上都可以买到，发行量达200多万册。那个时候我的一些文友已陆续在《金城》发表了作品，其中就包括兄弟凡一平，一平兄发在《金城》上的是短篇小说《岁末》。更让我震惊的是，我身边的两位文友——一位姓黄的数学老师和一位姓潘的电影放映员，他们的小说居然也上了《金城》，对我来说这可是不得了的事情，相当于时下作品被《小说选刊》或《小说月报》转载（后来发现这两位文友的小说是抄袭的，他们除了检讨还退回稿费，从此这两位文友就从我们这个圈子里消失得无影无踪了）。那个周末，我把一个短篇小说稿装进挎包，从差不多两百公里的乡下找到纪念碑脚。我的这篇小说稿完全可以用一枚八分钱的邮票寄到纪念碑脚来，但我坐车送来了。如此的执著或者偏执，不是不放心稿子寄不到《金城》编辑部，而是想见一见编辑老师。见到刊物的编辑老师，是当时的文学青年的强烈愿望。我先从距离县城三十公里的乡下坐三轮车到县城，再从县城坐四个多小时的班车来到金城江汽车总站，下了车后一路打听找到了纪念碑脚。我早上一大早就从乡下出发，找到纪念碑脚的时候，已是下午快要下班的时间了。

和诸多机构或组织一样，《金城》也是藏在高墙大院里的，充满了威严和神秘莫测。这个大院是文化局大院，在电影公司的隔壁。然而，任何机构或组织最终都要落实到具体的人身上。所谓的机构或组织其实就是一群人，《金城》当然也不例外。我在大院一间具体的办公室里，见到了一个具体的人——《金城》的一位编辑老师，他很高大很威严地坐在那里，就像我眼中的《金城》杂志一样高大上。我发现《金城》编辑部只有两间办公室（可能还有其他办公室我没发现），这两间办公室当时却创造了文化大院里最多的效益或财富。我从挎包里拿出抄写得工工整整的小说稿子，恭恭敬敬地递给编辑老师，同时递给他一支“有”牌香烟。我的这个短篇小说，题目叫做《月光》。编辑老师瞄了稿子一眼，嘴里吐出烟雾，问我，这篇小说写什么题材？我说爱情……二十多年后我作为访美作家成员之一到广州美国总领馆面签时，递给签证官一本我的小说集，签证官问我，书里写了什么？我回答，爱情。签证官说，你OK啦！可见爱情是一个容易打动人心的话题。可当年《金城》的编辑老师没说OK，他说，你这个小说有硬伤，你看，开头景物没出现，月光没出现，人物就仓促地出现了，不行的。编辑老师指出小说的技术问题，问题是硬伤，而且伤得不轻。从文化局大院出来到汽车总站，没有班车回乡下了。晚上，我在一家小旅馆住下来，再次来到纪念碑脚，站在马路对面，遥望文化局大院，遥望对面的办公楼，实际上是遥望《金城》。楼上两间办公室亮着灯，那是《金城》的编辑老师在看稿子，说不定接着看我的《月光》，诊治小说的硬伤……

再次来到纪念碑脚，是在十六年之后了。第一次到纪念碑脚，是个人行为，而这一次是组织行为；第一次到纪念碑脚，只待了一个晚上，而这次一待竟待了十五个年头，是扎下根了，赖着不走了。“落脚”的地点是报社。报社地址太熟悉了：南新西路119号。张口就能说出来，如此熟稔是因为经常在投稿信封上写下这一行字。地址是熟悉的，但报社具体在哪个位置我并不清楚。直到河池市委组织部的麦同志送我来到报社大门，我才恍然大悟，原来报社与文化局大院、市文联只一巷之隔，就是说距离我去过的《金城》编辑部很近，不到五分钟的路程，还是属于纪念碑脚的范围。其实那晚我在马路对面遥望文化局大院的时候，只需把目光往右边挪动一点，一点点，就能透过芒果树叶望见报社的大门了。

所以，人生有时候是需要东张西望的。说心里话，在此之前我一直想找机会到报社去拜访我的恩师，拜访编发过我作品的陈帧伟先生、石锋先生、阮尊仁先生、黎平先生、东西先生、吕成品先生、田敏先生、刘德宏先生等等。可是因为公务繁忙，这个愿望一直没有实现。有几次我要从县里送稿子到报社来，编辑老师们都婉拒了，说直接寄过来就是了。如此的平易和大度，让我感动的同时有些妄自菲薄或忘乎所以，把人世间最简单的礼仪都忘了，以至报社在我心头只是一个空洞的概念，仿若远嫁的媳妇茫然不知夫家何处。

报社办公楼是一栋临街的六层大楼，与当年《金城》编辑部所在的那栋楼一样高。走廊开在临山的这一面，这样站在走廊那里，隐约能望见山上的纪念碑和韦拔群的雕像。报社是市直机关最早执行办公区域无烟区的单位，抽烟的我们几个只能躲到厕所去过烟瘾，过了烟瘾我们就集中到走廊那里，观赏山上的景象，那是愉悦的时光。那年冬天，金城江降了一场大雪，气象部门说是五十年一遇。这是我在报社走廊上看到最生动的景象——雪景。雪是后半夜下的，不知不觉地在人们的梦境中下了。雪在自然界属于低调的气象，不像惊雷、闪电、狂风、暴雨那样轰动。早上来到报社，走廊上已挤满了同事，大伙伸长脖子遥望山上的雪景。看雪景要看远景，远景就在山上。大雪将山上的树木裹得严严实实的，整座山头白茫茫的一片。我脑里不由涌起毛主席《沁园春·雪》里的词句："北国风光，千里冰封，万里雪飘。望长城内外，惟余莽莽；大河上下，顿失滔滔。山舞银蛇，原驰蜡象，欲与天公试比高……"

这场雪后不久，我的心上降了另外一场雪。南方人是很难见到雪的，偶尔见到的是冰雪。我心上降的正是这种冰雪，冻至骨髓——当时广西第三届签约作家签约期限已到，我的创作任务没有完成，成了签约作家中的“老赖”。“老赖”是失信者的别称，是欠了别人的钱迟迟不还的人。我拿了签约作家的津贴，没有一篇作品得以发表，成了文学创作领域的债务人。我拥有偿还到期债务的能力，却由于种种原因不能偿还债务——我陷入了极端痛苦的境地，我的失眠正是从那个时候开始的。我的租屋靠近龙江河边，对面是金城江火车站，每个晚上有几趟列车进站我都清清楚楚，以至后来搬到另外一个地方，夜里听不到火车鸣笛声我又无法入眠。不久，东西兄、一平兄、佩华兄路过金城江，说是路过，实则是专程过来看望我，看望我这个“老赖”。他们安慰我，签约期间创作任务没完成不要紧，要紧的是今后还有没有作品发表。东西兄进一步开导我，文学创作除了比才情、比天赋，更要比毅力、比耐性、比谁坚持到最后。当晚，一平兄没住宾馆，而是住到我的租屋来。那一夜，他跟我谈了一宿《跪下》、《耳光响亮》和《生生长流》。

从报社大门出来，往右一拐，走十几步就到金城江公园大门。走进原石铺就的小巷，我见到一栋五层的小楼，大门右侧悬着一块牌子：河池市文学艺术界联合会。这才明白文联从文化局大院“剥离”出来了，另立山头或者另立门户了。说来也怪，我在报社待了那么一段时间，从未进到小巷里过。进来后发现小巷实际上就在报社宿舍大楼的隔壁，小巷里右边手的铺面都是报社的，有一间书画装裱店、一家书店、一家烟酒店。左边手的铺面是文化局的，有一家美容院，门把上吊着一张纸牌：男宾止步。挨近美容院的是一家螺蛳粉店，标明是正宗柳州螺蛳粉，老板则是操着都安县地苏乡一带口音的人。文联一楼也有一间铺面：护照、身份证等证件照，立等可取。小巷那时候还没成为停车场，一辆车子也没有。健身的人们经过小巷，迈着健康的步伐沿着台阶向山上爬去。从山上下来的人们，一身汗水经过小巷出来。我加入登山的人群，拾级而上。别人都是一个目标，埋头攀登，我一步三回头，似在等待身后的同伴。同伴一个也没有，有的是重重的心事。心事像一块磨盘碾压着我，心头堵得喘不过气来。我用手拍打着胸口，重压扩散到双腿上。我在半山腰停了下来，转过身子俯瞰山脚下的高楼，像远归的旅人辨别自己的家。山脚下，左边是报社大楼，右边是文联大楼……半年后，我从报社“挪”到了文联。市委组织部尧同志送我来报到的那天晚上，我喝醉了。尧同志叹息道，都到文联了，还这样高兴！我确实高兴，回家是一件高兴的事。

文联一楼左边有一间小屋，原来是个理发店，店主不辞而别后，小屋成了我的宿舍。我从龙江边搬到了这里，从河边来到山脚，从水过渡到山。我的慈祥的主席汉东先生有些不乐意，我也感到内疚，因为这间小屋再租出去一年至少也有万把块钱的收入。汉东主席不是这个意思，他说你住进小屋，无形中就成为文联的门卫和保安了。我说我乐意，乐意成为文联的门卫和保安。文联是干什么的？是搞服务工作的，保安和门卫就是搞服务工作最具体的人了。

小巷的热闹是从夜里十点开始的，在凌晨一点的时候达到高潮。这时候下了夜班的青年人，三五成群相约好了汇聚螺蛳粉店，吃粉、聊天、喝啤酒，卸下一天的疲惫与烦恼。粉店前面还有烧烤，烤牛肉、羊肉、鱼肉，烤鸡爪、鸭掌，还有烤青菜。青菜都是煮的、炒的，没想到还可以烤。鱼是放在一个铁盘里整条的烤，配以酥炸了的黄豆以及各种香菜佐料，很是诱人。夜空里弥漫着辣椒味、胡椒味和各种肉类的香味，人们把酒临风，高谈阔论，彰显山城躁动的夜生活。凌晨两点，小巷里渐渐安静下来，还是有声音——高跟鞋敲击路面的声音和打电话的声音。报社宿舍大楼后面以及山腰上的民房，居住的是来自四面八方的不容易的人。

我渐渐接受并喜欢上小巷里的各种味道，喜欢小巷的各种声音，我在这里闻到了真正的人间烟火。正是在这样的味道和声音里，我先后写出《失眠》《回来》《影子》《动弹不得》《黑夜没人叫我回家》《说事》《钓鱼》《被叫错名字的人》《蟒蛇生活在热带水边》《报废》《报销》《报道》《年度考评》《我的远房叔叔英明》《镰刀》等，后来又写出《述职报告》和《驻村笔记》。写累了的时候，我会走出小屋，到螺蛳粉店坐一坐，从虚拟世界回到现实生活中来，吃一两串烤肉，喝一两瓶啤酒，静静地听年轻人聊天。有时招呼一两个文友过来坐坐，能过来坐的基本上也是“夜猫子”，和我一样独居且有自由的空间。

较之于小巷，我们的热闹在白天，文联时常迎来熟悉或不熟悉的作者与读者。有些是亲自送稿子来的，这些作者主要是老人，他们不会打字，送来的都是手稿，一笔一画抄得端端正正的，让人肃然起敬。有些是来索取《河池文学》杂志的，旧的新的都想要。说到《河池文学》，不得不再次提到《金城》。《金城》在我正式“落户”纪念碑脚的时候，已经不存在了，它在20世纪90年代被注销刊号，退出历史舞台，成为一个时代的记忆。没了《金城》之后，我慈祥的主席汉东先生筹办了一本内刊，刊名叫《红水河》。《红水河》这个刊名我太熟悉了，它是《广西文学》的前身。不久，《红水河》因为缺乏经费办不下去，也停刊了。但有一点我和我的后辈们将永远感谢汉东老主席——他争取到了《红水河》编辑部的人员编制和全额工资，为我们后来办起《河池文学》打下了坚实的基础。目前全区14个地级市文联的文艺刊物，有编制、有工资、有办刊经费预算的为数不多。《河池文学》有个特点，每期封面都上一个河池籍作家的头像，无形中吸引了不少的作者和读者。作者关心的是，哪一期才能上封面？读者关心的是，这一期哪个作家上了封面？著名作家蒋锦璐女士曾经问我，每期都上一个河池作家，可上多少期？当时我具体怎么回答已想不起来，刊物自2004年10月创刊以来封面上了多少个河池作家我也说不清楚，我只晓得目前至少还有50位河池作家未上封面，还在排队等候，而新一代本土作家在源源不断地冒出来。可以肯定的是，《河池文学》封面的本土作家头像将会无穷无尽。现在人们进到小巷来，除了看到文联的牌子，还会看到另一块牌子：《河池文学》编辑部，它是《金城》的余脉或延续，是薪火相传、世代守望。

螺蛳粉店被停业不久，我也从小屋搬出来了。螺蛳粉店被停业，是因为他们夜间经营时间太长，影响了周边居民的休息。我搬出小屋是因为一些书法家时常到文联来切磋技艺，这就需要场地了。一楼的会议室不可能用来做书画创作室，因为三头两天要开会，有时一天几个会，若兼作书画创作室，不方便也不严肃。开会的地方是肃穆严谨的，而创作是浪漫、自由的行为，两者不能搅在一起。我住的小屋正好可以做一间小型书画创作室，何况这是公家的房子，我个人怎能霸占！我就这样从小屋搬出来了。书画创作室创建后，成为书画家们交流创作心得的平台。看书法家们写多了，我的手就有些痒痒，工作之余也提笔练练。练得最好的就四个字：同意报销。这四个字我平常偶尔写在各种票据上，写到宣纸上也有一些境界，意义却荡然无存。有一次，自治区文联石才夫副主席莅临河池检查工作，应书友之邀，来到书画室指导。大伙笔飞墨舞一番之后，才夫主席说，大家写累了，我写俩字吧。他先用右手写了一幅，再用左手写了一幅。我待在一旁，目瞪口呆。从此以后，我再也不敢落笔了。

每年清明节，小巷对面的装裱点都要关上几天店门——牟先生要回乡下给他那位清朝举人的太公上坟。这位太公是牟先生家族空前绝后的标志性人物，可谓前有古人后无来者。今年清明节，牟先生的店门多关了七天，直到清明节结束那天才开门。牟先生店门一开，店里摆了一张茶几，茶几上摆满茶杯、茶壶、茶碗、茶盏、茶碟、茶荷、茶托、茶巾等茶具，似乎这七天时间牟先生在忙着添置这些东西。这是一种架势，一种喝茶的架势，一种呼朋唤友的架势。看上去又是一种景象，一种松闲的景象。可从牟先生夫人忙碌的身影看，这种景象只属于牟先生个人，是单方面或者某方面的，属于供给侧。夫人在冷裱机前专心致志地操作，呈现给他一面宽阔的背。夫人肥硕的腰身折射出牟先生不幸的童年，可想而知，牟先生的童年一定严重缺乏肉类。起初，牟先生的休闲并没有引起我的注意，或者我一下子还捕捉不到牟先生的休闲时光。牟先生站在对面朝我招了招手，以前小巷还没成为停车场的时候，他一个手势我就看见，现在我需要越过几辆车子的棚顶才能见到他不断摇动的手。牟先生端给我一杯普洱茶：听说就要“迁都”了？牟先生所谓的“迁都”，就是市政府驻地要从金城江搬到宜州去，原来的宜州市改为宜州区了。这是2017年以来金城江城区干部群众议论最多的话题，单位的同事也问我：文联搬不搬？什么时候搬？我笼统地告诉他们，市委叫我们搬就搬，叫我们什么时候搬我们就什么时候搬。我告诉牟先生的话则比较抽象，牟先生原本就是搞抽象画的。我告诉牟先生，纪念碑不会搬的，韦拔群不会搬的，纪念碑脚是不会搬的……

（载于2017年7月6日当代广西网）

天峨石记

在天峨，有一种石头风华绝代、精美绝伦，世称天峨奇石。

天峨石以色彩斑斓、流光溢彩、纹路明晰、浑然天成而闻名遐迩。天峨石是如何“长”出来的？地质专家认为，天峨石的原石是2.2亿年前的三叠纪时期形成，经硅化作用使岩石变硬。红水河水流湍急，落差大，特别是汛期泥沙俱下，惊涛骇浪将河床中的石头无情残酷地冲刷磨蚀，形成了凹凸不平、形态万千的怪礁奇石。由于红水河奇石最早在天峨挖掘问世，故称为天峨石。确切地说，天峨石是被激流漩涡“啃”出来的。血性豪情的红水河，仿佛一位才艺高超的雕刻大师，把一块块毫无生命的石头雕刻成百态千姿、栩栩如生、饱含生命色彩的奇石。大自然的鬼斧神工，令人惊叹。

据玩奇石的人介绍，市面上的天峨石不经过任何人工雕琢，具有天然美感，主要分为山川景物、象形、抽象、图纹等四大类。天峨石属纹理石，有平纹石和凸纹石，硬、实、密、滑、润是天峨石的优质特征。从红水河底采来的奇石，小的如蚕，大的似象，多数是用起重机从河床底下吊起来的。不管大小轻重、品相优劣，每一块石头都有自己的主题、情调和风格，且各领风骚，互不谦让。在天峨城区和库区村庄，随处可见天峨石沿途摆放，特别是在龙滩水电站下闸蓄水、天峨成为库区之后，各种奇石店如雨后春笋般冒出来，成为天峨库区一道靓丽独特的风景线。全国各地奇石爱好者纷至沓来，觅石买石，掀起新一轮的奇石热。天峨石从最早的论块卖，到随后论斤卖，最后价值连城。在天峨，往往一块石头，就可以改变一个移民家庭的命运。

在天峨移民新村，有一块神秘的石头。

这块石头原来是在下老乡圭里村的，后来迁移到了移民新村，和新村的移民一样，属于“移石”。龙滩水电站下闸蓄水后，一部分天峨人就要被迫搬离家园了。他们有的要搬往高处，搬到山顶、坡顶上去，术语叫“后靠”；有的要从右岸迁到左岸，要跨越的不只是一条河，而是一道命运的沟壑；有的要迁往陌生的外乡，在一个一无所知的土地上重建家园。有谁心甘情愿地放弃祖祖辈辈栖息的家园？没有。下老乡圭里村属于全村搬迁，也就是说全村 149 户 222 人要全部移民搬迁出去。移民工作队进村做动员工作时，村民的态度是决不搬迁。理由出乎移民工作队员意料，因为他们离不开村里的一块石头。原来圭里村后山上有一块巨石，是全村群众崇仰的神石。每年正月初一到正月十五，村里都要举行隆重的祭神石仪式，杀鸡宰鸭，供上贡品，祈求健康平安、福禄寿全、风调雨顺、五谷丰登。传说这块神石很灵验，老人小孩有点小病，无需吃药打针，只要到神石前烧香跪拜，病就自然好了；而久婚未育的夫妻，到神石前一跪，每每也能求子梦圆。（当然，这只是传说或者迷信。）村里人早已把神石当成生命中不可或缺的一部分，甚至超过了生命本身。

对于移民搬迁，圭里村全体村民的态度如磐石般坚定：神石不走，人也不走。

天峨县移民工作队充分理解群众对一块石头的崇仰，尊重他们的信仰，理解他们的愿望，决定按村民的意愿搬迁这块石头。搬迁神石的那天，圭里村比过年还热闹，村民们杀猪宰牛，供奉拜祭神石。师公道公颂唱经文，请求神石顺应人道，随民搬迁，国保于民，民保于信。良辰吉时一到，鞭炮齐鸣，起重机吊起用麻绳捆好的神石，缓缓地放到大卡车上。神石一上车，全村男女老幼神情庄重地跟在车队后面，一路迁到移民新村。移民点不再使用旧的村名，而是改为“神石八桂移民点”。新村名多了几分诗意，几分神秘。

在天峨库区湖面之下，有一种令人肃然起敬的石头。

每年清明节，有那么一群人，提着装满供品的竹篮，前往故乡的旧址拜祭祖宗。在红水河边上，他们一脸肃穆，对着宽阔的河面跪下来，遥拜水中的祖宗。祭品和香火的味道飘满河面，鞭炮声和烟雾把大半条河都罩着。一池碧水静静地流淌在山谷间，被清明时节的雨点一滴一滴地打湿。

祭奠的人群中有一个名叫罗兴奎的移民，他的老家在向阳镇纳检屯。袅袅香火将罗兴奎的记忆带回到2007年9月的那天下午。那天下午，罗兴奎还在纳检屯的老屋废墟上溜达着。他这里走走，那里看看，看看还有什么家具落下没搬走。他的房子已在一周前库底清理时被拆除，各种家具也都搬到移民点的新家了。其实罗兴奎是舍不得离开故园，他要目睹大水是如何将家园淹没的。人是有故土情结的高级动物，无论生活在哪里，有一个地方始终在心里扎根，那就是生养自己的故乡。罗兴奎尚未离开故乡，还有另一个原因，他的一个祖宗的坟墓还没迁走。这个坟墓在淹没线之下，是必须迁走的。然而罗兴奎和所有当地人一样，认为祖宗的坟墓不是说迁就能迁的，不是出门旅游，说走就走，得选好风水宝地和良辰吉日。三天前，罗兴奎请“风水师”选择了一个日子，“风水师”说四天之后才能迁。罗兴奎掐着手指算了一下，按照龙滩水电站水位每天上涨的速度，他完全可以在大水淹没之前迁走坟墓。第四天罗兴奎准备好工具、金坛以及香火纸幡来到墓地的时候，却见祖宗的坟墓已淹没在清澈的河水中，他一屁股瘫倒在地上，喁喁细语：祖宗啊祖宗！既然我没有能力让你做神仙，那只能请你做海龙王了。

碧波荡漾之下，沉睡着移民罗兴奎他们祖先的碑石。

在天峨，还有一种令世人瞩目的石头。这种石头意蕴丰富、光彩夺目。

天峨是一片神奇的土地。这片土地钟奇毓秀，人杰地灵，文化底蕴丰厚。从20世纪80年代开始，天峨文学迅速崛起，开始形成气候，并逐步走向繁荣，涌现出东西、张柱林、金化伦、苏满勇、夏宗初（凤山）、蓝晶莹、陈福国、颜新云、孟爱堂、杨怀宇、罗平文、甘应鑫、童馨儿等一批全国、全区知名的作家。他们称雄于八桂文坛，占据着整个河池文坛的半壁江山。他们从天峨起步，继而走出河池，走向广西，走向全国。他们阵容整齐，实力雄厚，一拨接着一拨，一代接着一代，形成蔚为壮观的“文学山”体群，为广西的文学事业添光增彩。“天峨出文人，天峨出作家”，这是外界人士对天峨的评价。东西原名田代琳，是土生土长的天峨人，他的家乡在盛产珍珠李的八腊乡一个名叫谷里的村庄。他的中篇小说《没有语言的生活》荣获中国首届鲁迅文学奖中篇小说奖，根据该小说改编的电影《天上的恋人》荣获第十五届东京国际电影节“最佳艺术贡献奖”；长篇小说《后悔录》分别荣获第四届华语文学传媒盛典“2005年度小说家奖”和《新京报》“2005年度好书奖”。东西还荣获“第十届庄重文文学奖”。东西的主要作品有《篡改的命》《后悔录》《耳光响亮》《没有语言的生活》《我们的父亲》《不要问我》《猜到尽头》《救命》《请勿谈论庄天海》《双份老赵》《蹲下时看到了什么》《私了》等等，多部作品被改编为影视剧。东西以丰硕显赫的创作成果，实至名归地成为广西文坛的领袖和文学桂军的标杆。

这些年来，天峨文学薪火相传、生生不息，新生代作家逐步成长，一批90后、00后青年作者紧跟上来，崭露头角。新一代的天峨文学写作者们初心不改，矢志不渝，正在向着文学艺术的高峰进发。有位诗人说过，一个民族对文学的亲近程度，决定了这个民族整体素质的高低。文学照亮世道人心，靠近的人越多，这束光亮就越壮大。文学创作的源头在基层，文学创作的活力在基层，文学宝贵的粮仓在基层。在中国社会的基层，正是像这样众多痴迷文学的天峨文学写作者，夯实了当代中国文学坚实的塔基……

（选自文集《看见天峨》，漓江出版社2017年4月出版）

蜂窝煤蛋糕

这恐怕是我本次合山之行印象最深刻的一样东西了。在一列绿皮火车车厢上我第一次看到蜂窝煤状的蛋糕，当我走进被改装成餐厅的车厢时，车厢里热浪袭人，我第一眼就发现了餐桌上的它，像一只真实的蜂窝煤搁在那里。直到此时我才真正地意识到，我来到了合山，我此时就在合山。智慧的合山人将一段发黄的历史，通过一块黝黑的蜂窝煤蛋糕呈现出来，让世人有意识或无意识去珍惜或者体悟。

很多人知道合山，大概是因为煤；很多人到合山打拼，大概也是因为煤；民国时期，新中国成立后直至20世纪80年代后期，党和国家领导人密切关注合山，时刻惦记合山，多次莅临合山，大概也都是因为煤。合山煤炭开采历史源远流长，自1905年在合岭山开采出“广西第一口煤井”起，合山煤炭开采历史迄今已逾百年。因为这里有广西三分之一的煤矿，煤炭开采历史悠久，合山被称为“百年煤都”。从煤炭开采到枯竭，合山煤矿经历了百年的风风雨雨。

清朝光绪三十一年（1905年），有人发现合山蕴藏大量煤炭，于是有个叫刘统丞的武宣人带着10多个后来称为“矿工”的农民来到合山。他们使用原始工具进行挖掘，尽管那时的煤层很浅，但由于挖掘技术含量低，月产煤不到20吨。煤老板刘统丞将挖出的煤，通过牛车运到迁江河边装船，水运到梧州销售。后来合山煤矿数度易主，皆因成本过高、运输困难而先后停业。民国二十二年（1933年），在李宗仁先生的支持下，合山煤矿股份有限公司挂牌成立（后来李宗仁先生还专门题字：合山煤矿十周年纪念特刊。不知道这“特刊”是一张报纸还是一本内部资料）。为了解决煤炭运输问题，容县人氏廖百芳和来宾人氏黄宗儒发起修建广西第一条铁路，一条只有一米宽的窄轨铁路。铁路为何只修一米宽，这是有缘由的，当时旧中国军阀混战、狼烟四起，战时要通过铁路输送兵力及粮草。为避免军阀征用铁路，公司的董事们主张修成窄轨，这样军阀们就无法征用公司的铁路了。这在当时不能不说是一个高明的办法。值得一提的是，李宗仁当时就是一大军阀，桂系的首领，他居然同意了。窄轨铁路1941年10月全线通车，里程64公里。抗日战争全面爆发后，合山煤炭公司为前线提供大量的煤炭燃料，成为大西南重要的能源供应基地，同时也成为日军进攻的战略目标。1949年经请专家重新勘探，合山煤炭探明储量为6.8亿吨，煤田面积260万平方公里，占广西煤炭储量的三分之一。广西解放后，桂林军管会接管合山煤矿公司，改为省营煤矿。此后合山煤矿公司先后更名为广西省合山煤矿、合山矿务局。合山本地生产的煤炭，负责供应广西各地和西南地区。20世纪70年代初，合山电厂建成后，合山煤炭主要供应该电厂。而如何做好煤炭工业的服务工作，也提到了重要的议事日程上来。1981年6月，经国务院批准，合山从来宾县划出，设立县级合山市，成为一个因煤矿开采而设立的工矿城市，一个崭新的合山顺势而生。从某种意义上来说，合山市是为煤而生的。丰富的煤炭资源，给合山插上了腾飞的翅膀。建市后30多年来，合山经济社会取得长足发展，先后于2003年、2005年度被评为“广西经济发展十佳县（市）”，2004年进入“全国县域经济基本竞争力提升速度最快的百县（市）”行列。一代又一代合山人，在这个红水河畔的小城上，披荆斩棘，砥砺前行，成就了昔日火热的合山。这是一座因煤而诞生的城市，一座曾为广西及西南地区输送过“光”和“热”的城市。有人统计得出这两个数据：截至2015年底，合山为国家输送煤炭8500万吨、电力1000亿度。所以世人将合山称之为“光热城”一点也不为过，尽管这已经成为历史。

绿皮火车上的人，陆续离开闷热得像个蒸笼的车厢餐厅。我想，无论是吃过还是没吃过蜂窝煤蛋糕的人，都应该铭记合山，感恩合山。

如同天下没有不散的筵席，人类对大自然的饕餮终究有散场的时候。合山人也不例外，地球上的人类都不例外。2009年3月，合山市被国务院列为第二批资源枯竭型城市之一。合山煤矿，完成使命，形象的说法是，这只蛋糕终于分完吃光了。繁华落尽，洗净铅华，剩下的是沧桑的遗址以及曾经的荣耀，比如奖状、牌匾或者锦旗之类。

我没有吃掉这只可爱的蜂窝煤蛋糕，不是不敢吃或者吃不了，而是觉得不忍心吃掉这么一样精美的食物。我跟餐厅服务员要了一只保鲜袋并将它包了起来，塞进了公文包。走下绿皮火车，我的目光投到矿山公园的雕塑上。随着市长的解说，我的眼前出现昔日煤矿工人忙碌的情景：火车将煤炭运出井口，工人们有的在卸煤，有的在翻斗车……而煤矿工人神态各异的表情则体现在绿皮火车的车体上——艺术家在绿皮火车车体上画了一群煤矿工人的头像。市长猛地转过身来，这个动作触动我的灵感：华丽转身！对，合山已经华丽转身！当然，正确的表述叫“转型”。

随着煤炭资源的日益枯竭，合山的发展面临着极大的挑战和艰难的选择。为此，自治区政府于2010年专门出台《广西壮族自治区人民政府关于促进合山资源枯竭型城市可持续发展的实施意见》，从此，合山市步入转型发展的快车道。合山市委、市政府充分发挥百年老矿的文化底蕴，借助中央财政和地方配套资金，着力打造工业旅游宜居城市，多方助推经济转型发展。其中，煤炭矿山地质环境治理工程便是一个重点项目，具体包括矿山博物馆、东矿矿业遗迹工程、江滨路地质环境治理项目、28号铁轨·十里画廊景区。合山国家矿山公园由里兰园区和东矿园区两个部分构成，分别位于原合山矿务局的里兰矿区和东矿矿区。里兰园区已向市民开放，东矿园区还在建设当中。整个公园建成后，将能看到采矿遗迹景观、矿业人文景观、奇石文化鉴赏等内容，既有丰富的矿产地质遗迹，又有见证合山百年煤炭开采历史的矿业生产活动遗迹以及历史悠久的合山矿务局旧址等矿业人文景观，是旅游观光和了解矿山的最佳选择。

在锈迹斑驳的铁轨上，我坐上当今世界独一无二的铁轨自行车。随着车轮徐徐地向前滚动，我的前方出现一条绵延不绝的铁路，一条资源枯竭型城市的重生之路。铁路两旁鲜花怒放，色彩鲜艳。很难想象，这就是以前矿区运煤车的专线。而我所蹬的铁轨自行车，就是以前拉煤的车厢改造过来的。坐在旁边的市长说，景点都是利用矿山、矿井、矿区棚户区、老火车站、铁轨、火车等改装过来的。这独树一帜的工业旅游景点，在广西乃至国内其他地方都是罕见的。市长说，合山将继续打好“煤炭”牌，打造出独特的工业旅游体验。

回宾馆的路上，我随手摸了一下脸，因为有人说素有广西百年煤都之称的合山，天空飘满了煤灰，人们的脸都是脏兮兮的。我看了看手掌，五指干净得一尘不染。合山，这座刚获得“广西园林城市”荣誉称号的老城，天空蔚蓝，马路干净，河水清澈。人们衣着整洁时尚，操着和我家乡一模一样的口音。

这个蜂窝煤蛋糕被我带回到河池，它没有变味，依然散发米和面的味道，依然保持原来的形状和本色。把蛋糕做成蜂窝煤状，放眼国内，恐怕唯独合山有此创意，也恰合了曾经的煤都合山的安生立命之道与果决转身。先前，合山以煤炭立市，扬名八桂；后来，合山以煤炭文化亮出独有的风姿，别出心裁地将蜂窝煤状的蛋糕献于世人。这个浓缩了合山前世今生的蜂窝煤状的蛋糕，让我浮想联翩，陷入深深的思索之中——当某一种物类消失之后，它总会以另一种方式呈现出来，就像人死了，并不是真正意义上的死了，而是以另一种方式存在或者活着。

（选自文集《大好合山》，中国青年出版社2016年12月出版）

孕育寿星和作家的地方

我来自“有一棵大树、一口水井、一块大石板”的乡村，是一个瑶族作家。瑶族有自己的语言，但没有自己的文字。我是用汉语来写作的。我的很多少数民族作家朋友和我一样，也是用汉语来写作的。我的家乡河池市位于广西的西北部，那里群山连绵、峰峦叠嶂，那里山清水秀、风景迷人。

2016年8月10日，在中国吉林省长春市举行的第五届人口老龄化长寿化国际研讨会上，我的家乡河池市通过世界长寿市认证，正式成为中国首个地级世界长寿市。在河池市的11个县（市、区）中，有一半以上是“中国长寿之乡”，有一个县是“世界长寿之乡”。

长寿老人密度如此之大，区域聚集现象如此显著，在外界看来，是匪夷所思的神话传说，但在我的家乡河池却是活生生的现实，平常得不能再平常。我的家族现在健在的老人中90岁以上的有7位。我的二伯今年94岁了，一餐还能喝三两米酒，还能做家务活儿。我的家乡河池总人口有400多万人，目前有百岁以上长寿老人670位。

我的家乡人为何长寿？一直是专家们研究的课题。水质好、空气质量好，这是共同的研判。有专家还认为河池的自然环境中有一种神秘的磁场，这种神秘磁场主宰水的微量元素。没有污染的水在特殊的磁场下形成小分子六环水，这种小分子六环水容易进入细胞内，参与生命代谢活动，使得生活在河池的人们益寿延年。另外，我家乡的食品如玉米、火麻、旱藕、南瓜、红薯等五谷杂粮，都是纯天然无污染的绿色食品。因为名声在外，我的家乡正在吸引世界各地越来越多的人来观光旅游，居住养生。

我的家乡河池既是长寿之乡，又是文学之乡。相传，唐朝时，我的家乡就出现过一位杰出的口头诗人、民间歌手——刘三姐。刘三姐的山歌至今仍然传唱不衰，她的歌谣经由一代代人口耳相传，让河池变成了一片歌的海洋。公元1103年，黄庭坚被贬到河池宜州，带来了中原文化和读书风气，使整个河池的文化生态有了重大改变。辛亥革命之前，河池历代文人创作了众多诗文，经过不断累积形成了河池深厚的文学传统。周钢鸣先生、曾敏之先生则作为从河池走出去的并且在中华人民共和国成立之前就已经成名的代表性作家，是河池作家群的先行者。从20世纪80年代开始，河池当代文学迅速崛起，并逐步走向繁荣，涌现一批以潘琦、包玉堂、蓝怀昌、蓝汉东、东西、鬼子、凡一平等为代表的在中国文坛拥有一席之地的作家。他们从河池起步，继而走出广西，走向全国，走向世界。他们阵容整齐，实力雄厚，一拨接着一拨，一代接着一代。他们相信文学能抵达人类精神的终极关怀，坚信文学能照亮世道人心，如同寿星们相信辛苦艰难、清心寡欲的生活能使人延年益寿一样。

多年来，河池的作家们在贫瘠的土地上默默耕耘，甘心把文学的冷板凳坐热。他们以直面底层苦难的勇气，创作了一批被时间所淘洗却能常读常新的优秀作品，比如《山泉淙淙》《长乐》《回音壁》《一个死者的婚礼》《陌生的十字路口》《卖猪广告》《没有语言的生活》《被雨淋湿的河》《跪下》《涂满油漆的村庄》《向阳生产队》等。形同寿星在河池各个县（市、区）都有分布一样，河池作家不是一个两个，也不仅仅是在一两个民族、一两个县（市、区）中出现，而是覆盖河池各个民族、县（市、区），成批地形成并以梯队的形式出现，形成蔚为壮观的“文学山”体群。据不完全统计，河池作家群有中国作协会员42人、省级（含外省市区）作协会员219人、市级作协会员1789人。这些作家来自乡村、来自基层一线，他们是吃着玉米、火麻、旱藕、南瓜和红薯成长起来的乡土作家。

河池的长寿基因代代相传，河池的文学基因也代代承继。30多年来，河池文坛人才辈出，后继有人，新一代作家逐步成长成熟，河池作家群不断发展壮大。前面我提到的河池人长寿得益于神秘磁场主宰的环境，以及纯天然无污染的绿色食品，还有一个至关重要的因素——那就是毕生辛勤的劳作。在我的家乡河池的任何一个村屯，你随时都可以发现七八十岁的老人在地里劳作，在上山放牧打柴。同样，河池七八十岁的作家还在坚持写作。小说家芭笑、诗人潘泉脉将近80岁了，现在仍在创作，仍在发表作品。著名作家凡一平的母亲今年已经86岁了，老人家至今还在坚持创作小说、散文，被评论家称为“80后作家”。

文化的呈现与文学的表达，是文化与文学在当下历史语境中构成的一种新的表意镜像关系。纵观我家乡的代表性作家，他们几乎都是以河池这一片土地为精神原乡进行创作的，并且创作出极富个性、通达艺术肌理、道出深沉况味的厚重作品。河池的长寿文化现象与河池的文学创作现象，也可映射出新丝路文化与新丝路文学之间或直接或隐秘的联系。文学是文化的重要组成部分，新丝路文学与新丝路文学交流也必将是新丝路文化交流的重要一环。而新丝路文学的复兴，必将给中国乃至世界文学的发展注入新的元素——我对此饱含憧憬和期待。

（载于2016年10月17日当代广西网）

报告文学

美丽山花

她们根植于贫瘠的土地

她们绽放在河之上山之巅

七朵美丽的花儿

都有一个火红的名字：共产党员

——题记

一、我又回来了

蓝芳灵拖着行李箱走出厂区宿舍，走向工厂的大门。行李箱底部的小轮子在她身后发出轻微的与地面摩擦的声音，预示着归途的不动声色。在门卫那里履行常规检查手续之后，她扭过头来。这个扭不是简单的扭，不是习惯动作或者规定动作或者自选动作，是回望。回望她工作了两年的工厂，回望她的青春。她这两年的青春化作电冰箱生产过程中的每一套工序，被她日复一日循环往复地检验，合格的出厂，不合格的返工。远远的，一个帅哥在向她招手，朝她这个方向疾奔而来，是她工作岗位的组长。组长气喘吁吁地说道：“请你再确认一次，好吗？再确认一次。”蓝芳灵脸上是一种确认的表情：“我已确认无误了。”说罢头也不回地走出大门，这回不再扭头或者回望了。组长在她身后莫名其妙地嘟囔：“那是怎样的一个官呢？啊，那是怎样的一种活儿呢？不可思议，简直不可思议。”

确实有点不可思议。不仅她的组长感到不可思议，就连蓝芳灵自己也感到有点不可思议。她放弃电冰箱工厂不错的待遇，放弃大都市的生活，重新回到她那个偏僻的家乡，那个叫弄腾的地方。回来不是因为爱情，不是因为家庭，而是要竞选村委会副主任。村委会副主任“那是怎样的一个官呢？”一句话概括不清楚，这么说吧，按照民间那个粗俗的比喻，从金字塔尖一溜儿排下来，到村委会主任这一级是第六级，就是个“犬调”（方言，最低的职位）。再加上一个“副”字，那就是“‘犬调’中的‘犬调’”了。而蓝芳灵却不这么认为，她认为这个“犬调”就是塔基。塔基就是基础。基础不牢，地动山摇啊！蓝芳灵的工友和老乡们也觉得有点不可思议：大伙儿都在往外走，往大地方走；蓝芳灵却选择往里走、往回走、往山旮旯走。村委会副主任“那是怎样的一个活儿呢？”一句话也提炼不出来，按照山里人通俗的比喻，干的就是婆婆妈妈的事，干的就是家长里短尽是让人挠脑袋的事。再粗俗一点的比喻，就是母鸡的角色，时不时冠挨叮、背挨踩。蓝芳灵却满不在乎，不可思议也罢，不理解也行，她响应组织的召唤，做出这样一个决定，不是一时的心血来潮，而是经过了深思熟虑——这从她后来一系列的“规定动作”

和“自选动作”中得到了充分的验证。

2002年9月，蓝芳灵18岁。瑶家有女初长成。蓝芳灵来到70多公里外的大化瑶族自治县民族中学读高中。这是她第一次离开家乡，第一次走出高高的大山。在父母满含期许的目光中，蓝芳灵暗下决心，从此一定要真正意义上地走出大山，走出家乡那锅底状的弄场。她的家乡有很多村屯都是用“弄”来命名的，比如弄腾、弄呈、弄合、弄京、弄良、弄平、弄雄、弄石、弄哈、弄轩、弄兰、弄正、弄模、弄力、弄项、弄雷……她掰着手指就能数出一大串“弄”来。这个所谓的“弄”，就是四面环山的低洼地，打个比方，它就像农家一只铁锅的锅底。蓝芳灵所在的那个乡叫七百弄乡，实际上不仅仅是700个“弄”，而是1300多个“弄”。小时候蓝芳灵学会的第一首山歌，是这样唱的：山高石头多，出门就爬坡，地无三尺平，神仙莫奈何。蓝芳灵发誓一定要通过读书改变命运，改变祖祖辈辈在石头缝中寻求生活资源的生活方式……3年的高中学习时光很快就过去了，结果蓝芳灵并没有考上理想的大学，她又回到弄腾来了，回到她的原点。蓝芳灵走在长长的山路上，望着眼前深深的“锅底”和“锅底”少得可怜的收成，伤心的泪水夺眶而出。当然，弄疼她自己的不是家乡弄腾的贫瘠，而是她认为的自己不争气。她觉得她辜负了父母的期盼，也背离了自己的初心。

高考落榜后的第二年7月，蓝芳灵再次走出弄腾。用她当初的话来讲，这次不是走出，而是逃离。她要逃得远远的。她来到了广东，她要在这里寻找到属于自己的梦。来到广东后，她进入一家生产电冰箱的公司打工，当上一名质检员。每天，她认真检验产品在生产过程中的所有工序，检验和试验出厂的成品，对每一个检验环节进行记录，并形成质检报告。刚开始很多质检员对这项工作还有新鲜感，充满无限的兴趣。日子久了，就渐渐对每天千篇一律的工作流程产生倦怠感，在异乡漂泊无依的日子，暗自萌生归乡的念头。据组长透露，很少有质检员坚持一年以上。蓝芳灵可不是这样，她格外珍惜手中的这份工作，每天都以饱满的热情和无限的激情投入到工作中去，严格细致做好质检的每一个环节。蓝芳灵承认，她刚开始时常在梦境里与家乡相遇、与家人相遇，但很快梦境里就与时俱进地出现了广东的街景和粤语，很快就随遇而安或者入乡随俗了。蓝芳灵和很多打工者一样，都一致认为在外打工不可能是一辈子的事，打工也不是最终的梦想，但也不能否定打工不是某一个梦想的起源或者阶梯。如果人生都是始于否定、终于否定，那一切就毫无肯定可言，人生也就变得虚无缥缈、变得毫无意义。哲人说过，千里之行，始于足下。足下就是点点滴滴的小事，就是跬步，就是小流。不积跬步，无以至千里；不积小流，无以成江海。直到两年后的一天，蓝芳灵收到来自家乡的一封信，这封信让她改变初衷，放弃工厂的工作，返回弄腾。

信不是男朋友写的，也不是父母写的，信来自家乡弄腾村党支部。

信上这样写道：

蓝芳灵同志，得知你在广东工厂上班，工作顺利，我们都为你高兴。这些年来，村里有志青年都纷纷外出打工，通过劳务输出增加家庭收入，逐步提高生活水平，改变贫困落后面貌，我们始终举双手赞成。但是你们都外出打工了，也导致一个突出的问题，即村委会干部后备力量薄弱，而在职的村干部也都年龄偏大。明年初村“两委”将要换届，产生新一届村“两委”班子成员。我们期盼弄腾村有志青年回到家乡，回报家乡，接受乡亲们的考验。家乡现在还很贫穷，还很落后。俗话说得好啊，儿不嫌母丑，狗不嫌家贫。你不妨回来试试，或许，你能带领乡亲们闯出一条脱贫致富奔小康的路子来……

那一夜蓝芳灵失眠了——人生第一次失眠。高考落榜时没失眠过，收到爱人第一封情书没失眠过，收到这封信的那天夜里，蓝芳灵辗转反侧，无法入眠。她心里明白这是组织在召唤、父老乡亲在召唤。虽然她还不是组织上的人，但是组织上已称她为同志了。如果说当初她还是个懵懂的少年，她的出走是为了逃离，那么现在她已是一名成熟的青年，已经有了一些想法。这个想法就是青年人应该有所作为、有所担当，而回到家乡为父老乡亲服务，就是最现实的作为、最实际的担当。

夜里，蓝芳灵给远在七百弄的男友韦忠令打电话。她以往也给男友打，但没有在深夜里打过。男友韦忠令没有跟她一起到广东打拼，而是在七百弄街上开了一家摩修店。蓝芳灵在电话里把组织给自己的信跟韦忠令说了，没想到韦忠令对此事了如指掌，他说村委会缺几个副主任。蓝芳灵向他表明了自己的态度，她决定回来。

韦忠令说：“你是为了这个副主任回来的?”

蓝芳灵说：“为了组织的信任。”

韦忠令说：“村干部的工资水平你应该知道吧。”

蓝芳灵说：“如果为了钱我还不如待在广东。”

韦忠令说：“你认为你回来能干出什么名堂来?”

蓝芳灵说：“我心里有一些想法。”

韦忠令说："你都想好了吧？"

蓝芳灵说："想好了。"

韦忠令说："那就回来吧。"

蓝芳灵了解男友的性格，直来直去，一根肠子通到底。当初蓝芳灵决定去广东的时候，韦忠令就问她一句想好了吗？蓝芳灵说想好了。韦忠令说那就去呗。现在蓝芳灵要从广东回来，征求他意见，他也就一句话，想好了就回来吧。这是韦忠令的态度，这个态度不是那种模棱两可的，而是绝对的支持。这种支持简明扼要，是开诚布公、真心实意的。要是换作别人，绝对认为她被人"放蛊"（一种巫术）了，脑子进水了，要不回来竞选这个村委会副主任干什么？回来干什么不好，偏偏要来干这个村干部。工资少得可怜不说，还要一天到晚受气。再说你一个女将，有什么办法让乡亲们拔掉穷根，你以为你是王母娘娘啊！这穷山沟要"剥"（方言，面貌发生变化）早就"剥"了，还要等到今天，等到你回来？！说到"剥"就说到了蓝芳灵的痛点，也是她的忧虑之处。有想法不等于完全胸有成竹。韦忠令安慰她说：那就作好准备干一场呗，干得好就一路干下去，实在干不下去了，我这个摩修店也养得起你。那时候蓝芳灵还没过门，两人的八字还没比对，韦忠令已把话说得如此通透。

汽车驶出大化县城，一路向北，进入都阳镇双福村一带，地势陡然一变，一座座高山像一道道天然屏障矗立在眼前。蓝芳灵望着窗外，弯弯曲曲的盘山公路如虬龙一般，绕着山腰盘旋而上，直至山顶。蓝芳灵推开车窗，家乡一下子变得鲜活或真实，她喃喃自语："七百弄，我又回来了。"

这虬龙一般的盘山公路，就是闻名遐迩的七百弄"八里九弯"。爬上

“八里九弯”，翻越山顶的坳口，就进入蓝芳灵的家乡弄腾村的地界了。这里是大化瑶族自治县海拔最高的大石山区，有着全球罕见的典型的喀斯特地貌，山海浩瀚，石山连绵，峰峦叠嶂，山高弄深。“巨大的峰丛环抱一千多个或深或浅的锅底状洼地，像母亲怀抱一群嗷嗷待哺的孩儿……”读书时每次写作文写到家乡，蓝芳灵总是这样描述。这是她成长的地方，她曾经逃离现又回归的地方。

汽车朝山里驶去，目之所及，山上鲜有大树，只有零星的杂草匍匐着。偶有的灌木丛似乎在高调显示，这山还是有些生气的。公路下面的深弄浅洼，有的荒无人烟，有的散落几间木瓦房。山间那些“碗一块、瓢一块、丢个竹帽盖两块”的所谓耕地，长着稀稀疏疏的玉米，像是刚刚遭受一场龙卷风的袭击——这就是真实的家乡，也是蓝芳灵即将施展才干的舞台。舞台很简陋，简陋得近乎原始。当然，如果舞台很豪华、很时尚，有大明星压轴，自然就没有她这个丑小鸭出场的份额或者机遇了。

那一年，蓝芳灵以见识广、口才好、点子多等优势，从几位竞选人中脱颖而出，被弄腾村村民们推选为村委会副主任。然而甫一上任，她坐上一辆运送化肥的车子，差点在“仕途”中“抛锚”。

那天，县糖业公司送来了一车蔗农预订的化肥，要运到一个屯去。那个屯地处偏僻，通往屯里的是一条坑坑洼洼的机耕路，非常难走。为配合糖业公司发放化肥，蓝芳灵亲自跟着车子进到屯里，并按照蔗农预订单把所有的化肥发放完毕。正当蓝芳灵坐上运化肥的货车要返回的时候，有个蔗农突然反悔，说没有钱，不要化肥了。这可把蓝芳灵整懵了，怎么能这样呢，化肥运来了并卸下了，怎能说不要就不要了！

蔗农丝毫不理会蓝芳灵的疑惑，只说自己没钱买化肥，除非免费送给他。

蓝芳灵彻底无语了。小时候见过耍赖皮的小孩，没想到大人也有耍赖皮的。

有群众悄悄地告诉蓝芳灵，这个蔗农为了省钱，决定不给甘蔗施肥，所以就反悔，要将化肥退回来。

蓝芳灵当场劝说这个蔗农：人要言而有信，预订的化肥都运送到家门口了，说不要就不要，不好吧。再说，种甘蔗不施肥，甘蔗能长得好吗？只有给甘蔗施肥了，甘蔗才会长得好，到时产量才会上去，不能为了节约几个钱而因小失大。

蔗农对蓝芳灵的劝说充耳不闻，一再重复没钱买化肥，除非免费送给他。似乎除了这句话，就再也不会说别的话了。

看着蔗农油盐不进的样子，蓝芳灵也是很无奈。就在双方僵持不下时，糖业公司负责人打来电话说，不要就不要了，但要把化肥拉回来。

糖业公司负责人说得轻巧，蓝芳灵却遇到难题了。蔗农不要化肥了，他可以一走了之，自己呢？作为预订这批化肥的村干，她得自掏腰包找人重新装车让司机运回去。当时天色已晚，乌云压着山顶，也压在她心头上，她的眼前一片昏暗。之前找来卸车的群众已经离开，现场只有等着看热闹的村民。再去叫回之前卸车的几个群众，已来不及了，大雨即将倾盆而下。蓝芳灵向在现场看热闹的群众求助，他们揣着袖子没一个人站出来。没办法，她只好就近找来几个村民，承诺给他们双倍的装车费。

在那个山雨欲来风满楼的傍晚，在昏暗的暮色中，人们看见一个柔弱的女子和3个男子，两人一组，把堆在地上的一袋袋化肥抬上车。50斤装的一袋化肥，对常年劳作的男人来说不是什么重量，但对多年没干过重体力活的蓝芳灵来说却是严峻的考验。然而蓝芳灵这个自小在山里长大的女子，什么苦没吃过！她咬着牙，挤尽浑身的力气，和3个男子将一袋一袋化肥往车上搬。当最后一袋化肥被他们搬到车上后，豆大的雨点急不可耐地噼里啪啦地落了下来，满腹委屈的她再也撑不住了，一屁股瘫坐在地上，泪水像断了线的珠子从她的眼眶里掉了下来……

那一刻，没人知道她脸上流淌的是雨水还是泪水。

那一刻，没人知道她心里正涌动撒手不干的念头。

夜里，韦忠令用痛肿灵涂抹她的双手、双臂和双肩，发现她的双眼和她的双手、双臂、双肩一样红肿。眼睛当然不能涂上痛肿灵，只能滴上另一种药剂。韦忠令有意无意地说："蓝副主任啊，这可是你自己的选择啵，是你当初想好了的啵。"蓝芳灵扑哧一声，破涕为笑。笑是最好的药剂，它很快就医好心里的苦楚和委屈。蓝芳灵之所以笑出声来，是因为"蓝副主任"这个称谓。平时韦忠令叫她就一个字"芳"，最多也是两个字"小芳"。不可否认的是，韦忠令说的"副主任"这个活儿，确实是蓝芳灵自己的选择。既然选择了，那就不能让人笑话、让人看热闹，更不能像那个蔗农一样要赖皮，说不要就不要了，说不干就不干了。党和人民的事业，岂可耍赖皮！

此后弄腾村的山路上，经常看到蓝芳灵娇弱的身影。无论是艳阳高照，还是淫雨霏霏，只要有任务有安排，她就会下队，组织群众修公路、种甘蔗、修建水柜、改造危房……下队一趟回来，韦忠令就要给她涂痛肿灵。天长日久，太阳光也成了痛肿灵，将蓝芳灵洁白的肌肤涂抹得一片红。对此韦忠令给予了高度评价，他说，蓝副主任，你真的成熟了，你由村花变成了村姑。

蓝芳灵读小学那年，联合国粮农组织一位官员爬上“八里九弯”，到她的家乡走了一遭，回去后对世人说了一句话：“七百弄是世界上除了沙漠以外，最不适合人类居住的地方。”世间偏偏就有人不信这个邪，你说不适合人类居住，那我就去看看怎么个不适合。这跟登山和探险有些异曲同工。为什么要登山，因为山在那里；为什么要探险，因为险在那里。这位联合国官员不说这句话还好，说了就变成广告词，于是就有人来了。人来了，就有了游客；游客到哪个地方，哪个地方就成了景点。于是七百弄就有了国家地质公园的“八里九弯”“千山万弄观景台”“天上人间”“天街别墅”“金鸡洞”“天下第一弄”等景点。而这些景点都在弄腾村，弄腾村成了游客进入七百弄国家地质公园观赏美景的必经之地，也成了游客驻足休息的地方。

蓝芳灵的家恰巧就在弄腾村公路边的桥圩屯，常常会有一些外地的游客在她家门前停下来，向她问路或者咨询游玩攻略。热情开朗的蓝芳灵总是不厌其烦地回答他们的问题，顺便向他们介绍家乡的美景，她为家乡越来越吸引外地人来游玩或者参观感到兴奋。那时，在她心里，似乎已有某种东西在悄悄地酝酿或者着床。她说不清那是什么，她的脸一下子红了，她说有点像躁动于母腹中快要出生的婴儿。最后她确认，那感觉就像泥土里的一粒种子，它已闻到了春天的气息，只需要一场春雨，或者一缕春风，就能够破土而出。

蓝芳灵心里那个像种子一样的东西终于破土而出，是在2012年秋天里的一个黄昏。

落日的余辉洒在一座座山头上，一座座山头像是涂了一层金粉。蜿蜒的公路上，牧羊人吆喝着把羊群往“锅底”里赶。领头羊脖子上悦耳的铃铛声，在控制或左右羊群的队形和速度。一辆大客车从山坳口驶上来，发出居高临下的喇叭声。领头羊似乎司空见惯，一脸的不屑一顾，率领羊群不紧不慢地走着。大客车似乎没了耐心，不停地鸣着喇叭。领头羊干脆停了下来，领头羊一停，整个羊群就停了下来，集体观望大客车，似乎在识别它的车牌，桂A还是桂M。牧羊人倒是急了，慌忙把领头羊赶到一边，羊群依然抬扛似的纹丝不动。大客车只好缓缓地开过一边去，然后停了下来，这一停就停在了蓝芳灵的家门口。

当时，蓝芳灵正抱着未满周岁的儿子坐在门口。她看见车上的人都在好奇地往车窗外张望，像在寻找什么。车子停稳后，下来了两个人，像是导游，他们来到蓝芳灵面前，询问附近是否有吃饭住宿的地方。

经过交谈，蓝芳灵得知这是从澳门来的一个旅游团。那天一早从南宁出来，来到七百弄国家地质公园后，他们游览了神奇壮丽的“八里九弯”，来到弄腾村就马不停蹄地爬上“千山万弄观景台”。在观景台上，这些看惯了海的澳门游客，看见了从未见过的另一种海——绵延不绝的山海。他们完全被夕阳下的山海吸引住了，以至乐不思蜀。他们计划从“千山万弄观景台”下来后，在七百弄住一晚，第二天再游览其他景点。

蓝芳灵摇了摇头，说：“这附近都没有吃饭住宿的地方咧。”

导游又问：“那去到七百弄街上呢？”

蓝芳灵还是摇头：“也没有，饭馆没有，旅馆也没有，你们要想吃饭住宿，还得回到县城去哦。”蓝芳灵说完，听见一个人像是在自言自语，又像是在对身旁的人说：“那只能返回县城去住了，想看‘天街别墅’

‘天下第一弄’，只好明天再进来咯。”另一个人说：“返回县城住没问题，问题是现在大伙儿又累又饿，再坐两个小时的车到县城才吃上饭，怕是有人熬不住了。”车上的人纷纷下了车。

正说着，一个阿婆背着箩筐走过他们旁边，一个游客突然叫住了她，他发现了阿婆箩筐里的南瓜，说要买下她的南瓜。阿婆打量眼前这些外地人，将信将疑地看着蓝芳灵，像是在征询蓝芳灵的意见。蓝芳灵笑着说：“阿婆，他们想要你就卖给他们吧。”听蓝芳灵这么一说，阿婆才意识到这些外地人并不是逗她玩，就用本地话说道：“卖什么卖咧，我家的南瓜都是拿来喂猪的，你们不嫌弃就送给你们。”阿婆边说着边卸下背上的箩筐。

一个游客问蓝芳灵：“这位阿婆说什么？”

蓝芳灵说：“阿婆讲她家里南瓜多的是，送给你们不要钱。”蓝芳灵忍住没笑出声来，她没告诉游客山里的南瓜都是拿来喂猪的。游客连声说“要给钱的，要给钱的”，说着从口袋里掏出钱包，抽出一张百元大钞塞给阿婆，然后提起那箩筐南瓜到蓝芳灵面前，叫她帮忙把南瓜煮了，给他们垫肚子。阿婆捏着那张百元大钞愣在那里，她不敢相信，在她眼里一文不值只能用来喂猪的南瓜竟然卖得了钱。

蓝芳灵二话没说，当即帮他们煮了南瓜。看他们吃得津津有味、赞不绝口，蓝芳灵就说：“肚子饿了，树叶也是好吃的。”游客们可不这么认为，他们说这东西在澳门就像人参果一样，不是想吃就能吃得到的。蓝芳灵又说道：“小时候爸妈对我讲，要想长大后不再吃南瓜红薯，就好好读书。”游客笑道：“晓得这样，我当年就不该读那么多的书。”

游客们吃完南瓜后，意犹未尽地返回大化县城。

望着满载游客的大客车驶出山坳，蓝芳灵的脑海里如灵光乍现一般，一个大胆的想法在脑海浮现：她决定利用自家靠近公路的便利条件，开个农家乐，为过往游客提供食宿便利，同时把它办成发展家庭经济的一个产业。她终于可以确定，在她心里长久酝酿的说不清道不明的东西，就是这样一个农家乐。

夜很温馨，也有点清凉。

韦忠令一身疲惫，从七百弄街上的摩修店回到家，蓝芳灵兴致勃勃地把这天游客叫她煮南瓜吃的经过，给他复述了一遍，然后把她发现的这样一个商机以及她的想法和盘托出。她以为韦忠令会像她一样欣喜若狂，哪想韦忠令没等她说完就给她泼了一盆冷水，把她从头到脚淋了个透。

韦忠令说："你开农家乐，你是为山上的猴子开吗？这些年你见山上的猴子下来过吗？你以为天天都有像今天的那车游客吗？那不过是奇观，百年一遇。"

蓝芳灵沉默着，抑或是让韦忠令先把话说完。

韦忠令又说："好好当你的村委会副主任吧，别东想西想了，我不会丢下摩修店回来跟你搞什么农家乐的。再说了，我的摩修店收入那么好，我关了就靠你那点工资养家啊？太不现实了。"

将心比心，韦忠令的心情可以理解，他从2003年起就开始在七百弄街上开摩修店，经过近10年的经营，摩修店的生意越来越好。现在突然叫他丢下摩修店回来跟她创办农家乐，换谁谁都不乐意。

蓝芳灵没有放弃自己的想法或者打算，丈夫一时不乐意不支持，那就先做家公家婆的思想工作，争取他们的支持，再通过他们去动员他们的儿子。家公家婆口头上表示支持，但家婆又表示，韦忠令的思想工作还得她去做，他穿开裆裤的时候他们已经做了，现在他裤子扎腰带了，得她自己动手去解，他们已不方便。蓝芳灵扑哧一声，笑了。

夜里，蓝芳灵和风细雨地把农家乐的光明前景，向韦忠令做了生动的描绘：目前县里正在加大对七百弄国家地质公园的开发力度，以后会有越来越多的游客到我们七百弄来旅游观光。我们家就在公路边上，优势得天独厚，我们创办农家乐一定有钱赚。眼下，把我们家的房子简单装修一下，就可以有几间客房了，要是客人多了，我们再想办法。我们慢慢起步，从小做起，农家乐会越做越大。

不管蓝芳灵如何描绘，韦忠令始终不为所动，他眼里依然是摩修店的发展蓝图，那时候韦忠令也有了自己的想法，他想扩大摩修店门面，再雇两个工仔，把摩修店做大做强。后来韦忠令的态度缓和了一些，他认为在大山里开农家乐，这个想法确实很好，不过他又认为，不会有几个人愿意花钱来他们这穷山沟里消费的。

蓝芳灵觉得应该把另一个观点抛出来，以便让韦忠令更加了解她的真正意图。她说："我也不是纯粹为我们家而做，我想做给弄腾村的人看，说得高大上一点，要起到一个示范带头作用。"蓝芳灵已经预见，农家乐将是弄腾村的新兴产业，是弄腾村摆脱贫困走上致富的一条新路子。当然，这条新路子怎么走、走得通不通、怎么走才能走得通，只有蓝芳灵走出来了，走出实实在在的成效，才能说服弄腾村人。

话说到了这个份上，韦忠令连保留意见的余地都没有了。

蓝芳灵经营农家乐，是从租碗开始的。刚开始的时候，她家里没有足够的碗，就到七百弄街上出租餐具的店铺租来碗筷。用完之后，再把碗筷退回去。每次下队，见到村民家里有养成的土鸡土鸭，她就收购回来，圈养在家里，等有客人光顾的时候，就有了待客的食材。每次有游客来，她忙不过来，就叫家公家婆放下地里的农活来帮忙。人手实在不够了，韦忠令就得从街上摩修店赶回来。每接待一拨游客，蓝芳灵都会给家人算账，赚了多少钱，再用赚到的钱添置碗筷、桌椅之类的东西。为了让丈夫尽快“转行”，她叫他跟着自己一起去巴马、玉林、云南等地考察，学习农家乐的经营模式、学习烹饪技术、了解发展农家乐的商机。考察学习回来后，韦忠令跟蓝芳灵表态，他还是把摩修店转让算了，回来跟她开农家乐。韦忠令的支持，让蓝芳灵信心更足。因为有丈夫支持，自己办农家乐才不会耽误村委会的工作。同时，蓝芳灵深知，要把农家乐办好，就一定要有明确的发展定位，不能随随便便开，不能跟别的农家乐一模一样，一定要有自己的特色，这样才能办得好、办得长久。

经过深入探讨，广泛征求家人、朋友意见，蓝芳灵给自己的农家乐定了一个明确的发展方向：重点围绕布努瑶风情体验和生态观光休闲旅游等主题，建设具有浓郁的布努瑶特色的乡村旅馆，着力把它打造成为大化瑶族自治县乡村旅游示范点。蓝芳灵考虑到自己本身就是布努瑶（瑶族的一个支系），再结合农家乐的发展定位，蓝芳灵给农家乐起名：布努人家。蓝芳灵没有想到，自己起的这个店名，有一天会成为一个香饽饽。

有了明确的发展定位、有了店名，蓝芳灵就到七百弄乡农村信用社申请3万元青年创业贴息贷款，对家里刚完成危房改造的房子进行了装修。2013年3月的一天上午，在清脆的鞭炮声中、在低沉浑厚的铜鼓声中、在布努瑶姑娘欢快的舞蹈中，蓝芳灵的农家乐——布努人家正式挂牌开业迎客，成为当时七百弄乡第一家农家乐。

没过多久，布努人家迎来了开张后的第一个小长假——五一小长假。蓝芳灵清楚地记得，对于布努人家来说，那是一个异常火爆的小长假，游客纷至沓来，为了招待游客，她请了几个村民过来帮忙，吃饭没有问题，可是游客想要住宿的时候，蓝芳灵却犯难了。那时候她的布努人家刚开办不久，只有4个客房8张床位。蓝芳灵只好安排游客在自家楼顶和餐厅空地上支起帐篷，即使这样，也没能满足所有有住宿需求的游客，蓝芳灵只能去七百弄街上租来建筑用的红板，安排游客到附近农户家去打地铺。她心里明白，这种手忙脚乱的现象只能出现一次。她必须用心用情用力把布努人家打造好，使其真正成为游客进入七百弄国家地质公园旅游观光的一个温馨的栖息地，让每个到过布努人家的游客都有宾至如归的感觉，让每个游客的心里都有布努人家的美好记忆。

也就是在那一年的7月份，蓝芳灵正式转为中共党员。她深知肩上的担子更重了，责任更大了，她要充分发挥党员先锋模范作用，特别是发挥带头作用，带头发展产业，带头脱贫致富奔小康，目前最现实的是带头发展农家乐。

秉承生态养生的理念，蓝芳灵用本地群众自养的山羊、土猪、土鸡、土鸭和自种的黑豆、野菜等生态食材，做成的一道道美味可口的家常菜，深受游客们的青睐。蓝芳灵和韦忠令悉心经营，布努人家不论是在基础设施建设方面，还是在服务水平方面，均达到了一定的水准，赢得了游客的赞赏，有了一定的知名度。2013年，布努人家被评为三星级农家乐。

蓝芳灵一直在考虑如何改善布努人家的住宿条件。随着布努人家的声誉不断提升，游客经常爆满，有限的几间客房，根本无法满足接待要求，不可能经常打地铺，蓝芳灵经常为帮游客找地方安顿而着急。实在找不到地方安顿，游客只能在布努人家吃完晚饭再开车到30公里外的都阳镇才有住处。这样一次两次没什么，次数多了韦忠令就坐不住了，他看着蓝芳灵焦虑的样子就心疼。韦忠令向蓝芳灵提议，在自家房子原有楼层的基础上，再加建两层，这样，客房就基本能满足接待要求了。对于丈夫的提议，蓝芳灵不置可否，她也这样想过，以他们家当时的经济实力，在自家房子原有楼层的基础上加建两层没有任何问题，只不过她有另外的想法。她想到了隔壁韦善球一家。韦善球家建的是一般的居民住房，他的孩子大都在外务工，留下的空房间多，稍微投资改建一下，就可以接待游客了，这样韦善球一家就搭上了布努人家的顺风车，或者成为布努人家的一个组成部分。他们这边主要负责为游客提供饮食，需要住宿的游客就安排到韦善球家去，这样不仅可以解决游客住宿问题，还可以增加韦善球一家的经济收入。

对于妻子的善心善举，韦忠令没有任何异议。布努人家的成功创办，让韦忠令对妻子刮目相看。

蓝芳灵找到韦善球的儿子老二，建议他把家里空着的房间腾出来，每个房间加建一个卫生间，装修一下，做成客房。老二却犹豫了，他对蓝芳灵说："你的想法很让我感动，可是你也知道，我家为了建这个房子，欠了一屁股债，现在去哪里要钱来改建装修成旅馆！"

蓝芳灵说："去信用社贷款呀。"

"万一开了旅馆没人来住，我怎么还贷？"老二一个劲儿摇头，"不敢搞！不敢搞！"

蓝芳灵说："你也看到了，刚开始的时候，也没什么客人，现在客人不是多起来了吗？”

老二说：“你见识广、点子多，我可不敢跟你比。”

蓝芳灵说：“现在来我们七百弄游玩的人很多，相信我，你开个旅馆，一定成！”不管蓝芳灵怎么说，老二的脑袋还是摇得像拨浪鼓一样。蓝芳灵着急了，这人怎么就那么不开窍呢？她说道：“这样吧，你放心投资搞这个旅馆，我在旅馆挂布努人家的牌子，如果有游客订房，我负责帮忙对接，你只管坐着数钱好了。”

老二迟疑地点了点头。

那时候，时间已经悄然来到2014年，蓝芳灵不再是村委会副主任，她当上了弄腾村党支部副书记，韦善球家投资改建装修的旅馆也迎来了一波又一波客人，正像蓝芳灵说的，有她负责对接游客，韦善球家真的是坐着收钱了。韦善球家的旅馆开起来后，经济收入有了稳定的来源，用于建房、装修房子的债务也在一点点地还清。

蓝芳灵不仅仅动员韦善球家开旅馆，她还要动员乡亲们一起创办农家乐。2015年8月，蓝芳灵召集桥圩屯村民开了个村民小组会议，动员大家一起办农家乐。开会之前，蓝芳灵特意把大家带到自己的布努人家去参观了一趟。此时的布努人家已不同以往，到处装饰一新。一楼的货柜上，摆满各种土特产。其中一面墙上，贴满了一张张彩色照片，每一张照片上都有蓝芳灵灿烂的笑容。那是各地游客来到布努人家后和蓝芳灵的合影，是每一个珍贵的瞬间。说起照片上的人，蓝芳灵如数家珍，能说出每一张照片拍摄的时间、每张照片上的游客来自何方。蓝芳灵还带着乡亲们参观了她的餐厅、客房，无一不散发浓郁的布努瑶风情。当然，蓝芳灵没忘记带大家参观韦善球家的旅馆。虽说是同住在一个屯子里，可是真正地参观布努人家，他们还是第一次，这样的参观，让他们看到了不一样的光景。

开会时，蓝芳灵结合自己创办布努人家的经历，向大家阐明了在村里创办农家乐的可行性和蕴藏的市场潜力，县里的旅游部门和乡里的党政部门都非常支持。蓝芳灵对乡亲们说："开办农家乐，并不像你们想象的那么难，其实很简单。游客来到我们七百弄旅游，来到弄腾，他们需要吃的，我们就煮吃的，让他们吃饱吃好；他们需要住的，我们就安排住的，让他们住好睡好。"

有乡亲问："你动员我们开农家乐，你可就多了竞争对手了，你就不怕我们抢了你的生意？"

蓝芳灵笑了："大家都来抢才好呢！你们想想，游客来到我们七百弄游玩，想要住宿没地方，常常要到都阳去找住的地方。有的因为我们七百弄没有住的，游玩一趟又匆匆赶回县城去住。要是我们的农家乐多了起来，来游玩的游客岂不是玩得更从容吗？因为他们再也不用担心食宿问题了。再说了，我们把更多的农家乐开起来、开好来，对吸引更多的游客来七百弄游玩必将起到促进作用。"

有乡亲说："万事开头难，蓝书记你可得指导指导我们才行。"

蓝芳灵说："那当然，不然我动员大伙儿一起办农家乐干吗？"

有乡亲怯怯地说："我是想开一家农家乐，可没什么钱，要是可以的话，你能不能接济我一点？"

面对大家的疑虑、困惑、难处，蓝芳灵说能帮的她一定尽量帮，只要大家想干、肯干，就没有干不成的。她组织每户一个代表到邻近的巴马瑶族自治县和马山县参观考察人家的农家乐，学习人家先进经验和发展理念。

后来，在桥圩屯公路边上，除了布努人家，简朴人家、古堡瑶寨饭庄、瑶香里、天府美食馆、腾游旅馆等一家家各具特色的农家乐应运而生，为游客在七百弄国家地质公园景区内餐饮住宿提供了极大的便利，村民们相应地增加了家庭收入。

一花独放不是春，百花齐放春满园。

在经营布努人家的过程中，蓝芳灵聘请4名贫困劳动力来当服务员，后来增加到10多名。一方面是布努人家确实需要工作人员，另一方面是可以让这些贫困户有稳定的收入。

弄腾村弄东屯的黄炳成，是蓝芳灵固定聘请的布努人家服务人员。黄炳成是建档立卡贫困户，原先在家主要靠种玉米维持生活，家庭生活十分困难。来到布努人家打工后，他每个月的收入在2000元以上。2016年底，黄炳成顺利实现脱贫，还建起了楼房。

在弄腾村，像黄炳成这样直接受益于布努人家的贫困户有30多户，建档立卡贫困户唐秀国便是其中之一。唐秀国一家4口人，儿子外出务工不慎伤残，失去劳动能力。蓝芳灵招聘他的女儿来帮工，每月包吃包住，还有2000元的工资。唐秀国说："蓝书记的农家乐，生意越来越好，我们这些老邻居也沾了光。"

布努人家是弄腾村党总支依托七百弄国家地质公园开发观光休闲旅游业扶贫的一个成果，2015年被评为河池市旅游扶贫示范点，还被评为"广西十大特色民宿客栈"。布努人家的兴办，推动了当地餐饮业、生态食材产业融合发展，成为当地贫困群众增加收入、摆脱脱贫的有效平台。

说蓝芳灵烧得一手好菜深受客人喜欢没人质疑，可说蓝芳灵能宰猪、会剔骨头，人们可能就摇头了。这却是事实。这得从布努人家桌上的菜肴说起。平时蓝芳灵用来招待游客的菜肴，都是从村子里或者七百弄其他村屯收购来的农产品。每一位到过布努人家的游客，都对那里的美味菜肴赞不绝口，继而会生发出想买一些带走的想法。每当遇到这种情况，蓝芳灵就会带游客到附近农家，购买村民自种的黑豆、火麻，自养的土鸡和自制的腊肉、腊肠、干菜。有的游客则希望能买些新鲜的猪肉带走，蓝芳灵就叫韦忠令去收购村民家中的黑山猪回来宰杀，宰杀好后卖给这些游客。蓝芳灵说她宰猪不是自己学的，是被逼出来的。

村里，宰猪从来都是男人干的活儿，平时，蓝芳灵和韦忠令去收购黑山猪回来宰杀，都是韦忠令捉刀，她打下手。她万万没想到有一天为了让游客拿到新鲜山猪肉，她竟然操起了杀猪刀。

那一天中午，一群游客在布努人家吃完饭后，有游客对蓝芳灵说："你们这儿的猪肉太好吃了。"

蓝芳灵听罢骄傲地说："我们这儿的猪肉当然好吃啦，那可都是纯天然饲养的本地黑山猪，不喂任何饲料，而且都是养了一两年的，能不好吃吗？"

游客问道："有剩下的猪肉卖给我们吗？"

蓝芳灵一下子脑子短路了，她支支吾吾道："有是有，可得等我老公回来才能把猪杀了。"

游客问道："你老公去哪里了？"

蓝芳灵说："他去帮别人修摩托车了，一时半会儿可能还回不来。"韦忠令虽已关闭摩修店回来跟蓝芳灵打理布努人家，可他毕竟在七百弄街上混了那么多年，有好多熟人朋友。那些人的摩托车出了问题，总会习惯性地叫他去修理，而他则有求必应。

游客们急了：“我们等不了你老公。”

蓝芳灵无奈地摊开双手，耸了耸肩：“杀一只鸡可以，宰一头猪我真不行。”

游客们急于赶路，心有不甘地上了车。车子刚发动，蓝芳灵突然冲到车门前：“等等我！”

猪圈里，前一天才从村民家收购回来的黑山猪正在呼呼大睡，觉察到有人走近，它站了起来，嗷嗷地叫着。蓝芳灵挽起裤脚，撸起袖子，提着那把韦忠令杀猪时握着的尖刀走向猪圈。当然，她后面跟了几个“协同作战”的服务员。

看着游客们大包小包地拎着猪肉、猪骨头开心离去的背影，看着围裙上残留的肉末子，蓝芳灵这才意识到她成功地把一头猪杀了并全部肢解了。黄炳成在旁边点评道：“动作虽然不很麻利，但很有韦忠令的影子。”蓝芳灵说：“整个过程我满脑子都是他平时杀猪的样子。”

自那以后，只要一有订单要黑山猪肉，即使韦忠令不在家，蓝芳灵也敢亲自捉刀上阵。时间久了，对杀猪的活路，她竟熟门熟路了。

蓝芳灵说她的微信好友5000多个，她随便把群众的生态农产品图片往朋友圈一发，订单就是一两万元。不仅如此，她还通过抖音平台帮助村民销售土特产。

蓝芳灵依托布努人家，以“党员能人＋农家乐＋电商＋旅游＋扶贫”模式，利用平时组织党员代表开会、下队工作的机会，鼓励周边贫困户和群众发展特色种养业。蓝芳灵通过线下销售和电商平台帮助村民销售七百弄山羊、七百弄土鸡、七百弄黑山猪以及黑豆、黄豆、赤小豆、火麻、高山玉米、干菜等生态农产品，交易总额年均450多万元，直接或间接带动建档立卡贫困户30户168人脱贫增收。布努人家因此被评为大化瑶族自治县“党旗领航·电商扶贫”示范点。

2016年，对蓝芳灵来说，是一个不平凡的年份。

这一年，她带着贫困群众自产的豆类、火麻、旱藕粉及腊肉等土特产品，先后参加大化瑶族自治县举行的“党旗领航·电商扶贫”红水河流域电商大集暨“七一红色购物季”活动、河池市红色购物季展销会等，帮助贫困群众拓宽生态农产品销路。

这一年，她的布努人家被自治区妇联、旅游发展委、扶贫办认定为全区“金绣球”农家乐示范点，并获得10万元扶持资金。在大化瑶族自治县妇联的引导下，布努人家积极开展扶贫带动工作，免费给建档立卡贫困户发放七百弄鸡苗、土猪苗。蓝芳灵多次在布努人家开展农村实用技术培训，给全村群众代表100余人传授种养致富技能。

这一年，大化瑶族自治县举行“有积有余”厨艺大赛，蓝芳灵和韦忠令烹制的“千秋瑶家宴”入选“十大名宴”。在大化瑶族自治县举行的长寿特色美食节活动中，蓝芳灵制作的“瑶家麻叶粑”入选“十大特色小吃”。

也是在这一年，蓝芳灵当选河池市第四届人大代表。她率先学习核桃、黑山羊等特色种养技能，指导乡亲发展特色种养业；她发动群众修路，动员有条件的群众搬到路边建房……

在村委会工作和经营门店的过程中，蓝芳灵结识了一些爱心团队。于是，蓝芳灵夫妻俩常常利用节假日，韦忠令当司机，她当导游，带着爱心人士穿行于千山万弄之间，了解困难家庭的情况。只要听说哪里需要帮扶，即使再偏僻，他们也会实地走访，走几个小时的山路是家常便饭。回来后，他们连夜整理当天走访的资料，通过各种平台向全社会发出倡议，号召社会各界爱心人士救助贫困群众。近年来，她和韦忠令先后帮扶500多名瑶族同胞。同时，她还联系引荐爱心企业和爱心人士到学校、贫困家庭捐赠学习用品、文体玩具、衣被、食品等物资，价值共计20多万元。

曾经，蓝芳灵出门在外遇到困难感到很无助甚至很无奈的时候，旁人伸出援助之手帮过她一把，她说那种感激、那种温暖真的难以言表。所以，“当有人在我身边遇到困难时，我也应该伸出援助之手，温暖他人”。

这些年来，蓝芳灵和弄腾村村“两委”的干部一道，发扬“逢山开路，遇水搭桥”的河池精神，带领村民在大石山区石头缝里，闯出了一条旅游致富路，全村建档立卡贫困户452户2207人全部如期实现脱贫。在她的带领下，弄腾村农家乐发展到6家，全村年接待游客量累计达10万多人次，年均收入达28万元，瑶族同胞在家门口吃上了“生态旅游饭”。而她的布努人家，从最初的4间客房，拓展到如今的33间客房，餐厅可同时接待200多人用餐。

这些年来，蓝芳灵被自治区党委、政府授予“2016—2017年度脱贫攻坚先进个人奋进奖”称号；2019年被共青团广西区委、广西青年联合会授予“百年五四·广西青年榜样”称号、被大化瑶族自治县党委授予“优秀共产党员”称号；2020年12月，自治区党委、政府授予其家庭“自治区文明家庭”荣誉称号。她除了是河池市第四届人大代表，还是共青团河池市第四届团代表、河池市妇联第四届妇女代表、河池市第三届青年联合会委员。2018年12月，她创办了大化瑶族自治县七百弄乡瑶阿姨生态养殖专业合作社。2020年5月，她创办了大化茗瑶餐饮有限公司。

2021年初村“两委”换届，蓝芳灵荣幸地被党员代表、全体村民选为弄腾村党支部书记、弄腾村村民委员会主任。面对沉甸甸的担子，蓝芳灵感到从未有过的压力。俗话说，新官上任三把火。党支书、村委会主任“一肩挑”后，蓝芳灵的“施政”是从一宗久拖未决的土地纠纷开始的。

早些年，县里计划在“天上人间”景区修建游客停车场，需要征收土地。在被征收的土地中，有一块地涉及弄腾村的两户人家，因其权属存在争议，土地一直没能被征收下来，景区的停车场也迟迟没能动工。

在新一届村党支部第一次会议上，蓝芳灵说：“‘天上人间’景区游客停车场那块地的纠纷不能再拖下去了，我们必须马上解决。”

会后，蓝芳灵叫上村党支部副书记蒙桂德和另外两名村干，带着两个当事人一同前往被征收土地的现场。说那是土地，其实也没有多少可耕种的面积，不过是一块贫瘠的山地，没被征收之前，一直丢荒着。一听说土地被征收会获得一定的补偿款，两户从没红过脸的人家为此争吵了起来，互不理睬，走在村里你不看我我不看你，各自望天或是把脸扭向一边。而今，两户人家的户主面对村干们，都迫不及待地诉说起来，似乎谁说得快说得多，谁的嗓门高，这块地就属于谁。

蓝芳灵看着争得面红耳赤的两人：“这块地究竟是独属一家还是两家共有，你们谁也说不清楚，得到法庭上去判。可是你们想过没有，这块地的补偿费不过一两千块钱，你们自己掂量掂量，和世世代代的邻里感情比，哪个重，哪个轻，你们比我更清楚。有没有必要为这点钱闹上法庭，伤了感情。钱用完了可以再挣，邻里之间的感情断了，就再也接不上了。”

一番话说到了两个户主的心坎上，两人低着头，沉默不语。一旁的几个村干，你一言我一语，都在劝说他们本着睦邻友好的原则，大事化小，小事化了。

蓝芳灵又说：“再说了，我们这个景区游客停车场如果一直因为这块土地不能动工建设，人家会怎么说我们弄腾村？人家会怎么看待我们弄腾村？你们不能因为一点点利益就反目成仇，耽误了景区的基础设施建设。如果你们觉得我说得有道理，就握手言和，让政府把这块地给征下来。如果……”蓝芳灵还没说完，两人上前握住了她的手：“老党（当地对村党支部书记的称谓），你讲哪样就哪样。”

二、给牛劝架的人

和蓝芳灵一样，蓝月仙也出生于七百弄。蓝月仙的家在弄呈村，距离蓝芳灵家所在的弄腾村有20多公里。在弄腾、弄呈、弄合、弄京、弄良、弄平、弄雄这样的中国农村，每个村（社区）党支部（总支）书记，都有一个共同的朴素的名字、一个亲切的自然的称谓——“老党”。这是一个饱含深情、满怀敬意的称谓，也是一个亲切动听、温暖人心的称谓。在他们当中，不乏出色的女同胞，即“女老党”。大化瑶族自治县共有31位“女老党”，其中七百弄乡有7位。弄呈村的蓝月仙，就是这样一位“女老党”，她是一位52岁的瑶族妇女，一位有着23年党龄的共产党员。她虽然只有初中文化，却有着长达31年的村干工作经历。她当过村妇女主任、村计生专干、村委会文书、村党支部副书记、村委会主任，村

“两委”几乎所有的职务她都担任了一个遍。她对于村里的情况，不可谓不熟悉；对于村干这份工作，不可谓不充满热情。正因为如此，2018年，在当了4年村委会主任之后，她被推选为村党总支书记，兼村委会主任。2021年初村“两委”换届，蓝月仙同志通过竞选，继续担任弄呈村党总支部书记、村委会主任。在蓝月仙的微信封面上，有这样一行文字——“俯身去做事，用心去做人”。也许，这正是她大半生的写照，也是她遵循的行为准则。

蓝月仙太熟悉凌晨5点钟的弄呈屯了，万籁俱寂，所有的一切都还没有苏醒过来，仿佛这是一个只属于她一个人的山弄。

每天凌晨5点钟，不需要闹钟、不需要有人叫醒，她会准时醒来，好像她的身体里隐藏着一个精准的闹钟。她的手机是可以设置闹钟的，但是她没有设置。她不喜欢那种急促的像催命符一样的铃声，也不喜欢那种被催促的感觉。她喜欢那种油然而生的主动性或者状态，让自己总是不由自主或者迫不及待。除了她的母亲，没有人会叫醒她。她的男人，那个爱她疼她并和她生了两个女孩和一个男孩的男人，在她39岁那年永远沉睡过去了，再也没有醒来。她尽量避免回想那些声响或者一个影子，一种所谓的温馨，在这个空荡荡的房屋里存在过。如今她的3个孩子都长大了，两个女儿已出嫁，儿子则到广东去打工。现在，只有她母亲，这个年过八旬的老人，陪她住在空荡荡的房屋里。夜里，老母亲偶尔会醒来，但是蓝月仙从不指望让她叫醒自己。她的睡眠好得出奇，就像一个听话乖巧、喝足了奶的孩子，就算是蓝月仙烧火煮猪食弄出的噼里啪啦的声响，也不足以打扰到她。

4头母猪一天的猪食，足够她忙活的了。猪食还没煮好，猪圈里的母猪像见了刀子似的嗷嗷大叫。她得喂饱它们，以便它们有足够的奶水去喂养幼崽。那是满满一大锅猪食，热气蒸腾，充满能量。她需要把一部分猪食舀出来盛到几个大盆里，等她把家里的十几只山羊赶上山去再回来，盆里的猪食就会凉下来了，她就可以拿去喂那4头母猪了。这就是说，这期间她要同时完成两项工作：喂猪和赶羊上山。猪食煮熟了先冷却，赶羊上山后再回来喂猪，相当于错峰出行，多么智慧！

蓝月仙推着摩托车出门，老母亲已经起床了。自从蓝月仙的丈夫过世以后，老母亲看她一个人挺不容易的，整天忙着家里的，又忙着公家的，就搬来和她一起住，帮她料理家里的事情。

老母亲提醒女儿慢点开车，目送她骑上摩托车向村部开去。

老母亲每天都是这样，早上看见女儿出门，晚上却很难看见女儿进家。蓝月仙太忙了，经常很晚才进到家来。看到蓝月仙这么辛苦，老母亲心疼得流下了眼泪。家里的地，蓝月仙从来没有时间去种，她在广东打工的儿子蓝玉每年回来过年，先种完玉米了才离家去广东。等到玉米成熟了，她的老母亲帮收帮剥帮晒。她能帮上忙的，很少很少。父亲离世的时候，蓝月仙没能守在身边。那时候，她正带着村里的群众到凤山县去学习核桃管护技术。那天她父亲已经病危，按理说，她是完全可以安排其他村干带队去的，但是她没有，她要自己亲自带队去，那样她也能学到一些核桃管护技术，回来后好指导其他村民做好核桃管护工作。她和村里的群众刚到达凤山没多久，就接到了来自家里的电话，说父亲已经去世。蓝月仙挂掉电话，关于父亲的一幕幕往事，顿即浮现在眼前。想着父亲离世时自己没能守护在他的身边，她的眼泪就忍不住往下流。

母亲对曾女儿说：“你每天那么忙，都没能跟我好好吃一顿饭，你这图的是什么啊？”

蓝月仙一时凝噎，良久，才无奈地说道：“没办法，事太多，忙不过来。”

望着母亲佝偻的身子，蓝月仙呆呆地坐着，陷入沉思中：“我不就是一个小小的村干部吗，值得这么拼命吗？然而我是党的人、组织的人，村里的群众这么信任我，我有什么理由不拼命呢？再说了，讲不拼命也拼了30多年了，都拼到现在了。要是让我干点别的，恐怕我也干不了；要是不让我干了，恐怕我也闲不下来。看来我这个命啊，就是个奔波劳碌的命，就是个一生一世为人民群众耕田犁地的牛命，认命吧。”蓝月仙所认的“命”，实际上就是一种信念、一种执着、一种坚韧。

蓝月仙是这样想的，也是这样坚持的。在她31年的村干生涯中，她走遍了弄呈村的每一个山弄，踏遍了每一户人家的门槛。在党的政策光辉照耀下，她走过的每一条山路，如今都变成了平坦的水泥路；她踏遍的每一户人家，曾经的破旧木瓦房都变成了宽敞明亮的砖混结构平房。

她不会忘记，在决战决胜脱贫攻坚的日子里，为了如期完成全村实施危房改造的目标任务，她和村“两委”的其他同志翻山越岭，徒步到每一个屯去开展工作，为群众出谋划策、排忧解难。

弄方屯是一个有着18户人家的山弄，距离大路有1.6公里，因为山高坡陡，公路暂时还没有开通。为了让贫困群众实施危房改造，她动员群众采取蚂蚁搬家的方式，用马匹把建房的材料一点点地从大路边往山弄里运。

弄良屯离公路有2.6公里，也因为山高路陡，公路暂时还没有开通。在搬运建房材料这个问题上，蓝月仙发动群众充分发挥劳动人民的智慧，采用滑轮运送的方式。她建议群众在公路和弄良屯之间的山头架起一条钢丝绳索，再在山头和处于弄底的屯子之间架设一条钢丝绳索，然后，通过卷扬机将建筑材料从公路边沿着钢丝绳索运送到山头，再从山头将建筑材料运送到屯里。

蓝月仙骑着摩托车来到村部，跟驻村工作队和其他3位村干明确当天的工作任务后，就直奔弄老屯而去。

通往弄老屯的道路蜿蜒曲折，虽然路面都硬化了，但蓝月仙还是谨慎驾驶着，毕竟，她学会骑摩托车的时间还不是很长。以前她下队都是靠步行，当全村每个山弄都通了屯级路后，她决定学习摩托车驾驶，并且买了一辆摩托车。

蓝月仙去弄老屯的目的，是为了动员贫困户蒙阿荣搬进新房，拆除危旧房。

走进弄老屯，蓝月仙心里有说不出的感慨。得益于党中央的精准扶贫，弄老屯的一切都发生了翻天覆地的变化。以前，她下队来弄老屯，走到山坳口，看到山弄里的弄老屯遍布破旧的木瓦房，一切都显得那么萧索。而今除蒙阿荣家的危旧房像一块牛皮顽癣一样长在弄老屯外，全屯看过去都是清一色的砖混结构平房，房前屋后还建有一个个碉堡似的大水柜，家里装上了饮水净化器、水龙头。人们的精气神更足了，见蓝月仙进屯，打招呼的话语里充满着一种喜悦或者获得感：“老党，来了哦！”“老党，辛苦啦！”有一个人却开溜了，他就是蒙阿荣。蒙阿荣站在旧房门口远远看见蓝月仙向他家走来，漠然地转身进屋去了。

蓝月仙看见了，心里说：你躲得过初一，躲得过十五吗？你躲得了我，躲得过天地吗？她太了解蒙阿荣的脾气了，不喝酒时一句话不说，喝酒以后就骂人。

蒙阿荣家有7口人，还没实施危房改造之前，全家住在大约80平方米的木瓦房里，木瓦房四周用竹片围起来，因为经年累月的风吹雨打，已呈破败之相，到处是漏风的破洞。房内的地板上也有多处破洞，能看得见地板之下圈养的猪，猪粪的气味到处弥漫。

蓝月仙动员蒙阿荣实施危房改造，蒙阿荣不愿意，觉得自己一家住在老房子好好的，不需要建新房子。蓝月仙通过调查才知道，他不是不愿意建新房子，是担心建新房子以后，他的老房子因为是危房会被拆除。

蓝月仙再次登门动员时，蒙阿荣已经喝过酒。蓝月仙坐在他对面，酒气直扑过来，还有骂骂咧咧的话语。不管蓝月仙说什么，他都不听，或者说他根本不在乎蓝月仙说什么。当蓝月仙明白两人各说各话的时候，她放弃了，转而去跟蒙阿荣的老婆说话。而他依然在骂骂咧咧，说："你们叫我建新房，又想要拆我的老房子，那是我老父亲当年雇请了多少人、费了多少功夫才把它建起来的，你们知道吗?！你们现在叫我建新房拆老房，叫我怎么对得起我那死去的父亲?！你们叫我建新房拆老房，难道叫我把家里的鸡啊猪啊也搬进新房去住吗?"

蓝月仙对蒙阿荣的老婆说："阿嫂，你们这老房子属于危房，继续住在这里面会很危险的，万一哪一天房子倒塌了，伤到人了，那就一点儿也不抵得了。再说了，你们家大儿子也到了结婚年龄，将来有一天他把女朋友带回来，看到全屯人都住在平房里，就你们家还住在破旧的老房子里，人家女孩子还不吓得赶紧跑了。"

蓝月仙跟蒙阿荣说话的时候，他自说自话；蓝月仙跟他老婆说话的时候，他就骂骂咧咧的，却听得清楚蓝月仙到底跟他老婆说了什么话。

当他听到蓝月仙说房子可能会倒塌伤人和儿子娶不到媳妇的话后，又骂起来："你不要乱说！我家的房子稳固得很，就是再住个三四十年也不会倒塌。没有新房子，我的儿子一样可以娶老婆，不信咱们走着瞧。"

他一骂起来，他老婆就噤若寒蝉，不敢出声了，蓝月仙也停住了话头。等他又自说自话的时候，蓝月仙又跟他老婆说起来："现在政府有这么好的扶持政策，对你们危房改造进行补助，而且今年的补助是最高的，你们家再不进行危房改造，明年可就没有这个机会了。"

他老婆看了坐在旁边的蒙阿荣一眼，悄悄地说道："老党，你说的我懂，我也盼望着像别人家一样有个平房，刮风下雨的住得也心安。可是这些，你还是得跟他说才有用。"

他老婆说罢，又往蒙阿荣那边瞥了一眼。

蓝月仙说："嗯，我知道，他现在喝酒了，任谁说什么都不会听的了。等他酒醒了，你再跟他说说，为了全家人的安全着想，为了孩子们都住上好房子，也为了全村能在2020年之前顺利脱贫，你们一定要把新房子建起来。"

他老婆点了点头，又悄声对蓝月仙说："等他不喝酒的时候你再来跟他说，他一般早上不喝酒，到时你再说他会听你的。"

像得到了重要情报一样，蓝月仙再来走访蒙阿荣的时候，就选择在清晨。清晨，一切都是崭新的，蒙阿荣在这崭新的时刻头脑出奇的清醒。面对蓝月仙又一次登门动员他实施危房改造，虽然他一句话都不说不回应，但蓝月仙再次把之前对他老婆说过的话跟他复述的时候，他仅用了一句简短的"那就给政府代建吧"表明他已把蓝月仙的话听进心里去了。

这一句简短的话让蓝月仙松了一口气，一旦把蒙阿荣的房子建起来了，弄老屯的危房改造任务就完成了。

可是令蓝月仙没有想到的是，村里通过政府代建的方式帮蒙阿荣把新房建好后，蒙阿荣又给她出了新的难题——政府代建的房子不好，他拒绝入住。

怎么个不好法？

按照蒙阿荣的说法，政府给他代建的房子面积不够，楼梯设计不够合理，水泥地板铺得不够平，窗户开得太小气，最最关键的是没有厨房。没有厨房他去哪里煮饭？

蓝月仙和驻村工作队员都看出来了，再愚笨的人也看得出来了，蒙阿荣这是找借口不同意拆除他的老房子，拒绝入住新房。

有同志忿忿不平地说：“不能老惯着他的，他不同意搬家，我们就去帮他搬，然后把他那危房给拆除了。”

蓝月仙说：“这话当作气话发泄还行，真是那样做了，他能服气吗？双方一旦动起手来就不好收场了。弄老屯是我分管的片区，这工作还是我去做吧。”

蓝月仙远远看见蒙阿荣阴沉的脸比一张抹布还要难看，不过她知道，蒙阿荣今早还没喝酒。她叫了一声阿荣哥，就走上了那颤颤巍巍的木楼梯。

进到屋去，他老婆迎了上来，招呼蓝月仙坐下。蓝月仙没坐，她走到蒙阿荣身边，又叫了一声阿荣哥。蒙阿荣漠然地“嗯”了一声，手里在拿着纸片卷着烟卷儿。

片刻沉默后，蓝月仙也不拐弯抹角了：“阿荣哥，新房建起来了，你选个日子搬进去住了吧。”

蒙阿荣没有说话，他把烟卷儿放到嘴边，点燃了火。

蓝月仙说：“阿荣哥，政府代建的新房子面积，是按照家庭人口数来算的，建筑面积完全按照国家政策规定来执行。楼梯、窗户的设计标准，有关部门统一规定了的，建筑队也都是按照标准要求来施工的，而且已通过质检验收，符合入住标准。”

蒙阿荣猛吸了一口烟，没好气地说：“我搬进去了，你们就把我这老房给拆了，你叫我们一家到哪里去生火做饭啊！”

蓝月仙说：“按照政策规定，新房建好了，就得拆旧房搬进新房，而且还得拆房补贴。如果你自己不拆，工作队会来帮你拆了，你也没办法。如果你现在自觉让他们来拆，你还得到5000块钱补贴。有了这5000块钱补贴，你一个厨房不就建起来了吗！”

蒙阿荣吐出一口烟，烟雾萦绕在他的脸上。昏暗里，他的脸更加模糊。

蓝月仙加重语气：“你自己想想哦，自从国家实施精准扶贫以来，只要你家符合条件享受的政策，我都给你争取了。低保、养老保险、产业奖补、水柜建设补贴，还有政府代建房子，你讲，你家少哪一样没有？村里那些个以前家庭条件和你一样的，不等不靠不依赖，自己变成了退出户，一样补贴没得，一分补助没有，你好意思跟人家比吗？好意思跟人家争吗？你不脸红，我都替你脸红。我们做老百姓的，要知党恩、感党恩、跟党走。党和政府现在扶我们一把、送我们一程，我们不能什么都要政府来帮我们做吧。扶持政策要有，自力更生精神也不能丢，你讲是不是？”

蒙阿荣沉思了一会儿，轻轻地“嗯”了一声。

蓝月仙终于释然，她知道这事儿成了。

离开蒙阿荣家，蓝月仙又骑上摩托车，往弄呈村“党旗引领·联建联养”肉牛养殖场驶去。

“党旗引领·联建联养（种）”是大化创新推行的一种扶贫发展模式，采取“四联五统”措施，引导群众积极参与，把“输血式”扶贫变为“造血式”扶贫。“四联”即：一是乡村组织联引。乡（镇）党委负责组织各村党组织深入调研，做好项目规划，指导各村选准项目，加强扶贫种养场的水、电、路等配套设施建设。各村党组织结合本村资源优势，选准产业项目，做好规划布局。二是多户合作联建。村屯党组织强化农户自主合作，以农户自主联建模式，带动贫困群众走市场化、规模化的现代农业发展之路，有效增强自我“造血”功能。三是共管轮值联养。每个联建联养（种）点聘请一名管理员，负责该点的建设管理工作，贫困户在管理员的统一管理下轮流出工，若贫困户因事因病不能出工出力的，可委托他人或出资请人代替其出工出力。四是效益分配联享。产品出售后，扣除种苗、饲料、水电、药品、管理员补助、场地租金等养殖成本，剩余利润以“乡村组织引导、参与群众商议”的原则按户分配，并提留一定比例利润作为村集体经济收入和联建联养（种）点维护资金，以保障联建联养（种）点可持续发展。“五统”：一是统一进苗购料。参与联建联养（种）的贫困户共同协商确定种养品种、种养规模、种养方式、供料模式，统一进苗、统一进料。二是统一技能培训。由县直属业务部门组建技术专家团队，集中所有扶贫种养场的管理员和贫困户统一进行种养技能培训。三是统一防疫服务。由县级防疫服务队采取包片负责方式，指导联建联养（种）点的疫病防治，统一防病治病。四是统一管护喂养。每个扶贫种养场制定共管轮养制度，规范喂养操作和流程，统一管理和饲养。五是统一定价销售。每个扶贫种养场销售的产品，由全体参与联建联养（种）的贫困户按市场行情协商，统一销售价格。

2020年4月，弄呈村成立了“党旗引领·联建联养”肉牛养殖场，并进了一批新疆褐牛，共51头，以此带动村里的51个贫困户发展肉牛养殖。蓝月仙作为养殖场的固定管理员，负责肉牛养殖场的管理。由于贫困户无暇参与，蓝月仙结合实际，安排村“两委”干部在养殖场轮流值班，安排村里的28个公益性岗位人员轮流到养殖场饲养肉牛。

这51头新疆褐牛进场的时候，每头不过300斤左右。它们在来的路上就水土不服了，开始生病了，有的脚烂，有的耳朵烂，没有几头是好的。

“天！这牛怎么养啊？”蓝月仙跟运送牛群过来的人说。

送牛的人说：“我只负责运送，其他的我不管。”一句话硬生生地给她噎了回去。蓝月仙郁闷了，怎么就进了一批又瘦又病的牛来呢，万一这批牛有个三长两短，她怎么向贫困户交代？

那天，大家把牛牵下车，安顿到牛场里以后，又累又饿，各自回家吃饭去了。蓝月仙却无心回家，看着牛场里一头头孱弱的牛犊，轻轻触摸它们溃烂的耳朵，蓝月仙心里竟隐隐地疼。

天色灰蒙蒙的，没有人看见这小个子女人那张被风吹日晒变成古铜色的脸上，堆积着多少的忧戚。

蓝月仙深知，退牛回去是不可能的，眼下最要紧的就是把牛的病治好。

想到就去做，始终是蓝月仙的做事风格。她走出牛场，骑上摩托车，飞快地往乡里开去。来到七百弄街上，已是灯火通明，兽医站已关门，她不得不询问紧邻兽医站的店铺住户，寻到了兽医的家。来到兽医家，兽医刚放下碗筷，对于蓝月仙的到来，感到十分意外。听到蓝月仙说明来意，兽医淡淡地说："不是什么大问题，天都黑了，你先回去吧，明天我再去看看。"兽医越是漫不经心，蓝月仙的心里越是着急。她央求、催着兽医当即就跟她到村里去治那些牛，不然她今晚会整晚都不安心的。看蓝月仙像个孩子得了急病的母亲，兽医于心不忍，收拾一番就提着药箱跟蓝月仙出门了。

回村的路上，蓝月仙一如来时，飞快地开着摩托车，就连开着小车的兽医也没跟得上。等到了养殖场，兽医对蓝月仙说："天那么黑，你开摩托车开那么快？"蓝月仙像大梦初醒的人，恍恍惚惚地回了一句："是吗，我开得很快吗？"平时开摩托车小心翼翼的她回想起这来回一路，后怕不已。

兽医细心地一一观察每头牛身上溃烂的地方，身后的蓝月仙不停地问："怎么样，不要紧吧？"兽医告诉她，这是运输过程中造成的外伤，可能是因为路途遥远，伤口没能及时治疗，所以就溃烂了，给它们打上消炎针，再好好喂养一段时间，就没事了。果然，在蓝月仙和饲养员们的精心呵护下，51头新疆褐牛在3个月后就逐渐好了起来，开始膘肥体壮。

蓝月仙来到养殖场，轮值的饲养员正在推着装满草料的斗车进到牛场，那些牛看见蓝月仙到来，像见到了亲人似的，都抬起头来，"哞哞"地叫着，一时间牛场里尽是此起彼伏的牛叫声。

自从进了这批新疆褐牛，蓝月仙除了去开会、下队，其他时间都在牛场里面，她跟这些牛待的时间比她跟母亲待在一起的时间还要多得多。平时，其他村干和饲养员轮值管养时，都只是负责白天的喂养，晚上根本就不管，而且饲养员们只懂得喂养，一旦牛有个气管炎、腹泻之类的病，就都交由蓝月仙去解决。因此，有事没事，蓝月仙都要到牛场来走一走、看一看。

蓝月仙看着一头比一头健壮的褐牛，问饲养员："它们今早没有打架吧？"

饲养员回答："没有！今天上午还算比较老实。"

就在前几天，不知道什么原因，两头紧邻的褐牛吃饱喝足后竟然打了起来，当天轮值的饲养员一看这情况，也是慌了，更不敢靠近去劝架，急忙跑到村部叫来值班的村干，等到他们赶到牛场，那两头褐牛已挣断绳索从牛场大门狂奔而出，吓得饲养员和值班村干急忙闪过一边。等到他们惊魂未定地回过神来，两头褐牛已经绝尘而去。那天，值班村干和饲养员叫上几个群众找了半天，才在山脚下大石头下面找到两头气喘吁吁的褐牛。

饲养员说："老党，我有一个办法，保准能让这些公牛不打架。"

蓝月仙问："什么办法？"

饲养员说："我们牛场再进几头母牛来一起养，它们肯定会安分下来。"

蓝月仙听到这话，脸倏地红了，说道："你这是出的什么馊主意！"

蓝月仙去拧开水龙头，水流进了牛栏边上的水槽里。她交代饲养员："每次喂草料，要记得放水给它们喝足。下午我去乡里开会，要好好地看着啊，严防它们打架。"

蓝月仙下午去乡里开会后回到家，已是傍晚，家里的一群羊已自己回到羊圈，她去把羊圈的门拴好。猪圈里的母猪在嗷嗷地叫唤，敦促人类快点给它们喂食。

夜幕笼罩弄呈村，也笼罩弄呈村的养殖场。当养殖场的灯光撑开一方夜空，人们就知道，他们的老党又出现在了牛场里。牛场里的蓝月仙，除了把白天饲养员投放草料时洒在地板上的草料扫到饲料槽里去，还要清扫褐牛们新增的粪便。做完这些她会安静地待上一阵子，看着褐牛们，祈盼它们快长大快出栏。转念她又想，等到它们出栏的那一天，她会不会舍不得。想到这里，蓝月仙就又安慰自己，舍不得也没办法啊，这就好比她的女儿长大了，她不能不让她们去嫁人一样。不管怎样，只要褐牛养得好好的，贫困群众能稳定增收，村集体经济有收入，再多的舍不得也是可以放下的。

蓝月仙正沉浸在自己的世界里，突然，牛场的一个角落里出现一阵骚动，她寻声看去，邻近的两头褐牛不知什么原因相互顶撞上了。蓝月仙急忙吆喝一声，褐牛们又是一阵躁动，那两头相互顶撞的褐牛顶得更起劲了。蓝月仙脑海里快速闪过一个念头——必须及时制止，否则它们会挣断绳索跑出牛场。白天它们跑出去还好找，如果它们晚上跑出去，她自己一个人，黑灯瞎火的上哪里找去！说时迟，那时快，蓝月仙急忙转身把停放在铁门外的斗车推进去，紧接着把铁门门栓拴上，再推着斗车朝两头正顶得不可开交的褐牛推去。幸亏两头褐牛都被一条绳索牵着牛鼻子拴在牛栏上，蓝月仙把斗车不停地朝两个牛头中间推过去，嘴里不断地发出制止牛顶撞的吆喝声。一声声吆喝里夹杂着蓝月仙无限的惊恐。斗车一次次推过去，又一次次被牛顶回来，斗车又被蓝月仙极力推回去。

这个坚强的小个子女人，彼时唯一的愿望，就是把两头牛劝开。当汗水淋湿了后背、濡湿了额前的刘海，她成功了。似乎那两头褐牛，不忍心让她再跟它们一起顶撞了。

累极了的蓝月仙，看着两头安静下来的褐牛，严正地警告它们："要是再顶下去，你们将承担极其严重的后果。本人不惹事，但也不怕事。"

蓝月仙走出牛场，各家各户的灯都熄灭了，唯有路边的太阳能路灯还亮着，她家的灯也还亮着，老母亲在等着她推开那扇朱红色的门……

三、灵芝姑娘

卢绘芳的小名也叫"小芳"，和蓝芳灵的小名一样。据说都是从那首叫《小芳》的歌引申过来的，都表达这样一层意思：村里有个姑娘叫小芳，长得好看又善良，一双美丽的大眼睛，辫子粗又长……后来健康村的人给卢绘芳取了一个别名，叫"灵芝姑娘"。

1999年，风华正茂的卢绘芳，端坐在高中的课堂里，听着老师的课，编织五彩斑斓的梦。这个梦和所有农村孩子的梦是一样的，和另一个"小芳"蓝芳灵的梦也是一样的，即考上一所好的大学，开启不一样的人生。有句话说得很好，理想很丰满，现实很骨感。现实不仅仅骨感，还很残酷，甚至很残忍。那一天，卢绘芳的父亲突然去世，好看的小芳哭成了泪人。猝不及防的横祸对卢绘芳的打击不言而喻，那一刻她的感觉是整个教室都在摇晃，回家的路上她觉得天塌下来了。一个学期后，愁容满面的母亲把心底那句憋了很久的话说了出来："小芳，不如你也到广东去打工吧，这样你哥哥的学费就有了。"彼时，卢绘芳的哥哥正在广西民族大学读书。

卢绘芳沉默了。她能感觉到母亲说出这句话的每一个字，从嘴里吐出来时何其沉重，又何其艰难，仿佛每一个字都是一个沉重的轱辘。她明白母亲陷入了一种无可奈何的境地，才说出如此决绝如此残忍的话来——这一切都是因为贫穷，贫穷把她的梦想碾碎了。

那年5月，卢绘芳离开母亲，离开家乡，到广东去打工了。在广东打工的日子，芦绘芳不停地辗转于各个工厂的流水线上，把自己最美好的年华丢掷在日复一日、年复一年的机械劳作中。刚进厂时，卢绘芳还不满18岁，还算是童工，大厂进不了，只能进一个小小五金厂当临时工。正式进厂后，卢绘芳又去过多个工厂，待过五金厂、玩具厂、面包厂、手表厂、电子厂、鞋厂。久而久之，她疲惫了，也厌倦了，心底里时常有一个声音在呐喊："我要的不是这样的生活！我要的不是这样的生活！"一遍又一遍，倔强地呐喊。

2008年1月，辗转9年后，卢绘芳来到了广东省佛山市金威啤酒厂当了文员。相对于流水线作业，文员这个工作，让卢绘芳摆脱了那种枯燥无味的日子，也让她的工薪开始稳定下来。她似乎看见，贫穷正在一步步地逃离自己，逃离自己的家庭，母亲脸上的愁云也在逐渐地散去。

然而，命运似乎执意要跟卢绘芳过不去。

2009年10月的一天，卢绘芳突然接到来自家乡的电话："你妈病倒了，回来看看吧。"

卢绘芳心急火燎地请假返乡。她以为，母亲只是生了一场普普通通的病，到医院治疗一段时间就会好了。然而当她来到母亲的病榻前，看到母亲满是痛苦、愧疚的神色，她知道母亲一时半会儿是起不来了，她也暂时不能回到金威啤酒厂那间办公室了。

母亲患的是脑梗。母亲被这种病牢牢地摁在床上，卢绘芳也被母亲的这种病牢牢地捆绑在家里，她不得不向公司递交了辞呈，结束了打工生活。

为了医治母亲，卢绘芳先后花去了12万元的治疗费，那时候还没有今天贫困群众大病完全可以报销的新农合。而花费了这么多的医疗费，母亲的病情依然没见有多大的好转。

高昂的医疗费已使卢绘芳穷得叮当响，而失去工作，更使卢绘芳举步维艰。这时候，心底里的那个声音又在倔强地呐喊："我要的不是这样的生活！我要的不是这样的生活！"

当年，父亲去世后她不得不辍学，她没有哭。但这一次她哭了，哭得伤心，哭得难过。她哭自己因为贫穷，没钱把母亲的病完全治好。

母亲出院后，卢绘芳没有放弃对她的治疗，坚持采集中草药给她调理，每天烧水给她泡脚，一直无微不至地照顾着她。卢绘芳坚信，在自己的精心照料下，母亲有一天会像以前一样好起来。

卢绘芳的家乡羌圩乡健康村，山清水秀，林盛草茂。那一片片坡岭之上，遍布各种美味的菌类。小时候，母亲经常带着她到山坡上采摘新鲜的灵芝、蘑菇，那是她年少时最快乐的时光。她撒着欢儿似的奔跑在树林里，每当发现有新鲜的灵芝、蘑菇，她就会高声欢叫起来，像发现了金子似的向母亲报告。母女俩采集灵芝、蘑菇回到家，父亲就会给她做好吃的蘑菇汤。

现在卢绘芳一个人穿行在那片树林里。时过境迁，她已由少年变成了青年。父亲也已不在了，没人给她熬汤了，她也不采蘑菇了，采的是灵芝，实际上采的是中草药。现在灵芝已不像以前在林地里随处都可以见到了，寻找半天偶尔才会遇到一两朵。

母亲喝过野灵芝汤后，对卢绘芳说：“这可是好东西，吃了以后，感觉真的舒服多了。”

卢绘芳说：“那我以后就天天泡灵芝给你喝呗。”

可是山上哪有那么多的灵芝啊，灵芝哪有那么好找！那些日子，卢绘芳上山为母亲找灵芝找累了，也找不到了。有一天她突发奇想：山上的灵芝那么难找，为何我自己不尝试培育呢?！在家闲着也是闲着，不如找些事来做做，说不定灵芝真的能培育成功。这样既可以天天都有灵芝给母亲吃，还可以把它当作一个产业来发展。后来卢绘芳回忆说，当初她只是培育灵芝给母亲吃，没想到竟然培育出一个特色产业来。

万事开头难。

培育灵芝，可不是一件容易的事，需要掌握娴熟的培育技术。没有技术，卢绘芳就去县城的书店里买来相关的书籍，按照书中介绍的方法来做；没有设备，她就用煮猪食的大口锅来培育灵芝原料，手工制作菌棒；没有常压灭菌消毒蒸包，她就用石灰来消毒；没有场地，她就在自家的楼顶和闲置的房间内进行培育。

制作菌棒是个细活儿，光有力气不行，还要有足够的耐心。卢绘芳把培养基所用原料均匀搅拌，拌好后装袋灭菌。灭菌后又对菌袋进行接种并码放整齐，定期给菌棒浇水、控温，检查有没有杂菌感染……

做完这些，卢绘芳便焦急地等待菌棒出芝。然而，那些菌棒就像要沉睡千年似的，丝毫没有苏醒的迹象。等过了一定的时间，卢绘芳才知道，她失败了。就此罢休吗？不！卢绘芳告诫自己，失败了就从头再来，直到培育出灵芝为止。与此同时，卢绘芳尝试着培育食用菌，也一样遭遇失败的结局。

卢绘芳像是魔怔了似的，培育失败了就再次尝试培育，如此反复，一门心思用在食用菌和灵芝的培育上。乡亲们看见她如此痴迷，就把自家的玉米芯、甘蔗渣等可以做菌棒的原料免费送给她试验。“灵芝菇娘”的名号就这样叫开了。

在外务工的江哥，回家过年时，看到家里到处都是的菌棒原料和那些失败的菌棒，就劝她别做了。

江哥姓龙，全名龙江，和流经宜州那条河的河名一样，他是卢绘芳的爱人，一个上门女婿。

卢绘芳说：“我做我的，你别管我！”

通常倒插门的一般底气不是很足或者比较低调，江哥却不一样，他偏偏就敢抓敢管，从不谦让。他说：“培育食用菌、灵芝可都是技术活儿，你啥技术都没学过，就凭从书中看到的那点皮毛，就想学着人家种菌！”

卢绘芳说：“人家能做到的，我也一定能做到，你等着瞧吧。”

江哥说：“哈，照你这样做，我就是等到白了头也不一定能吃到你的菌。”

开春后，江哥又外出务工了。卢绘芳继续试验着，对每一次失败，她都认真总结经验，查找不出菌的原因。是菌棒消毒时间不够，还是菌棒所处环境温度、湿度不适合，甚或是光照条件差、空气流通不畅，她都一一地排除，一一地试验。屡试屡败，屡败屡试，卢绘芳乐此不疲。

那一夜，卢绘芳一直守在菌房里，眼睛一眨不眨地盯着那些菌棒。

她先是听到一种声音，一种很微弱、很细小的声音，是那种花开的声音。有人听过花开的声音吗？卢绘芳听到了。后来她确认那是一种气息，像她鼻孔呼出的均匀的鼻息，带有顽强的生命体征。接着一朵朵可人的食用菌，从菌棒上袅袅婷婷地探出身子，婀娜多姿地出现在她的眼前。瞬间，一滴滚烫的泪珠落到她的腿上，她的鼻子一阵酸涩……在经历了无数次失败之后，卢绘芳终于培育出了属于自己的食用菌。她急忙把母亲叫到菌房，高兴地告诉母亲，她成功了！那一夜，卢绘芳就像一个久育不孕的女人，骄傲地亲吻着自己的小宝宝。她拿起手机，想给远在他乡的江哥打个电话，但又放下了。

卢绘芳培育成功的第一批食用菌长成后，还处于试验阶段，没有人来收购，卢绘芳每天就挑着六七十斤食用菌走村串巷去卖。挑东西去卖，对卢绘芳来说是大姑娘上轿——头一回，有些拘谨，也不习惯。她默默地挑着担子，不敢叫卖，只有逢人时，才跟人家说她卖的是自己种的食用菌，问人家要不要买一些。一天下来，卢绘芳走了十几公里路，走遍村里的每一个屯，挑去的食用菌还是没卖完，却落得个腰酸腿痛，肩膀也火辣辣的。母亲就对她说："走村串巷卖东西，靠的是吆喝，没有吆喝，谁人知道你卖的是什么东西。别怕嘛，放开胆子喊出去，就像小时候你上山放牛时大声吆喝牛群那样放开吆喝。"

卢绘芳听从母亲的话，说服自己放开胆子，每到一个屯就大声地吆喝："卖蘑菇啰——自家种的蘑菇新鲜又美味。"因为敢于吆喝，没过多久卢绘芳就挑着空空的担子返回家了。空空的箩筐，却装着她满满的喜悦。

卢绘芳曾经的付出有了回报，但她却高兴不起来。食用菌培育是成功了，但培育技术不过硬，产量低，卖价也不高。要紧的是，她着眼的商机无限、市场利润高的灵芝，因技术问题一直还没能培育成功。卢绘芳告诉自己，小打小闹是没什么前途的，要搞就一定要搞大的，搞出名堂来。

似乎就在一夜之间，卢绘芳消失在乡亲们的视线里，人们再也见不到卢绘芳鼓捣她的那些菌棒。大家都以为卢绘芳放弃了，又外出打工去了。

说卢绘芳外出打工去了也没错。在南宁市苏卢农贸市场里，每天都出现卢绘芳忙碌的身影，她在经营从亲戚那里接手过来的一个小商铺，专门卖土鸡——“七百弄鸡”。没人知道，无意间她已经成为苏卢农贸市场里的一个小老板。

卢绘芳不是搞食用菌吗，怎么去卖“七百弄鸡”了，去当小老板了？是也不是。那年卢绘芳见到母亲的身体恢复得不错，就安心来到南宁发展，这个发展可不是一般的发展——她自费到广西农业科学院微生物研究所进修。卖“七百弄鸡”、经营小商铺不过是她解决进修期间学习费用、生活费用的权宜之计。她每天一边经营小商铺，一边到微生物研究所去学习各类食用菌和灵芝的培育技术。

这一去，就是两年。

再回到健康村时，有一技傍身的卢绘芳底气更足了，决心也更大了。在村里，人们又看见她忙碌起来。她到乡农村信用社申请了3万元的小额信用贷款，在屋前的空地上盖起一个180平方米的钢棚，专门用来制作菌棒、存放菌棒，还在自家的二楼设立了一个菌种培育实验室。同时，她到附近的村屯去收购玉米芯、优质金刚木等做菌棒的原料。

在钢棚里，卢绘芳用电锯把金刚木锯成均匀的一截一截后，又用斧子把它们劈成一块块小片，再把劈好的木块和一把把碎木屑等装进薄膜袋中，包扎成一个个菌棒……

在菌种培育实验室里，卢绘芳穿着专业的实验服，戴着塑料手套，俨然一个菌类培育专家，专心致志地研究菌种的培育。遇到难题或是过不了的技术难关，她就充分利用在广西农业科学院微生物研究所进修学习时积攒的人脉资源，通过微信向区内外的食用菌栽培专家咨询解决的办法。

每天，卢绘芳就这样辗转于钢棚和实验室之间。一年下来，她攻克了灵芝母种培育技术难关，基本掌握了灵芝母种分离和活体嫁接技术，制作了5000多个菌棒。看着大棚里生机勃勃的平菇、榆黄菇、香菇、灵芝等，卢绘芳疲惫的脸上露出了久违的笑容。

2015年6月的一天，江哥突然一头白发出现在卢绘芳的面前。

卢绘芳心头一紧："你的头发真白了?"

江哥神秘一笑："终于吃上你的菌了嘛。"

卢绘芳一把扳过江哥的头，仔细端详着。

江哥只好坦白："故意染的，不然你不揪我耳朵嘛。"

江哥这次是卷包袱回来的，一心一意和卢绘芳发展菌类产业。江哥的加入，让卢绘芳如虎添翼，如沐春风。她根据不同季候，安排各种菌类的培育。春天培育平菇、秀珍菇、黄金菇；夏天培育灵芝、鸡枞菌；秋后可以培育的品种更多，有平菇、大球盖菇、猴头菇、香菇、木耳等等；冬天适合培育的品种也很广泛。卢绘芳还购置了机械式封棒机、高压锅炉、菌类烘干机等生产设备，把生产模式推向半机械化。家里因为发展菌类产业而收益可观，2016年，卢绘芳一家轻而易举地摘掉了贫困户的帽子。

这天晚上，卢绘芳在餐桌上一直闷声不响。江哥知道她又有想法了。不得不承认，卢绘芳的想法就像那些菌种一样不断冒出来。不过今晚卢绘芳的想法很简单，她认为自己在菌类种植这一块，算是摸到了门路，何不成立一个合作社，带领更多的村民一起发展菌类产业。

卢绘芳跟江哥说出了自己的想法，江哥认为她在走程序，实际上是走过场，尊重他一下子而已，就说“你讲怎么做就得了”。

卢绘芳开始在村里向村民宣传成立种养专业合作社、吸纳群众尤其是贫困群众一起抱团发展的想法。她的依据是：做产业，特别是做健康产业是最吃香的。菌类产业是短平快的产业，投资少、周期短、见效快，效益也高。经过她这几年的试验，她认为这个产业的前景还是很广阔的。

卢绘芳说得很简单，村民听了却感觉很复杂，习惯从事传统产业的村民疑虑重重。在村民们看来，很多事就是这样，一个人做的时候，可能会做得好好的，可一旦大家伙儿一起做了，就有可能不吃香了。

卢绘芳进一步解释，成立合作社，不是简简单单地挂个牌子就算成立了，合作社是实实在在地做事、做大事。她已经和广西农业科学院、广西食用菌协会联系上了，这个合作社就以他们为技术依托，县里的农业部门、科技部门以及大化瑞杰生物科技有限公司等将会给予大力支持。

“加入合作社有哪些条件？”

“可以以土地流转的方式和资金入股的方式参加经营。合作社将通过资金入股分红、安排就业创收、提供技术培训、提供种苗及回收产品销售等方式带动大家一起致富。”

2016年，卢绘芳成立了大化瑶族自治县羌圩晨飞种养专业合作社，采用“党员＋合作社＋基地＋贫困农户”的经营模式，流转10亩土地，扩建3个菌棚。合作社整合村民卢有金、蓝宝宗、韦景干等5个贫困户各5万元小额信贷资金入股参加经营，吸纳邻近的那良村入股25万元。

按照卢绘芳的最初设想，这个合作社就是要进行食用菌系列产品的研发种植、深加工以及销售，同时，还要试验种植铁皮石斛等中药材，建立起生物与健康产业链一体化模式，通过示范引领，大力发展特色扶贫产业，帮助贫困户实现增收和脱贫致富。

合作社成立后，卢绘芳每天安排8个村民在合作社务工。忙不过来的时候就增加人手，帮助搅拌菌棒原料、填充菌棒、采摘菌菇、搬运菌肥等。卢绘芳请这些村民来帮工，每天付给他们每人80元至100元不等的劳务报酬，平均每人每月有2000元以上的工资收入。

村民韦锋华是村里的残疾特困户，平时种植玉米，家庭经济收入单一。卢绘芳就动员他到合作社，负责收购和运输玉米芯、甘蔗渣、杂木屑、秸秆等原料。韦锋华欣然同意，每天开一辆三轮车到各村屯去收购原料并送到合作社。卢绘芳按每斤3毛钱的报酬给他，一个月算下来，韦锋华有1000多元收入。

卢有金、蓝宝宗、韦景干等5个社员，他们除了在合作社做工的务工收入，每年还可以拿到一定的分红。很快，他们也顺利地实现了脱贫摘帽。入股的那良村每年获得2万元分红，增加了村集体经济收入。

身为合作社的负责人，卢绘芳肩上的担子更重了。以前她只专心于各类食用菌、灵芝母种、原种、生产种的培育，而今她要考虑的更多，她不仅要出好菌、好灵芝，利用废弃的菌棒种植铁皮石斛，还要思考如何打开销路，确保社员们每年都获得分红。

2018年9月，卢绘芳自费到广西大学农学院学习农产品销售、市场开发、贫困地区脱贫产业发展技能等知识。回来后，卢绘芳通过线上线下销售方式，延伸她的菌类种植产业链，把合作社生产的平菇、榆黄菇、香菇、黑灵芝、盆景灵芝等菌类销往南宁、百色、广东、上海、北京等区内外市场。黑灵芝、盆景灵芝远销到东北一带，深受当地广大消费者的青睐。

随着产品销路的打开，卢绘芳也远近闻名了，很多人都知道她是业内专家。广西农科院、食用菌生产企业，包括广西业内最大的食用菌生产企业以及很多省外的食用菌生产企业，都想高薪聘请她去从事食用菌研发工作或者当全职技术指导。但是，她都婉言谢绝了。

卢绘芳不是目光短浅，她是不想离开，也不能离开。她的合作社就在那里，她要打理好它，让更多的人尤其是贫困群众一起来发展食用菌和灵芝种植产业。在她和社员们的共同努力下，合作社已完成基地各种设施建设投资总额达60多万元，建成综合实验室1个、标准化种植大棚5个，总面积超5000平方米。2019年合作社年产食用菌达到3万余棒，总收入70多万元，纯收入30多万元，直接带动贫困户5户共15人，间接带动贫困户41户158人，共带动贫困户增收7万多元。2020年合作社新增投资30万元，生产菌棒10万棒、灵芝2000斤、灵芝孢子粉600斤，年产值达80万元。

在管理好合作社的同时，卢绘芳还应邀到外地传授食用菌和灵芝栽培技术。她曾受邀到钦州市钦北区指导当地发展菌类产业、到南宁市邕宁区新江镇大化水库移民安置点指导当地残疾人种植菌类，她还被南宁盈高农牧有限公司聘为兼职技术总监。县妇联每年在合作社举办菌类种植培训班，都让她来传授菌类种植技术，引导更多的贫困妇女发展菌类产业。2020年，晨飞种养专业合作社被自治区妇联列为广西巾帼科技示范基地。除了受邀传授技术，也有一些人慕名前来向卢绘芳求教。2019年10月，有个广东佛山人来到合作社，做了3个月的学徒，学习菌类种植技术。

很多朋友看到邀请她传授菌类种植技术的单位或个人特别多，就建议她开班传授菌类种植技术赚钱，但她没有采纳。她认为那样也许来钱会很快，却不是她想做的，她想做的是实打实的事情。

从2020年夏天起，卢绘芳不再接受任何的讲课邀请，而是一门心思沉潜到新品种的培育试验中。这一次，卢绘芳要培育的新菌类品种是桑黄菌。

桑黄菌和灵芝一样，是药用价值相当高的保健养生产品之一，可以提高人的免疫力。这个菌种只有东北栽培成功，广西还没有人培育成功过。卢绘芳意识到，如果桑黄培育成功，那么对于合作社来说，将注入更大的活力。

桑黄菌是一种很娇气的菌类品种，培育起来非常艰难。从分离原生质体到试管培养，每一步，卢绘芳都像呵护新生的婴儿一样小心翼翼。纵然卢绘芳再怎么细致认真，桑黄菌还是容易感染杂菌、绿霉之类，很难培育成功。

试验失败一次，卢绘芳又从头试验，再失败再试验，循环往复。这期间耗费了她不少的资金和精力，但她始终不放弃，相信自己一定能够成功，就像前面的成功一样。她深知之所以暂时还没培育成功，是因为她对一些技术难题还没有攻关下来。一次次失败之后，她告诫自己：再加把劲，小芳，你离成功已经很近很近了。

浙江科峰生物研究院得知卢绘芳在主攻桑黄菌的培育后，就向她承诺，如果她培育桑黄菌成功，到时将向合作社投资，用以大量培育桑黄菌，并负责回收产品。这无疑给卢绘芳打了一剂强心剂，她试验的劲头更足了。

2020年12月27日，是卢绘芳的生日。这一天，她像往常一样走进实验室，去观察菌棒的动静。那些菌棒像是知道今天是主人的华诞，就冒出了一朵朵金黄的菌菇。卢绘芳看在眼里，喜在心上，忍不住拍下冒出桑黄菌的菌棒，发了一条朋友圈："你的微笑，使我百媚生，这是生日的最好礼物。"

菌棒冒出的桑黄菌，是希望的火种。然而，桑黄菌能不能长好，还需要时间。而眼下已是冬季，天气寒冷，卢绘芳不敢掉以轻心，无时无刻不在关心实验室的温度，既担心桑黄菌怕冷，又害怕桑黄菌热，简直操碎了心。常常在和那些桑黄菌面对面的时候，卢绘芳总是喃喃自语："待你如宝贝，爱你胜过爱我自己，不知道你何以回报我？"

2021年1月和2月，卢绘芳先后当选健康村党支部书记和村委会主任，一肩挑起村党支部和村委会的重担。挑起这副担子的最好体现，是挑起产业发展的担子，就是干实事，所以她又流转10多亩冬闲田，扩大菌类种植面积。与此同时，浙江科峰生物研究院获知她成功培育桑黄菌，已和她约定于2021年6月中旬签订合作协议，一起发展桑黄菌种植，不仅如此，该公司还有意向跟她合作深加工灵芝孢子粉。这正是她梦寐以求的事。她心中一直有个梦，引进大公司来健康村投资，把健康村的菌类产业做大做强，带动村里更多的群众一起种植菌类来发家致富，让明天的健康村遍地长满金子。卢绘芳坦诚道，起初她种蘑菇、种灵芝，只是种给母亲，现在变成了种给天下人……

四、全国劳模是个养鱼的

覃江妹嫁到江栋村的时候，那里的田地已被红水河漫上来的水淹没了。新婚之初，晚饭后和爱人压马路（方言，散步），面对风景如画的水湾，覃江妹笑着说，这个地方很美，适合谈恋爱，过日子不行，过日子得另想办法。那时候她压根儿没想到，有一天她会在这片宽阔的水面上，扬起生活的风帆，闯出一片天地来。

大化瑶族自治县成立之前，江栋村被誉为“都安的乌克兰”，土地肥沃，物产丰富，是都安有名的“大甲粳”优质稻产地。

1991年，红水河10个梯级电站的第五级——岩滩水电站开始拦坝蓄水。从云南省马雄山东麓出发，一路容纳百川、穿山越谷、奔腾而下的红水河，进入大化岩滩镇境内后，陡然放慢了脚步，驻足于气势雄伟的大坝前。一时间，河水漫涨，岩滩一带47000亩耕地悉数隐没于碧绿的河水之下，36000多名壮族群众为支持国家建设，含泪别离祖祖辈辈耕耘劳作的土地，搬迁到异地他乡。不愿远离故土的村民，就集体搬迁到山坡上重新安家落户，开荒种地。

那年，19岁的覃江妹还在娘家都阳镇武城村待字闺中，谈婚论嫁的话题开始萦绕在她的周围。不时有好心的七大姑八大姨来到她家中，给她介绍对象。武城村要田有田、要地有地、要山林有山林，七大姑八大姨给她介绍对象时，介绍的都是都阳街上的，或是住在比武城村条件还要好的地方的年轻人，覃江妹始终不为所动。覃江妹心想：都什么年代了，嫁人还要靠人介绍！万一嫁个对自己不好的，即便嫁到城市里过的也是苦日子。

覃江妹想，自己的幸福，自己去寻求。

覃江妹恋爱了，她确定自己找到了自己的幸福。她把这个消息告诉父母时，父母惊呆了。父母惊呆的不是她恋爱了，一个大姑娘恋爱了很正常，“不正常”的是她恋爱的对象是江栋人。

父母不淡定了，质问她：“你不知道江栋村的大片良田都被河水淹没了吗？你还以为江栋村还是那个种‘大甲粳’的村庄吗？嫁到那里去，你靠什么生活？吃风吗？水面的风很大。吃水吗？水面的水够多。”

对于父母的良苦用心，覃江妹置若罔闻。覃江妹心想：父母的担心也是太多余了吧，照他们的这种逻辑，难道库区的人们都活不下去啦？

父母见覃江妹把自己的话当耳边风，就动员家里的兄弟、七大姑八大姨去劝说她。然而没有用，覃江妹认定了的事，很难再更改。她坚信即使没了土地，只要嫁对了人，依靠勤劳的双手，就一定能过上幸福的生活。

1992年，20岁的覃江妹毅然嫁到了江栋村。夫君振江的名字中，有一个“江”字，嫁来的地方又有一个“江”字，她认为自己嫁对了地方，她这个名字中带有“江”字的人，嫁到了有水的地方。

尽管有了思想准备，可当踏上江栋村土地，面对山脚下浩渺的库区水面，她还是感到了深深的茫然。以后靠什么过日子？靠开荒的那几分薄田？靠微薄的库区移民口粮补助？还是像父母调侃的那样，吃那拂过的山风，喝那库区的水？

茫然过后是坚定，四肢健全的人还担心被饿死不成。当时，外出务工成为农村青年的一种潮流。覃江妹跟着振江，到北海的一个农场去打工。自己的家园没有田地，就到别人的家园去耕作，这成为覃江妹和振江生活的常态，这种常态持续了整整5年时间。5年的异乡生活，让覃江妹感到了漂泊的疲惫，感到了厌倦。她想回家，就像父母曾经调侃她那样，回到江栋村，倚仗宽阔的水面，吃水。

覃江妹有这样的想法，是因为她看到了县扶贫办组织人员在江栋村库区水面发展网箱养鱼，听说收益很不错。

覃江妹心动了，她把自己的想法跟振江说了以后，振江并不能给她一个肯定的支持，他心里充满着疑虑与担忧。振江的想法是，县扶贫办组织人员发展网箱养鱼，那是政府投资搞起来的。他们就不一样了，没什么本钱，拿什么去投资？即使有钱去投资发展，万一亏了呢，那还不得去打工赔钱。

振江的疑虑和担忧并没有打消覃江妹的念头，她觉得一年又一年地去农场打工，不是长久之计，她要试一试发展网箱养鱼，万一成功了，岂不是长久之计吗？

覃江妹回来后发现，江栋村已有人搞网箱养鱼了，唐奇录就是其中一个。唐奇录跟县扶贫办一起发展网箱养鱼。覃江妹找到唐奇录，跟他说自己也想发展网箱养鱼，想让他指导一下。

唐奇录听覃江妹有发展网箱养鱼的想法，很高兴。他说县里为了改善库区移民的生产生活条件，维护库区社会和谐稳定，这些年来在引导库区移民依托库区丰富的水资源优势发展渔业，找到他算是找对人了。

覃江妹问："是不是要投很多的钱？"

唐奇录说："这要看你投资的规模，像县扶贫办搞的那种大面积的，肯定是一笔不小的投资，你可以从小的起步。"唐奇录告诉她，养鱼没那么难，江栋库区水面宽，选择一处好的水域，搞几个网箱，再进鱼苗就行了。如果鱼不生病的话，可以说是稳赚不赔的生意。

唐奇录的话，让覃江妹的心里有了底，但她还是发出了一声叹息："我没钱投资啊！"

唐奇录说："你要是真想搞的话，我借钱给你。"

覃江妹有点不敢相信自己的耳朵。她本来是想开口向唐奇录借一点钱的，却羞于启齿，想不到唐奇录竟然看透了她的心思。

覃江妹拿着从唐奇录那里借来的3000元钱，交到了振江手上："我们出去打工时应该还攒有一点。"

振江看着她："真搞啊？"

覃江妹坚定而自信地说："搞！"

两人的决定遭到了老人的极力反对。

"捞鱼打虾，饿死全家！"家公气呼呼地说道，"我们祖祖辈辈靠着在土里刨食才有得吃，养鱼能有什么好前景？还是老老实实地去农场打工，才是正道。"

家婆也在一旁喋喋不休地说着自己的反对意见。

意见可以保留，但不能动摇覃江妹发展网箱养鱼的决心。她认定了要去做一件事，十头牛也拉不回来。

覃江妹选择一处水较深的水面，开始在唐奇录的指导下搭建起自己的养殖基地。没有足够的钱去做好的网箱，覃江妹就砍来竹子做简易的。刚开始，她不敢把步子迈得太大，只做了两个网箱。她想，自己一没经验，二没技术，得慢慢来，不能着急。

网箱搭好了，鱼苗投放了，看着两个简陋的网箱，看着网箱里游弋的鱼儿，覃江妹思绪万千。如果河水没有漫上来，也许，她此刻正在水面之下的某一片田地里劳作。她虽然没见过水面之下的良田沃土，但从平日家公家婆无限眷恋的回忆中，她能想象得到那一片片种着“大甲粳”的稻田是多么壮观。而今在这碧水之上，这两个网箱，就是她新开垦出来的两块“土地”。她希望，这两块“土地”，给她带来收获，带来希望。她默默地祈祷，也默默地相信，河水以一种方式带走的一切，就会以另一种样式回馈人类。

覃江妹每天摇着一叶扁舟，往返于岸上的家与水面上的网箱之间，像一个勤劳的农夫，日出而作，日落而息，像管护庄稼一样精心管护鱼儿。不同的是，管护鱼儿对她来说可是头一遭，且不说要经常观察记录鱼儿的生长情况、检查网箱是否牢靠，等等，单说给鱼儿投料这一块，就不比在地里给庄稼施肥轻松。虽说她也是在红水河边长大的，也会游泳，每次扛一袋鱼料走在网箱上，却是一个心惊胆战的过程，唯恐一个不小心就连人带料掉到水里去。若是掉到网箱里，那鱼料就顺便喂给鱼儿们了；若是掉到网箱外，那可就浪费了一袋好鱼料。有时候，遇到洪水来临，覃江妹就不上岸，就一直在网箱上守着，生怕会出什么意外。

覃江妹的希望和网箱里的鱼儿一天天地长大。当一条条活蹦乱跳的大鱼被她捞起并卖给前来收购的鱼贩子时，她认定，自己走对了路。“靠山吃山，靠水吃水”是一条应验的古训。这一片宽阔的水面，以后就是她的“田地”了，她要在这片“田地”里辛勤劳作，捕捉更大的收获。

尝到甜头的覃江妹把网箱增加到4箱。这一回，她不再用竹子来做网箱，全都改用了杉木。一直不支持她发展网箱养殖的家公家婆，改变了原先的态度。看着覃江妹忙里忙外的身影，家公对她说："以后，我去帮你守鱼。"

有了全家人的支持，覃江妹发展网箱养殖的信心更足了。

随着养殖规模的不断扩大，她的网箱由杉木换成了铁管。为了更好地管护好网箱里的鱼，她在村干部的带领下，多次到南宁、广州等地的水库淹没区，向养殖专业户学习库汊养鱼技术。她还把家搬到了网箱上，吃饭休息大多是在网箱上面。平时她除了观察、投料，还要测量不同季节的水位、水温、流速，详细记录相关数据，并向乡里的农业技术员请教不同的季节如何投料、如何管理鱼种等。

后来，覃江妹成了远近闻名的网箱养殖能手，成了村里的脱贫致富带头人。

发家致富后的覃江妹，在离自己网箱不远处的岸边买了一块宅基地，建起漂亮的3层楼房。有一段时间，帮助引导覃江妹发展网箱养殖的唐奇录，逢人就喜欢说"这栋房子就3000元钱"。唐奇录的意思是，当年，覃江妹就是靠着3000元钱起家的。

2000年，为扩大养殖规模，覃江妹决定以股份制的形式，引导村民跟她一起发展网箱养鱼，一起发家致富。当她把想法告诉大家时，很多村民都向她投来怀疑的目光，刚开始时只有12个农户投资入股。当时需要投资12万元，覃江妹只筹到5万元，还差7万元。情急之下，覃江妹到乡信用社申请了7万元小额信贷资金，解决了资金缺口问题。

在覃江妹的带领下，12户入股的村民开始参与网箱养殖，投放了第一批鱼苗。由于有覃江妹的养殖经验，养殖获得成功，当年的销售收入达30万元，12户入股的村民都分到了红利。

村民们入股养鱼，只是初始阶段的养鱼模式。尝到了养鱼甜头的村民们也逐步掌握了网箱养殖技术，养鱼的积极性大大提高，于是采取各家各户单干的形式发展网箱养鱼。

一时间，在江栋村的库区水面上，一个个网箱就像一块块“田地”，铺得到处都是，村民发展网箱养殖蔚然成风。全村发展网箱养鱼规模达到1300多箱，库汊开发规模达到2800亩，许多村民靠养鱼走上了致富路，网箱养鱼和拦河养鱼成为村民们增收的主要途径。

覃江妹组织成立了江栋村网箱养鱼协会，为养殖户们提供技术指导和服务，开展技术交流，为大家供应所需的生产资料以及为大家提供购销服务。

有一年，村民们养殖的鲤鱼大量滞销，如果不及时打开销路，多养一天，就会多一份支出，利润就会相应地降低。村民们找到覃江妹，让她想想办法。为了解决销路问题，覃江妹想到了上网去发布求助信息。

那时候，覃江妹家里没有电脑，只有村小学有一台。覃江妹来到学校，请老师帮她在网上发布大量鲤鱼滞销的消息。消息发布出去没多久，南宁有个经销商就联系上了她，并带一名贵州老板来到江栋村，把她和村里其他养殖户的鱼都销完了。

贵州老板让人把鱼运走后，并没急着离开，他请人对江栋村库区的水质进行了检测。检测后，贵州老板疑惑地问覃江妹：“这里的水质非常适合草鱼生长，你们为什么不养呢?”

覃江妹说：“我们也养过了，经常大批量死亡，不容易养活，后来干脆就不养了。”

贵州老板摇头叹息，连连说："可惜了！可惜了！"

覃江妹问："总养不好，有什么可惜的？难道你有草鱼养殖秘诀？"

贵州老板说："没什么秘诀，无非就是投放之前给鱼苗打一次预防针，鱼苗长到两三斤时再打一次就行了。"

"原来如此！"覃江妹原以为只有鸡鸭牛羊打针，没想到鱼儿也要打针。

没过几天，草鱼苗运到江栋村。贵州老板和他的工作人员一尾尾地给鱼苗打了针，才投放进网箱里。覃江妹站在一旁认真地观察，贵州老板手把手地把鱼苗防疫技术传授给了覃江妹。

覃江妹投放的这批草鱼苗，果然没有出现大批量死亡的现象，顺利地养到了可以出售的时候。养殖草鱼成功后，覃江妹不仅动员村民们跟着养殖草鱼，还把给鱼苗打预防针的技术也传授给了大家。

都说教会徒弟，饿死师傅，覃江妹却不这么想。在养殖过程中，她乐于把自己的养殖经验毫无保留地告诉村民。闺蜜说她傻，她淡然一笑："我除了是个养鱼的，还有另外一个身份。"

"什么身份？"

"共产党员。"

看到一些因各种原因导致贫困的家庭，覃江妹主动扮演起"扶贫工作人员"的角色，引导他们发展网箱养鱼，帮助他们解决养殖技术问题，带动他们共同致富。韦爱勤家就是其中的一户。

韦爱勤的丈夫身有残疾，干不了重活，家里的一切全靠韦爱勤一个人支撑，生活一直很困难。覃江妹看在眼里，忧在心上，想帮她一把，就建议她也在水面上发展网箱养鱼。

韦爱勤感到为难："你也晓得，我家那么困难，拿什么来搞？再说我家男人又不能帮我，我一个女人家能办成什么事？"

覃江妹说："我也是女人，我家的网箱还不是我一个人在管。"

覃江妹见韦爱勤还在犹豫，又说道："你放心好了，凡事我帮着你。你没有钱起步，我借钱给你；在养殖中遇到什么问题，我可以帮你解决。"

韦爱勤说："我还是担心，并不是所有的人都能养鱼。"

"是鱼都会游泳。"覃江妹责怪她道，"你还叫'勤'呢，都不'勤'一点。"

韦爱勤见覃江妹其情殷殷，决定试一试。

覃江妹帮韦爱勤在自己的养殖网箱附近搭起网箱，养起了大头鱼、白鲢鱼、罗非鱼、草鱼等。平日里，覃江妹忙完自己的活儿，就到韦爱勤的网箱上，现场传授自己多年积累的养殖经验。在水面网箱上，两个人结下了深厚的友谊。

有一次，韦爱勤火急火燎地来到覃江妹家里，覃江妹正在给家婆洗衣服。覃江妹的家公在她发展网箱养鱼后没几年就过世了，本来就体弱多病的家婆，身体每况愈下，不仅不能帮助料理家务事，还需要人照顾。每天覃江妹在网箱和家之间来来回回好几趟，一边忙着网箱上的事，一边照顾家婆。

看到韦爱勤上气不接下气的样子，覃江妹开玩笑道："哪个把你追成这样，都要断气了。"

韦爱勤说："快……快去……帮我看看鱼。"

覃江妹问道："鱼怎么啦？"

“翻白眼了，肚皮朝天了！”韦爱勤急得快要哭出来了。

覃江妹这时才意识到事情的严重性，急忙出门骑上摩托车，跟着韦爱勤向网箱养殖场驰去。

覃江妹踏上韦爱勤的网箱，看到网箱里全是密密麻麻、挨挨挤挤的鲤鱼、大头鱼、罗非鱼等，大部分鱼出现不同程度的翻白眼、翻鱼肚白现象。

覃江妹什么话也没说，拿起一个长竿网兜，往网箱里兜住两只肚皮朝天的大头鱼，连着网兜放到网箱之外的水中，那两只鱼儿像挣脱笼子飞向天空的鸟儿，顿时欢畅起来，在网兜里翻起了小小的浪花。

覃江妹什么都明白了：“你的鱼不是得病了，是缺氧了。”

“缺氧了？”

“是的，你每个网箱里有那么多大鱼，就那么点空间，不缺氧才怪。”

那时市场行情不是很好，覃江妹像以前一样，鱼养到该出售的时候就联系买家过来收购。她动员过韦爱勤和其他养殖户，鱼养大了该卖就卖掉，谁晓得行情什么时候才好起来，老是养下去也不是办法，少赚一点就是了。可是许多人不以为然，都相信行情不久后会好起来，都舍不得低价把鱼卖出去。而今他们的鱼越养越大，网箱有限的空间就不够用了，鱼儿也就缺氧了。

“那怎么办？”韦爱勤一筹莫展。

覃江妹沉思了一下说：“如果有个大型的增氧器就解决问题了，可我们村没有那种大型的增氧器。”

韦爱勤白了她一眼：“等于白说了。”

覃江妹气定神闲，微微一笑道：“我有个办法，应该管用。”

覃江妹向韦爱勤建议，用机动船拉动网箱在原地打转，一个一个地拉动，这样网箱里的鱼应该会缓过气来。

韦爱勤不敢怠慢，急忙照做，果然，网箱里很多缺氧的鱼就都缓过气来了。

韦爱勤高兴地叫起来："这个办法还真管用呢！"

覃江妹说："你就这样做吧，我去看看别家的网箱，是不是也出现这种情况。"她开着自己的小机动船，离开韦爱勤家的网箱，向别家的网箱驶去。她发现很多养殖户的网箱因为存量过多，都出现了类似韦爱勤家的情况。她一一地建议他们按照韦爱勤的办法去做，动员他们尽快把存量鱼卖掉。大家听从覃江妹的建议，把损失降到最低点。自那以后，村里的养殖户就学乖了，家家户户的网箱上都备有大型的增氧器。

建档立卡贫困户覃秀明，经常划一条小船游弋在库区水面上，撒网捕鱼拿到街上去卖，平时卖剩下的小鱼小虾，自家人也吃不了那么多，就拿去给覃江妹喂养鲶鱼、塘角鱼。

覃江妹说："应该我给你鱼才对呢。"

覃秀明说："你不要我也是丢到水里去的，只是觉得丢了可惜就拿来给你。你要是不好意思要，等你把鲶鱼、塘角鱼养大了，送我一两条好了。"

覃秀明刚开始把卖剩下的小鱼小虾送给覃江妹时，她并没有想太多，可时间一长，她就感觉到，其实覃秀明也是可以发展网箱养殖的。

覃秀明再次拿小鱼小虾来给覃江妹的时候，覃江妹对他说了自己的建议。

覃秀明听了，摇摇头说："我不想发展网箱养鱼，我没有本钱，也没那个能力，我还是干这老本行算了。想捕鱼就下水，不想下水就在岸上休闲，一年下来能维持家庭开支就可以了。”

覃江妹说：“我又不叫你养很多，养两三箱鲶鱼、塘角鱼就好了，这样你的小鱼小虾就不用送我了。”

覃秀明说：“你平时帮助我们很多，送你一点小鱼小虾，是我的心意，也是大伙儿的心意。”

“你搞两三个网箱，既不影响你捕捞，又可以消化你的小鱼小虾。”

……

“你要是没有本钱，我借给你。”

覃秀明听了覃江妹的一番话，就跟他哥哥借了钱。覃江妹帮他定制网箱、订购鱼苗，教他养鱼、防疫技术。

覃江妹就这样帮助覃秀明，以及像覃秀明这样她认为应该帮的人。

江栋村党支部副书记杨德胜，2008年开始发展网箱养殖时没有技术、没有经验，是覃江妹帮助了他，使他成为拥有30余个网箱的养殖大户。

江栋村青年韦秀才，原来一直在广东务工。2020年，受新冠肺炎疫情的影响，他在广东没有了工作，一时间也难以找到事做，就决定回乡创业。他找到覃江妹，说出自己想发展网箱养殖的想法。覃江妹不仅帮他订购制作网箱的材料、帮他焊接板房，还教会他焊接技术以及养殖技术。

在江栋村，像韦爱勤、覃秀明、杨德胜、韦秀才这样得益于覃江妹帮助的养殖户，超过100户。

2008年3月，覃江妹被自治区妇女“双学双比”活动领导小组评为“双学双比”活动女能手；2010年4月，被自治区政府评为“自治区劳动模范”。也是在2010年，她的网箱发展到55箱。

这些荣誉和成绩的背后，是覃江妹艰苦的付出。

在追求幸福生活的路上，没有人一帆风顺，覃江妹也不例外。

覃江妹遭遇过3次大失败，一次比一次损失惨重。2003年冬天，因为天气太寒冷，她养殖的罗非鱼死掉一大片，损失20万元。2008年冬天，同样是因为天气寒冷，她养殖的罗非鱼又面临大批量死亡的厄运，损失30万元。2013年，她的网箱养殖又遭遇滑铁卢，养殖的50000尾叉尾鱼、50000尾罗非鱼在一周之内相继死亡，损失60万元。

每一次挫折，都深深地刺痛覃江妹的心。她以为多年的养殖经验，已经足够让她规避各种自然因素带来的各种风险。可是，她完全错了，她不知道自己还有很多东西还不会、还没掌握。痛定思痛，她深刻地领悟到，必须有过硬的技术支撑，没有技术支撑的养殖是盲目的养殖，就会惨遭失败的命运。

面对一次比一次惨重的损失，覃江妹并没有退缩，也没有被击垮，而是不断地总结经验教训，在哪里跌倒就从哪里爬起来。

每一次失败之后，那些她帮助过的养殖户，能帮的都伸出援手，帮不上的则给她精神上的鼓励。她没有钱购买鱼苗，鱼苗供应商先给她投放鱼苗；她没有钱购买鱼料，鱼料供应商先把货给她运来：等她有收益了再收货款。每一次失败之后，如果没有大家的帮忙，覃江妹很难从头再来。每一次从头再来，覃江妹心中都有一个信念：只要我没死，鱼就不再死。

为节省开支，覃江妹几乎不雇请人工来协助管理，而是一个人承担了所有的养殖工作。每次拉鱼料的货车来到水边，都是她一个人卸下车，再扛上停在岸边的机动船，运到网箱上。每次投料，她扛着50公斤装的鱼料袋在网箱上健步如飞。白天，她像一只梭子在水面网箱和岸上的家之间，来回穿梭；夜里，她还要守在网箱边的小房子里，给鱼儿喂料。马无夜草不壮，鱼无夜料不肥。

家婆年纪越来越大，身上的毛病也越来越多，行动不方便，自理能力弱，每天都需要覃江妹照顾。给她煮饭喂饭，给她洗脸洗脚，给她穿衣洗衣……覃江妹像照顾母亲一样照顾着家婆。

网箱里的鱼、家里的家务事，足够覃江妹忙的了，哪承想，在2018年，振江病倒了。后来振江的病虽然有所好转，却已不是当初那个强壮的劳动力。

看着忙里忙外的覃江妹，振江心里充满了愧疚。她一个女将，常年风里来雨里去，很多本来属于男人的活儿，她却全部一人扛在肩上。特别是振江生病后，不但帮不上忙，还需要她来照顾。家里的两个小孩，也都是她在操心。

江栋村的人都说，覃江妹在家里家外都是一把好手，是村里的女强人，也是村里的好媳妇。

面对困难，覃江妹总是独自一个人默默地忍受。有时候压力太大，睡都睡不着。心里的苦，只能藏在心里：不能跟振江讲，他有高血压，怕他受不了。跟家婆讲嘛，那就变成诉苦了。跟孩子们讲嘛，他们这个年龄段又能理解什么呢。所以，再多的苦也要自己扛，往死里扛，只要扛不死就往死里扛。

覃江妹创业20年来，她想的不仅仅是自己，而是村里更多的人。这些年来，江栋村群众在她的带动下，利用库区丰富的水面资源，大力发展渔业，做大做强网箱养鱼产业。碧绿的河湾之上，有95户村民从事网箱养鱼，江栋湾养殖区有网箱1600个，年产值2000多万元。而覃江妹自己，拥有26个网箱共1584平方米，一年出售各种鱼类5万公斤，产值40多万元。

2020年11月24日，全国劳动模范和先进工作者表彰大会在北京人民大会堂隆重举行，覃江妹被授予“全国劳动模范”荣誉称号。

覃江妹，这个在水面上养鱼的农家妇女，怎么也想不到自己竟然有机会去到北京，走进雄伟庄严的人民大会堂，领受那份对劳动者来说至高无上的荣誉。从北京回来一进家，衣服来不及换下，她就到网箱上给鱼儿投料去了。她说，得这个荣誉回来，该做什么还要继续做什么，生活还像从前一样，我还是个养鱼的。

五、爱心妈妈

覃江妹是全国劳动模范，唐翠玉则是全国助残先进个人。在大化瑶族自治县六也乡茶油村个六屯唐翠玉家的一面墙上，挂着一幅彩色照片。照片是她的大女儿阿静从电视机画面上抓拍的。照片上，身穿瑶族传统服饰的唐翠玉坐着轮椅在第一排，接受总书记的接见。唐翠玉说那天见到总书记的时候，她一直激动地流着眼泪，激动得说不出话来。

2013年8月的一天，茶油村个六屯通往丹旧屯的崎岖陡峭的山路上，腰间扎着护腰带的唐翠玉，拄着拐杖艰难地向上登攀。

天刚下过一场小雨，山路湿滑，她每向上迈出一步，都要小心翼翼地把脚步踩踏实了，然后再抬起另一只脚向上迈去。雨后的山村空气清新凉爽，她却气喘吁吁，白衬衫的后背已被汗水濡湿，额前的刘海也被细密的汗珠黏住了。

她的身后，是她的两个女儿阿静和阿环以及几个村民。大女儿亦步亦趋地跟在她身后，看着艰难向上登攀的她，没好气地嘟囔道：“都讲你不用来，你偏要来，你以为山路好爬，是吗？”

唐翠玉说：“我不来行吗？我不来两位老人是不会跟你们下山的。”

唐翠玉说的两位老人，是丹旧屯年过七旬的韦庆禄和韦芳莲。

说到唐翠玉和韦庆禄夫妇的缘分，还得从2001年深秋她的一次“大难不死”说起。那天茶油村委会主任韦建宁去外婆家，路过唐翠玉的代销店想买点东西，没见开门。下午韦主任从外婆家回来，发现唐翠玉的代销店还是没开门。在韦建宁的印象里，唐翠玉的代销店好像几天没开门了。韦主任对在代销店前闲聊的人说，要是她出门的话，门应该锁着，现在锁挂在那里，说明她在屋里。

听韦主任这么说，人们突然预感到了什么。一个名叫蒙志海的少年，二话不说就从代销店隔壁的房顶，翻越到唐翠玉的代销店里，进去后发现唐翠玉躺在地上。蒙志海把门打开，众人进到代销店里，韦主任对着蜷缩身子躺在地上的唐翠玉喊道：“翠玉！翠玉！你怎么啦？”

唐翠玉没有反应，韦主任一只手指探到唐翠玉的鼻子下：“还有气，快叫村医，快叫蓝老师来！”

蓝老师是唐翠玉的丈夫蓝如川。

村医听了唐翠玉的心率，道：“我治不了，赶快送县医院。”

蓝如川六神无主。人们叫来一辆农用拖拉机，垫上厚厚的一层稻草，再铺上一床棉被，就把唐翠玉抬上去了。

目送远去的拖拉机，有人叹道：“翠玉怕是回不来了。”

唐翠玉竟然活过来了，她又回到了茶油村。因为摔倒时伤到头部，导致她失声数月，头发几乎脱落殆尽。

养病的日子里，一到夜晚唐翠玉就听到一阵阵老人的哭泣声。蓝老师以为是她大难后落下的后遗症。唐翠玉叫他拿来纸和笔（彼时她还在失声中，还说不出话），在纸上写道："哭声来自学校对面山坳的丹旧屯，有人在整日啼哭。不是一个人，是两个老人在哭。"蓝老师就上山去探个究竟。山上其他人家都搬到山下了，唯独剩下一间破旧的老房。老房里住着一对老夫妇，13年前他们的儿子和女婿在矿山挖煤时遇难，儿媳抛弃幼儿改嫁他乡。每到夜里，两位老人就想起死去的儿子，看着孤苦伶仃的孙子，悲从中来，情难自禁。

听罢蓝如川的讲述，唐翠玉眼前出现了两位满面愁容的老人和一位沉默寡言的孙子，她内心深处被狠狠地刺了一下，生疼生疼的。她跟着流泪了。从此，她经常独自上山去，有时候也叫蓝老师跟着她，带些粮油，带些衣物，走进这个苦难的家庭。

到了2008年春天，唐翠玉的身体逐步康复如初。韦庆禄老人的身体却大不如前，越来越衰弱。孙子长大成人后外出打工，他便将饲养多年的一头老牛卖掉，几千块钱牛款却被贼人偷走。意外的打击让两位老人更加苍老。唐翠玉就有心要把他们接到她家里来一起生活。

当时，唐翠玉在茶油村小学旁边买了一块地，建起了楼房，居住条件和生活环境变得好了起来。唐翠玉说出自己的想法，蓝老师很支持，遂同她一道上山去动员两位老人下山。

韦庆禄老人对唐翠玉说："孩子，这么多年来，你对我们两老够好了。我们一天天变老了，说不定哪天就死掉了。我们非亲非故的，死在你家里，这对你不好，别人也会讲闲话的。”

两位老人死活不同意，唐翠玉一有空，便上山去做他们的思想工作。

唐翠玉对他们说：你们不为自己着想，但要为孙子着想。你们住到我家来，我帮他照顾你们，他没了后顾之忧，就能安心做工了。

两位老人还是不为所动，直到唐翠玉跟他们说自己另外起了一栋两层的楼房，要把需要照顾的老人都搬到她家去，他们才同意跟她下山。

为了平安顺利把两位老人接到家里，早在两周前，唐翠玉就叫上放假在家的阿静、阿环和她一起上山清除山路两边的荆棘杂草。

阿静和阿环对母亲的善举非常支持，但她们认为母亲身体有伤，没必要硬撑着上山去。她却认为两个女儿长这么大，都没拿过柴刀，不放心让她们自己去做。她的腰椎骨还夹着固定板，弯不下腰来，只好跪着割草。

这天，当唐翠玉带着女儿和乡亲们出现在老屋门前，韦庆禄老人哽咽着说：“孩子啊！你真的要接我们去你家呀！”

韦芳莲老人喃喃地说：“遇到活菩萨了。”

上苍似乎也被感动了，下起了小雨。只是稀稀拉拉地下了一阵，便停住了。

陪同来的几个村民，本来打算轮流背着两位老人下山。两位老人死活不肯，不给背也不让人抬，坚持要自己走下山去。没办法，唐翠玉便把自己的一根拐杖递给韦庆禄老人，韦庆禄老人连忙摆摆手：“不用！我能自己走。”

腰弯背驼的韦芳莲老人，由3个村民轮流搀扶着走在前面，韦庆禄老人在两个村民的保护下跟在后面。身上有伤的唐翠玉本来也是需要搀扶的，可她拒绝了，她拄着拐杖慢慢地跟着，一步一步地往山下挪动。

费了半天的功夫，一行人终于来到山脚下。她带着两位老人走进她的家，穿过堂屋，来到屋后。屋后是一个用水泥砖围成的小院，小院后面是一座新建的大约有300平方米的两层楼房。

唐翠玉对两位老人说："阿叔、阿婶，到家了！这就是你们的家，以后由我来照顾你们。"

两位老人不知道，为了让他们安心地住到家里，唐翠玉贷款30多万元建了这座两层楼房。当然，她建这座两层楼房不仅仅是为了韦庆禄夫妇俩，还为村里那些像韦庆禄夫妇这样孤寡病残的老人，都有一个温暖的家，都能安度晚年。

这天，韦庆禄老人的孙子特地从深圳赶回来看望爷爷奶奶。他握着唐翠玉的手，眼里闪着泪花。

不久，唐翠玉又收留了村里的蓝定良、覃色英、黄善芬、黄善生、蓝定金以及蓝定金年迈的母亲。一时间，她的家里多出了8位老人，俨然成了一个爱意满满、其乐融融的敬老院。

唐翠玉对这些老人的爱，犹如大山里的涓涓溪流，有其不竭的源头。

1967年5月，唐翠玉出生在六也乡和平村。从小时候起，她就在父亲的教育熏陶下，立志做一个善良、有爱心的人。父亲唐毓智是村里的小学教师，后来担任校长，工资很低；母亲体弱多病；6个小孩都没有工分可挣。年终生产队结算分东西，人家分得余粮、分得猪肉，她家却年年超支，一样没分得。看着兄弟读书花销大，母亲生病无人照顾，懂事的唐翠玉刚上初二就辍学回家，下地干活挣工分以减轻母亲的压力，上山砍柴火卖，以供哥哥弟弟们上学。

19岁那年，唐翠玉嫁给蓝如川老师。婚后两年，家公突然去世。两人还没从悲痛中缓过劲来，家婆又病倒了。家婆患的是腰椎骨髓炎。唐翠玉和如川带着老人四处求医，病情不见好转，最后还加重了，发展成了骨髓癌。彼时的家婆，下半身已完全失去了知觉，瘫痪在床，生不如死。

瘫痪在床的家婆，整天郁郁寡欢，一天唠叨着“我宁愿死了算了”。面对家婆烦躁的心情，唐翠玉默默地照顾她，安慰她：“妈，别胡思乱想，有我在，就一定能把您的病治好。”

如川每天忙着学校里的事，唐翠玉一个人扛起家庭重担。白天，她忙着地里的农活，忙着打理代销店，忙着给家婆喂饭喂药、端屎倒尿、洗擦身子、推拿按摩。晚上，她就躺在家婆身边睡，只要家婆稍有一点响动，她就给家婆翻身。

唐翠玉一心为家婆寻医问药，期盼有一天家婆的病会好起来。听说都阳镇一位老中医有偏方，已经怀有7个月身孕的唐翠玉，就挺着个大肚子去寻诊。她从家里步行到公路边，搭班车到都阳街，再徒步到老中医家。唐翠玉回到村里时，天已经黑了，她摸黑回家，半路上重重地摔了一跤，流产了。

家婆的病最终还是没好起来，在唐翠玉精心地服侍了8年之后，她安详地闭上双眼。临终前，家婆干枯的手握住唐翠玉的手，一句话也没说出来，眼角流出两行清泪。

家婆常年卧病在床，她自己大难不死，让唐翠玉对人世间的悲苦有了一种切肤的痛感，也多了一份悲悯的情怀。

从2003年开始关心照顾韦庆禄夫妇以后，唐翠玉对村里那些孤寡病残老人便倾注着深深的感情。

力下屯的黄善芬和黄善生，患有间接性精神分裂症，鳏寡孤独，懒于换洗，身上异味很重，村里人都不接近他们，也不愿意搭理他们。唐翠玉知道后，经常送些衣服、鞋子以及面条之类的生活用品上门去，给他们剪头发、洗衣服。春种时节，帮助他们购买玉米种子。2012年，黄善生生病了，唐翠玉就叫屯里的黄占清帮忙，一起将他送到六也乡卫生院去治疗，还帮他支付医疗费。黄善生出院后，唐翠玉帮他办理了五保户手续。

堆下屯孤寡老人覃色英，嘴巴及腰臀严重变形，并患有轻微的精神分裂症，生活不能自理。几年来，唐翠玉坚持照顾她的生活起居。覃色英病倒后，唐翠玉把她背到村卫生所。

堆上屯的蓝定金精神失常，一年发病一两次，与80多岁的老母亲韦美仙相依为命。唐翠玉对他们更是关照有加，送他到大化精神病院接受治疗。

上江屯83岁的蓝顶规老人有两个儿子，大儿子生活窘迫，小儿子有智力障碍。一次，蓝顶规老人突发肠胃穿孔，唐翠玉及时找车把他送到了医院，为他垫付了2万元医药费。

2011年4月的一天，一位老人来到代销店买东西，转身刚走两步，突然瘫软在地。唐翠玉急忙走过去，只见老人老人脸色苍白，额头上冒出一颗颗豆大的汗珠。她关切地问道："阿公，你怎么了？"老人呼吸微弱，话说不出来，翻起上眼皮无助地看着唐翠玉。唐翠玉知道，老人得了急症了，便将老人背到卫生所让村医检查。村医检查后告诉唐翠玉，老人心律混乱，非常虚弱，生命体征令人担忧，建议赶紧送到县医院救治。

村医给老人打了一针强心剂后，唐翠玉急忙租一部农用车把老人送到县人民医院。老人说不出话，唐翠玉无从知道老人姓甚名谁，更没法和老人的亲属取得联系。她只能自己先垫支住院押金，办理住院手续，负责给老人喂饭、喂药……唐翠玉像照顾自己的父亲一样，日夜守护在这个非亲非故的老人身旁。

第四天，老人终于醒过来了，但还是没能说出自己的姓名和住址。唐翠玉多方打听，才知道老人名叫韦寿乐，是茶油村杏下屯人。韦寿乐年轻时到外地做上门女婿，几十年来一直在外地生活，而今孤身还乡，老家的亲属都已不在人世，老房子已经倒塌了。

住院两个多星期后，韦寿乐老人基本康复了。回到村里，韦寿乐无家可归，唐翠玉便买来石棉瓦、彩条布，为他搭起了一个简易的住所，帮他购置必需的生活用品。2012年3月，唐翠玉为韦寿乐申请到“危改”指标，建起了一间砖混结构的平房，无家可归的他终于有了一个稳定的住所。

韦寿乐老人住房问题解决了，他的户籍还没有着落。老人离家在外几十年，本地户籍早已被注销。帮他上户口，成了唐翠玉的又一块心病。

韦寿乐老人患有甲亢性冠心病等多种病症，一旦病发，就得到医院去接受治疗。没有户口，就没办法办理新农合，住院就不能报销医疗费用。老人2011年4月那次住院，治疗花费3万多元没能报销，他没什么积蓄，唐翠玉只能默默地全部承担。2012年，韦寿乐先后住院4次，住院时间最长的一次达36天，虽然唐翠玉帮他办了新农合，但是报销后唐翠玉还帮他支付了28000多元。

韦寿乐老人成了医院的常客，医院里的医生和护士几乎都认识唐翠玉。见唐翠玉为老人忙前忙后，都以为她是韦寿乐老人的女儿，哪知他俩素昧平生。

连日的陪护照顾，原本就体弱的唐翠玉心力交瘁，她真想好好地躺一下，哪怕半个小时。可是韦寿乐老人一个亲人也没有，自己再不管他，他就无依无靠了。唐翠玉咬咬牙，只要自己还有一丝力气，就要照顾他到底。

2013年1月17日，唐翠玉在医院里照顾韦寿乐老人时，体力不支，在医院住院部二楼重重地摔了一跤，造成脊椎骨断裂。原本照顾病人的唐翠玉，也躺到了医院的病床上，一躺就是两个多月。那些时日，她的丈夫，那个一直支持她的蓝老师，在照顾她的同时，也照顾着生病的韦寿乐老人。

那时候，唐翠玉担心自己这辈子再也不能像从前一样劳作了，再也无力照顾这些需要关爱、需要照顾的孤寡病残老人了。忧心忡忡之际，她想到县里一个很活跃的爱心社团——大化绿叶爱心团。

唐翠玉打电话找到了绿叶爱心团负责人蒙柏江。

唐翠玉说："如果我动不了了，我照顾的这些人需要爱心援助。"

蒙柏江问候了她一番后表示："没有问题。"这是一个醉心于爱心公益事业的年轻人。两人商量在老人们住的后院挂一块牌子——广西大爱之家大化爱心救助站绿叶爱心家园。

绿叶爱心团出钱聘请了一个工友，为唐翠玉收留的老人煮饭，还赠送了一台洗衣机，用来给老人们洗衣物。

县残联了解情况后，向绿叶爱心家园赠送了多部轮椅，为还没办理残疾证的病残老人补办残疾证，并借助现有的政策给予大力支持。2013

年，县里有100个居家托养的指标，县残联分给绿叶爱心家园10个，每个得到1000元的补助。重度残疾二级以上的残疾人，给予每人每年360元的护理补贴，还帮缴纳新型农村合作医疗的个人缴纳部分。精神病人，给予每人每年4000元的补助。

唐翠玉收留抚养的这些老人都是孤寡病残老人，很多老人都符合住到乡敬老院的条件，乡民政站的同志曾经动员他们到敬老院去住，但是他们都不愿意离开唐翠玉的家。他们觉得唐翠玉就是他们的女儿，看到女儿，他们就看到了家。

这些老人，每个月都能从政府那里领到一定的生活补助金和养老金。即使再困难，唐翠玉也从来没有想过他们的那些钱。她说她一分钱都不要他们的，他们的存折他们自己拿。她说如果有一天，他们动不了了，她自己又应付不过来了，需要请人照顾了，那他们存折里的钱就有用处了。

“穷则独善其身，达则兼济天下。”唐翠玉即便身处困境，她那颗博爱的心依然牵挂着弱者。

2013年隆冬的一个中午，茶油村中司屯苏福传老人背着一个小孩走进代销店，唐翠玉以为老人是来买东西的。苏福传老人还没开口，眼泪先流了下来。唐翠玉明白老人一定有难言的苦衷。她注意到了老人背上那个两三岁的小孩，心里不由得一惊，似乎明白了什么。

“有什么你尽管说，我能帮的一定会尽量帮。”劝慰老人的同时，唐翠玉也哽咽了。

苏福传老人告诉唐翠玉，他唯一的女儿嫁到外县，生了个儿子，想不到是兔唇。更为不幸的是，他的女儿还没听到孩子叫一声妈妈就去世了。女儿去世后，女婿把儿子抱来给他，拍拍屁股就走人了。他已是70多岁的人了，养自己都是一个问题，往后如何与外孙相依为命?

苏福传老人迟疑了一下说："我也想来你的绿叶爱心家园……"

唐翠玉望着老人背上那张粉扑扑的小脸蛋，望着那双乌黑明亮的小眼睛，心疼地伸出手去，抱过了可怜的孩子。

2014年农历正月，年近七旬的茶油村板东屯欧美娥找到唐翠玉。欧美娥老人和老伴相依为命大半生，后来老伴瘫痪，在家里像动物一样匍匐在地爬行，生活起居都由她来照顾。唐翠玉经常上门去看望照顾他俩。老伴临终前对她说："我死了，你想活下去，就去找'爱心妈妈'。"

有困难，去找"爱心妈妈"。

无处可去了，去找"爱心妈妈"。

唐翠玉又接纳了韦寿乐、苏福传、欧美娥、韦良杰、韦秀梅、蓝文吉等孤寡病残老人，收留了苏福传老人的外孙小文泳等11名孤儿和留守儿童。

绿叶爱心家园的成员多了，唐翠玉就在二楼摆上一排衣柜，每个衣柜之间，用木板和帘子隔出一个个独立的小隔间，每个小隔间就是老人们的床位。一楼则是老人们的大客厅，每天老人们在大客厅吃饭、看电视、下棋……每天再忙，唐翠玉都会到绿叶爱心家园来看看，给行动不便的老人喂饭、梳头、洗脚、洗衣服，服伺他们睡下……看着唐翠玉每天为大家忙前忙后，老人们就亲切地叫她"妈妈"。唐翠玉一听就被吓着了。她拒绝老人们这样称呼她，老人们却说："你接我们来这儿住，照顾我们比照顾你的父母还好。只有母亲才这样抚养儿女，你就是我们的再生父母。"唐翠玉坚决不同意，说：你们只能叫我老唐同志，因为我是一名党员。如果你们嫌这个称谓太长，就叫老唐，或者叫阿静她妈。

绿叶爱心家园成员蓝定金，坚定不移地叫她“二妈”。对于别人，唐翠玉绝对不应答。对于他，唐翠玉却“网开一面”。

蓝定金和母亲一起住在绿叶爱心家园，一起享受唐翠玉的关怀和照顾。他虽然有间歇性精神病，但不糊涂。平时他总是“二妈、二妈”地叫唐翠玉。唐翠玉一迈进绿叶爱心家园，蓝定金就叫道：“二妈，你辛苦了，坐下来休息吧。”如果他当时正在看电视，他会叫道：“二妈，坐下来跟我一起看电视吧。”如果他正在跟那些留守儿童打乒乓球，就会叫道：“二妈，来跟我们一起玩玩吧。”

唐翠玉无暇理会他，除非他发病，否则不用怎么照顾他。他不发病的时候，还能帮唐翠玉的忙。他见唐翠玉忙忙碌碌的，没有时间跟他看电视或打乒乓球，就有些郁闷，心想二妈太忙了，平时跟她说话她好像都没听见。蓝定金就突发奇想，把他想对唐翠玉说的心里话写在纸条上，然后贴到墙上，贴了满满的一面墙。

二妈：我非常感谢您对我们的关心，把我们母子二人接来跟您住。我只能从心里默默地叫您一声母亲呀，是不是老天爷给我们母子二人第二次生命啊。儿子定金。2013年8月13日。

二妈：老板和很多爱心妈妈给我们送来棉衣和鞋子袜子，我没穿上衣服，就已经感到很温暖了。谢谢二妈！没有您，老板和爱心妈妈不会知道我们的困难。希望二妈多关心自己的身体吧。儿子定金。2013年11月30日。

二妈：您这么关心我们，还得到政府的关注，县里韦副书记这么晚了，他还抽时间来看我们。二妈，我觉得政府很关心我们了，已经足够了，也觉得不苦了，不孤单了，觉得很快乐、很幸福、很温暖。儿子定金。2013年12月29日。

二妈：天又下雨又冷，您和老板冒着寒风冷雨，带来衣柜给我们放衣服、放东西。二妈二爸你们为我们操劳，我们都记得清楚，我们都不会忘记你们的。希望您早点休息吧，别累坏身体。儿子定金。2014年元月13日。

二妈：自己因为旧病发作让您担心了。二妈辛苦您了，每天都为我们操心，连饭都忘记吃。二妈，我希望您每天晚上早点休息，我怕您累多又倒下，我们这么多人可怎么办？儿子定金。2014年2月12日。

蓝定金写的字是楷体字，一笔一画写得工工整整的。

唐翠玉远在和平村的父亲，这个当了35年小学校长、年近八旬的老人，得知女儿在家里收养一帮孤寡病残老人和留守儿童，感到很欣慰，派人送来一头家养的大肥猪。当天大肥猪在绿叶爱心家园被宰了，老人和小孩们像过节一样乐翻了天。老父亲还让人捎来了话：猪肉吃完了继续送来。

后来老父亲果真一次又一次地送猪来，有一次还跟着车子来到绿叶爱心家园。给他钱又不要，唐翠玉很是过意不去："阿爸，我没能照顾你，你倒把辛辛苦苦养大的猪送来了，你让女儿心不安啊！"

老父亲脸上闪过一缕愧疚："小时候爹没能送你读书，现在你做善事，爹养猪支持你。"

过了几天，唐翠玉亲自把老父亲请到家里来参加晚宴。作为全国助残先进个人，她要去北京参加第五次全国自强模范暨助残先进集体和个人表彰大会了。到北京去开会、到北京去领奖，这是多么光荣的事啊！激动不已的唐翠玉悄悄地对父亲说：“还有更光荣的呢……”老父亲瞪大浑浊的双眼，唐翠玉一脸阳光地说：“接受总书记的接见。”

绿叶爱心家园里的老人都来参加晚宴，大家兴奋地谈论唐翠玉去北京领奖的话题。苏福传老人认为，飞机肯定要比村里的拖拉机快得多，理由是拖拉机是跑的，而飞机是飞的。

蓝定金对唐翠玉说：“飞机是飞在云里的，云里肯定很冷，二妈你要记得穿上厚衣服啵。”

登机前往北京的那天，腰伤复发的唐翠玉被人背上了飞机。她刚在北京安顿好，手机铃声就急促地响了起来，电话一接，一波火药味十足的话语劈头盖脸而来：“你是韦寿乐家属吗？你跑哪儿去了？我不管你在北京还是南京，你不来签字，病人就停药！”

“你们等我两三天，我回去马上……”唐翠玉话没说完，对方已掐断电话。

“怎么办？这可怎么办？”唐翠玉着急得像热锅上的蚂蚁，不知道自己能干什么。继而她安慰自己，自己现在人在北京，医院应该会理解吧。

望着窗外高远的首都天空，唐翠玉默默地祈祷：刚才那个电话，应该是打错了的。她现在要做的，就是以饱满的精神状态参加表彰大会。

5天后，唐翠玉从北京回到大化县城，才知道那个电话确实是医院打来的，韦寿乐老人又住院了。

在她接了电话不到一个小时，韦寿乐老人就从医院里不辞而别。手上还插着输液针管的他，走在人来人往的街头。没人知道他要去哪里，他也不知道他要去哪里。也许是天意使然，韦寿乐老人走着走着，走到了大化民生宁医院的门口。恰恰在这时，老人已迈不动脚步，颓然跪倒在地。医院大堂值班医生见状，立即组织开展紧急救治。

医生对韦寿乐老人进行救治后，问起他的情况。已出现心脏衰竭的老人，勉强说出自己的名字。医生再问老人是哪里人，他艰难地吐出两个字："六也。"

医生与六也乡政府联系，才知道老人孤身一人，目前住在茶油村唐翠玉的绿叶爱心家园。

没过多久，民生宁医院董事长出现在绿叶爱心家园，身后跟着几个医护人员。

绿叶爱心家园一楼大厅里，六七个老人正在看电视，蓝定金在逗苏福传的外孙小文泳玩。刚从北京回来的唐翠玉热情地接待了大化民生宁医院董事长一行。大化民生宁医院董事长是慕名而来的，他在电视上看到了唐翠玉受到总书记接见的镜头。现在这个镜头变成了一幅照片，挂在她家的墙上。唐翠玉对大化民生宁医院董事长表达了深深的谢意，感激他们对韦寿乐老人的及时救治。

唐翠玉指着小文泳说："这小孩是孤儿，先天性唇腭裂，刚来的时候，喂饭很困难，我带他去做修复手术后，现在情况好多了。"她还向大化民生宁医院董事长介绍了绿叶爱心家园的一些情况。随行的医护人员，则给老人们检查身体。

大化民生宁医院董事长对唐翠玉的善行义举赞叹不已，他不敢相信，这么一个瘦弱的女子，竟然以一己之力集中供养十几个孤寡病残老人，这需要多大的勇气和精力啊！

大化民生宁医院董事长当即对唐翠玉表态，民生宁医院的大门将永远向绿叶爱心家园的病人敞开。他们有一个大化民生幸福家园，也集中供养孤寡病残老人。如果绿叶爱心家园这边应付不过来，随时可以联系他们，他们将全力以赴提供帮助。大化民生宁医院董事长还透露，住进民生宁医院的，除享受正常的新农合报销、低保户可以报销80%、五保户全部报销等政策以外，医院还实行更多优惠政策，比如生活用品医院全包，护工费一分不出，一天三餐免费，陪护家属只需掏一半饭钱，且一律不收押金即可住院。

被评为全国助残先进个人之后，唐翠玉相继被评为全国孝亲敬老之星、广西公民道德模范十大新闻人物、广西壮族自治区优秀共产党员。她的家庭于2016年被评为全国最美家庭。

一个又一个荣誉，是对唐翠玉十几年如一日以无疆大爱温暖关怀孤寡病残老人最充分的肯定。随着荣誉而来的是知名度的提升，“爱心妈妈”这个名头，传扬在大化以及周边县的瑶寨。

一时间，唐翠玉不断接到来自四面八方的求助电话，岩滩、贡川、共和、古河、江南、七百弄、雅龙等乡镇一些因病致贫致残的人或孤寡老人，纷纷哭求她“救我一命”或是提供容身之所。周边村屯一些群众，不会填写社保申请表的，都来找她帮忙。更为荒唐的是，有个村民在和大家闲聊的时候，开玩笑说唐翠玉从北京回来，带回“一千亿”，专门用于救济村里的贫困户和贫困老人。一些群众竟信以为真，一个传一个，都来找唐翠玉要救济金。

面对来领取“一千亿”救济金的群众，唐翠玉只好耐心地逐个跟他们解释，告诉他们“一千亿”不过是无聊的人茶余饭后开的一个玩笑，当不得真。所谓“一千亿”，是别有用心的人把她丈夫名字中的“如川”和她自己名字中的“玉”并联起来，说成“如川玉”。（壮语“如川玉”的谐音是“一千亿”）

然而，对于那些来求助的人，唐翠玉总是不忍心拒绝。随着自身腰伤的逐渐恢复，她总是尽自己的能力去帮助他们，一处一处地跑，一件一件地办，一步一步地做。与此同时，她还加入了公益组织——大化绿叶爱心团，成为该社团的主要成员，经常到各个地方去开展爱心公益活动。

自2003年以来，唐翠玉醉心于公益事业，足迹遍布全县16个乡镇近200个村以及都安、巴马、东兰等周边县份村屯。她先后把19个孤寡病残老人和孤儿接到家里集中供养，长期帮助孤寡老人、伤残人士和精神残疾患者80多个。她资助过许多贫困学生，其中有36名贫困学生考上大学。

那些她资助过的孩子，每年寒暑假回来，都会到茶油村看望她。

那些受到她帮助的人，念于她的恩情，则送上一面面锦旗——“传递温暖·扶贫济困”“本不是亲人·却胜似亲人”“永世难忘·舍己为老”“呵护老弱传递温暖·倾注真爱尽心尽力”“爱心奉献恩重如山·真情涌动爱心无价”“慈母恩·救子命”“母恩重如山，子当涌泉相报”……

唐翠玉珍惜这些褒奖，把20多面锦旗挂到绿叶爱心家园的墙上，不是炫耀，而是时时刻刻激励自己。

韦庆禄夫妇俩到绿叶爱心家园生活后，丹旧屯彻底地成了一个空壳屯。废弃的老屋、丰茂的荒草、天然的群山屏障，丹旧屯变成个养殖的好地方。

2014年夏天，唐翠玉和如川商量，买来黑山猪、山羊、鸡苗到丹旧屯去放养，以增加家庭经济收入，补贴绿叶爱心家园开支。从此，唐翠玉像以前到丹旧屯去看望照顾韦庆禄夫妇那样，来往于丹旧屯和自己家之间。不同的是，而今她需要努力让那些猪、羊、鸡长得好好的，免除老人的担忧。

2016年，县里将“七百弄鸡”作为全县扶贫开发的重点产业来发展。乡里根据全县的工作部署，计划在茶油村建立一个“党旗引领·联建联养”的“七百弄鸡”养殖场。身为党员的的唐翠玉，毅然决然地承接了这个任务。

同年7月，唐翠玉注册成立了大化爱心种养专业合作社联社，联社下面设立5个种养分社。合作社采用“党支部＋合作社＋公司＋贫困户＋基地”模式，实行统一管理、统一经营、统一销售，把村民丢荒的988亩土地流转起来，种植玉米、构树、象草。同时，在村里的丹温、里江、板江、吞干、丹旧、吞江、头司、上司等屯养殖“七百弄鸡”、黑山猪、肉牛等，养殖场总面积达到6065平方米。

听说唐翠玉成立合作社，急需一名技术员，已毕业到柳州参加工作的蒙烨，毅然放弃公司里的高薪工作，回到唐翠玉的身边，协助她发展养殖业。

在唐翠玉资助的贫困学生中，蒙烨名列其中。蒙烨家在板升乡弄系村，父母均有不同程度的残疾，家庭生活很困难。从初中二年级开始，唐翠玉就资助他，一直到大学毕业。蒙烨学的是畜牧兽医专业，来合作社可以帮助“爱心妈妈”发展壮大养殖业，又可以把“爱心妈妈”的爱传递下去。

唐翠玉摸着蒙烨的脸，泪水吧嗒吧嗒地滚落下来。这是她知道孩子懂得感恩后流下的宽慰的泪水，也是内心长久以来积郁的委屈的泪水。

一直以来，都有人质疑唐翠玉收留抚养这些孤寡病残老人，是有利可图的。唐翠玉这样做，是为了赚大钱。

唐翠玉收留赡养的一个老人，其家属竟然把她告了，说她贪污了老人住院报销所得。唐翠玉得知这个消息，整个人从头凉到脚。借钱救他人的命，不但不得到感恩，还被告了；收养老人家这么多年，自己倒成了罪人。

有必要还原一下这个“案件”：2014年4月9日，唐翠玉把一个患有精神残疾的老人送到河池市第四人民医院接受治疗。治疗期间，唐翠玉先后3次向村民借钱以垫付老人的治疗费用。2014年11月4日，老人康复出院。唐翠玉去结算老人的治疗费用，总共花去12.8万元。随后又忙前忙后去办理报销手续，报销所得到账后，唐翠玉将钱领取出来并还给村民。老人的家人知道后，竟将唐翠玉告到纪委。纪委经过调查，还了唐翠玉的清白。

唐翠玉很无奈：当初老人病倒，生活不能自理的时候，你们人在哪里？老人住院时怎么没见你们去照顾他？

2017年7月29日，唐翠玉得知县公安局将到板升乡弄冠村，集中给当地还未上户口的贫困孩子办理落户手续。她担心那些留守在家的贫困孩子错过办理时间，就赶往弄冠村通知他们。连续3个多小时长途跋涉，唐翠玉一到弄冠村就晕倒了。

被人送到医院检查，唐翠玉才知道自己患了膀胱癌。

犹如晴天霹雳，唐翠玉被击倒了。她想起当年腰伤住院时对绿叶爱心团蒙柏江的托付，难道真要一语成谶吗?！她这样走了，绿叶爱心家园里的老人们怎么办？爱心种养专业合作社怎么办?

哭了3天、失眠了3天后，唐翠玉告诫自己：首先要听医生的话，要相信医学技术，要振作起来，不能自己把自己吓死。然后要及时处理后事，要把绿叶爱心家园的老人安顿好。

这一次，唐翠玉没有把绿叶爱心家园里的老人托付给绿叶爱心团，而是让县民政部门把他们转移到大化民生幸福家园。苏福传老人和他的外孙，死活不愿意离开，继续留下来。苏福传说他和他外孙就在绿叶爱心家园等她，她一定会康复归来。

爱出者爱返，福往者福来。

唐翠玉身患癌症的消息惊动了社会各界的爱心人士，大家纷纷伸出援手，唐翠玉得以到上海去接受治疗。8个多月后，唐翠玉的病情奇迹般地有了好转。

患病期间，唐翠玉无时无刻不惦念着转移到大化民生幸福家园去的老人。出院后，她经常从家里坐车到30公里外的大化民生幸福家园去看望他们。老人们见到她，就闹着要跟她回茶油村去。

唐翠玉问他们：难道你们在这里过得不好?

老人们说，吃好住好护工也照顾得很好，可就是想回去。

唐翠玉无奈地笑了笑。

她理解老人们的心情，老人们跟她住在一起有五六年了，说没有感情依赖是假的，可是以她目前的身体状况，让他们回去，她是无法照顾好他们的。

养病期间，唐翠玉并未闲着，她孱弱的身影经常出现在养殖场。养殖场里，猪在快活地吃着构树叶，牛在悠闲地咀嚼着象草，鸡在树下成群结队地觅食……这是她渴望看到的景象，当然不是她一个人或一个家庭的景象，而是茶油村全村的景象。

她把目光投向那些没有养殖技术的农户上，在绿叶爱心家园里举办养殖技术培训班，把自己掌握的技术和经验毫无保留地传授给大家。同时，联系社会爱心人士集资购买鸡苗、猪苗并免费送给农户。

丹华屯的韦向华，一直想发展养殖，却没有本钱，唐翠玉知道后，答应把自家一头待产的母猪送给他。

韦向华还来不及把母猪领走，母猪已产下6只猪崽。韦向华决定等猪崽断奶了再拿走母猪。唐翠玉却说，答应把母猪送给他那时候起，这头母猪就是他的了。现在母猪下崽了，这些猪崽自然也是他的，他就应该都拿去养。

哟，这世界上还有这样的道理，让人无法不接受。

靠着唐翠玉送的一头母猪和6只猪崽，韦向华只用了一年多时间，就把黑山猪发展到了20余头，摘下了贫困的帽子。

2021年2月的一天，韦向华拿着一叠百元大钞，走进唐翠玉的家。他先向唐翠玉通报收成，今天卖了8头大猪，得款4万多元，然后把那一叠钱递给她："这一万块，是你当年给我的本钱。要不是你，我也不会有今天。"

唐翠玉的手指被烫了似的缩回："你养的猪，我拿你钱就不仗义了。"

唐翠玉的合作社成立以来，在茶油村村委会的引导下，形成了"自主经营、民主管理、利益共享、风险共担"的合作经营共同体，为村民提供各种技术指导和服务，带动贫困户和一般农户490多户1400多人发展壮大当地种养产业。2017年至2020年4年间，合作社养殖“七百弄鸡”、黑山猪和肉牛，年产值均为950万元，年销售额达720万元，年利润达58万元。2019年，利润甚至达到89.6万元。

2021年4月15日，唐翠玉又在绿叶爱心家园举办大化爱心种养专业合作社“七百弄鸡”养殖技术培训班，全村280多名妇女参加了培训。这是她举办的第8期“七百弄鸡”养殖技术培训班。像往常一样，培训结束后，她把总价值12万元的3万羽鸡苗免费发给300个农户。

茶油村的人说，唐翠玉是一只猫，也有9条命。看上去她很柔弱，其实她的生命力很强。唐翠玉本人的总结却是这样：她的两次“大难不死”，完全是因为她遇上了贵人。她后来所做的一切，即那些善举善事，其实她是在扮演一个贵人的角色。最后她得出一个结论，即这个社会、这个世界，应该是人人为我，我为人人。

六、拎着一袋生锈的钥匙出发

潘云飞直接对父亲说，她不想干了。潘云飞说这句话的时间是2015年底的一天晚上，具体哪一天已记不起来，反正就是2016年元旦前几天的某一个晚上。因为她的这句话，在新年的钟声即将敲响的这天晚上，父女俩进行了一次推心置腹的长谈。从小到大，潘云飞一直是个听话乖巧的孩子，从未让父亲操过心。这样的长谈，在她成长的岁月里，绝无仅有。

潘云飞的父亲是个民营企业家，其所创办的企业拥有13项国家一级资质，年纳税5000多万元。2009年7月，潘云飞大学毕业后，父亲把坐落在大化瑶族自治县镇南十字路口的中意故里大酒店交给她经营管理。

刚走出校门的她，就这样成为人人羡慕的企业老总。

深色的正装，漂亮的坤包，是她的标配。每天早上她准时来到酒店，高跟鞋踩在红色地毯上一点声响都没有，着装整齐的员工早已闻讯或者按时列队在通道那里，齐声问候：“潘总，早上好！”潘云飞微微颔首，轻轻地推开总经理办公室。夜晚，潘云飞来到餐饮区域，常规巡视一番后，敲开某个包间，微笑着出现在宾客的面前。潘云飞本来就长得漂亮，再这么妩媚一笑，这种漂亮更让人感觉如沐春风，令人心悦诚服。潘云飞偶尔会应客人的邀请，碰上一两杯酒。她的酒量是可以的，有遗传基因。回眸一笑时，她真诚地祝愿宾客用餐愉快。每到淡季，潘云飞就带着儿子跟随夫君出去走走，尽情地感受祖国大好河山的雄伟壮丽。日子过得波澜不惊，上下天光，一碧万顷……

一身得体的正装穿了6年，酒店老总当了6年，而且当得得心应手，当得顺风顺水，潘云飞却突然说不想干了。

父亲问：“管理一家酒店很辛苦吗？”

潘云飞说：“不辛苦，是闲得慌。”

“很多人想闲都闲不了呢。”

“我不想闲，平淡寡味的生活，一点意思都没有。”

“你觉得哪种生活才有意思？”

“那种具有挑战性的。”

“说具体点。”

“我觉得一个人不管家庭背景如何，都要去寻找生活真正的意义，实现属于自己的人生价值。”

“说得好听！”

“这是我的心里话。”

“你的意思是逃离老爸的影子，逃离家族的影子，单飞单干？”

“我就想自己闯一闯。”

父亲看着一脸严肃认真的女儿，不像是带有情绪的，也不是跟他闹着玩的，沉默了一会儿说：“你想闯一闯，你想要具有挑战性的生活，很好！你等着。”

父亲缓缓地站起身，进到房间里去，拎着一只编织袋出来，放到女儿跟前：“拿去吧，这个很有挑战性，而且不是一般的挑战性。”

潘云飞疑惑地看了父亲一眼，打开编织袋，里面是一串串生锈了的钥匙，一串串房间的钥匙。

潘云飞不解地望着父亲，不明白父亲到底是什么意思。

父亲徐徐道来，2015年7月份，大化作为全市养老服务改革试点县，县里实施养老服务改革，率先推行“公建民营、医养结合”的养老服务模式，激发社会力量参与养老服务。因为这是非营利性的养老服务，模式虽然新，但很难有什么盈利，所以没有老板接手。父亲呢，却有他的考虑，主要是从做善事的角度来考虑。于是父亲就顺利地通过公开招标，拿下这个项目。项目拿下后，父亲却没有精力，也一直没有时间去谋划和运作。

父亲说：“我正愁着请哪个来负责这事呢，既然你想过有挑战性的生活，这袋钥匙就交给你了。”

“这些钥匙是……”潘云飞还不是很明白，因为父亲说得比较宽泛。

父亲说：“这是养老院的钥匙。”又提醒道：“这是一项很有挑战性的养老服务工作。”

潘云飞终于明白，父亲是让她打理养老院。养老院她不是没听说过，而是早有所闻。小时候母亲就带着她拿些衣物和食物到救助站，送给那些被遗弃的老人和小朋友，那时县里还没有养老院。在一次家庭聚会中，一位作家叔叔讲的一个故事令她印象特别深刻。两位老庚（方言，结拜兄弟）久违相见，彼此打听各自家庭情况。老庚甲问老庚乙：“你那儿子呢？”老庚乙一脸自豪答道：“在南洋呢，就新加坡嘛，也不算远隔重洋。”老庚乙问老庚甲：“你那两头‘牛’呢？”老庚甲有些自卑道：“我那两头‘牛’不争气，红水河都过不去，就在这楼上。我看你别找宾馆了，就住寒舍这里，有‘牛’他们照顾我们。”这两位老庚表面上谈论的是儿女成才话题，其实是养老送终问题。养儿防老一直是国人的传统观念，却又不是每个国人都可以心想事成，因而养老院就成了大部分人的中转站。我认为的中转站，就是指拥有将旅客、货物或信息进行临时停放处理并完成其转运输送功能的特定场所或网站，就是个中间环节。人都是这世上的匆匆过客，同样需要这样的中转站。大部分人在无依无靠了、嘴巴歪了、肩膀斜了、一瘸一拐了的那一天，就需要转移到中转站，再从中转站转到那最后一站。说实话，潘云飞并不清楚这个项目，也没想到父亲交给她的是这样一个极富挑战性的工作。

所有的钥匙都锈迹斑斑，潘云飞心里嘀咕：这难道是生活的颜色？不，生活的颜色或底色不应该是这样的，应该是本色或者崭新的颜色。潘云飞将钥匙放到盛满煤油的盆子里，一把一把地洗刷。煤油变成了猩红色的液体，钥匙还是没洗净。潘云飞心里明白，这锈迹不是一下子就可以洗掉的，就像一个人身上的病痛不是一下子就可以治好的。

养老院就在离大化民生宁医院不远处的民政事业园区内，潘云飞按照父亲“先把那栋楼打扫干净再说”的要求，拎着那袋钥匙前往那个极富挑战性的地方。

潘云飞是骑电动车前往的，来到镇南城郊一座不是很高的土坡前，她加足所有的马力，电动车才蹦蹦跳跳地冲到坡上。

坡上，就是民政事业园区。说是园区，其实就是两栋已经建成却还没使用的楼房，一栋是光荣院的，另一栋是养老院的。除了两栋楼房，还有长得比人还高的荒草，园区内什么设施都没有。

潘云飞从编织袋里掏出一串钥匙，开启一扇扇门。房间里散落一些杂物，窗台上、地上蒙着一层厚厚的灰尘。

潘云飞自嘲道，还真是具有挑战性的工作。

潘云飞收拾散落在地上的杂物，洒水、扫地、擦玻璃窗。从一楼的房间和走廊开始，一直到5楼，整栋楼80个房间，被潘云飞打扫得干干净净的。

父亲随后去到现场进行核验，核验的“科目”是“扫地扫得怎么样”。小时候也是这样，父亲总是以“如何扫地”“扫得如何”来衡量她和弟弟是否勤快。一屋不扫，何以扫天下。这是父亲经常挂在嘴上的一句话。父亲核验后很满意，达到了他的要求，然后就把身后的10个人交给了她。从今以后，他们就是她的员工、她的队伍。父亲跟她交底，今后养老院接收的将是一群像钥匙一样“生锈”了的老人。父亲强调，人老了都会“生锈”。

潘云飞望着父亲问：“还有什么吗?”

父亲说：“都在这里了。”

10名员工在潘云飞面前参差不齐地站成一排，像一面稀稀疏疏的篱笆墙。员工人数比她当酒店老总时少多了，潘云飞一下子就有了人手不足的感觉。大伙儿的眼神都有些茫然，就是那种对方向、对目标、对未来都无法确定的茫然。潘云飞干脆把话说到底："我已预感到我们即将面临的极其艰难困苦的将来，愿意跟我干的留下来，感到害怕的现在就可以下山去……"潘云飞这句话，其实也是对她自己说的。她没想到的是，这10名员工，她起家的班底，没有一个跟她到底，他们都在半途离开养老院了。

潘云飞带领10名员工开始清理园区内的杂草，购买床铺、棉被、窗帘、办公设备等，有条不紊地筹办养老院。

养老院的设施逐步完善后，潘云飞带领员工外出考察学习，其中专门到广西社会福利院考察学习了半个月。

在外考察学习期间，潘云飞对养老院的名称、服务原则、服务宗旨、办院目标进行思考定位。广泛征求意见后，潘云飞将养老院的名称定为"大化民生幸福家园"，确定以"奉若父母，情同亲生"为服务原则，以"孝行天下、关爱老人、诚信服务、奉献社会"为服务宗旨，以"创健康快乐养老典范，建和谐美丽幸福家园"为办院目标。

2016年4月的一天，大化民生幸福家园正式挂牌成立。

大化民生幸福家园接收的第一批服务对象一共有18人，都是政府兜底的孤寡老人。潘云飞带着10名员工，照顾老人们每天的生活起居，并提供保健护理服务。

刚开始，员工们遇到一些特别难做、不敢做的事，潘云飞就自己亲自去做，为大家做表率，等于现场培训。

开业没多久，潘云飞投入的钱很快就用完了，员工工资发放遇到了困难。潘云飞犹豫再三，只好拨打父亲的电话。父亲很干脆，让她自己想办法。潘云飞实在想不出办法了，只好厚着脸皮去中意故里大酒店借钱。

大化民生幸福家园接收的第一个自费服务对象，是一位需要临终关怀的老人。

潘云飞记得很清楚，那是2016年初夏的一个下午。一个中年男子带着一位老人来到大化民生幸福家园，请求潘云飞接收。老人瘦骨嶙峋，一脸痛苦，一看就知道是个身患绝症的人。

中年男子告诉潘云飞，这是他父亲，已到胃癌晚期，医院给退回来了，说是没法治了，叫他将老人送回老家去。他的老家在本县的古文乡，家里没什么人了，他要赶回外地上班，不能一直这样守着父亲。

潘云飞不禁想起她的一位老师讲过的一件事。老师的同事是一位享誉一方的中学老师，姓白。说起白老师，整个县城没有一个人不知晓，名气比县长还大。白老师培养出来的学生遍布全国各地、各行各业，真正配得上"桃李满天下"这句经典名言。白老师的一对双胞胎儿子很优秀，老大考上北京大学后，移居美国，老二清华大学毕业后移民加拿大。白老师退休后先后13次申办出国签证，每一次领事馆签证官都用蹩脚的普通话说："很遗憾！我不能给您签证。"显然人家签证官怀疑她有移民倾向，所以就拒签了。老伴前年去世后，无依无靠的白老师只能到养老院居住。

潘云飞了解到，眼前这位中年男子学有所成，父亲辛辛苦苦送他上学，大学毕业后他在外地工作、成家。如今他父亲身患绝症，就要离开人间了，而他却没有时间陪在他父亲身边，不能照顾父亲、报答父亲，真是自古忠孝两难全啊！

中年男子两眼泪汪汪地说："拜托你了。"

潘云飞说："你放心，我们会像照顾自己的父母一样照顾他。"

收留这样一个身患绝症的老人，潘云飞和她的护工们可以无微不至地照顾他的生活起居，却没办法分担他的痛苦。每天大部分时间，老人都在撕心裂肺地叫唤。这个时候只能求助附近的大化民生宁医院，让医生及时过来给老人注射止痛针。潘云飞一下子就明白了父亲要把医院和养老院办在一起的原因。这世界上最好的邻居，就是医院和养老院了。

第七天，老人突然口吐乌血。

护工通知潘云飞后，她立即赶到老人房间。只看见地上一大摊血，床沿上也沾染了血。老人在床上蜷缩成一团痛苦地呻吟，护工站在一旁瑟瑟发抖。

从没经历这种场合的潘云飞也慌了神，她感到害怕极了，不知如何是好。她转念一想，护工害怕，自己也跟着害怕，往后工作还怎么做！

她定了定神，一边吩咐护工清理地上的血迹，换干净的被单，一边电话通知老人的儿子，老人可能挺不住了。

老人的儿子，就是那位中年男子，他赶到之前，潘云飞和护工一直守护在老人的身旁。潘云飞握着老人的手，体会到了什么叫皮包骨头，感觉到他的手也在紧紧地握着自己的手。

那时那刻，老人已说不出一句话了，只是无助地看着潘云飞。枯井一样的眼里，流露出的尽是渴望，渴望潘云飞能够救他，渴望能活下去。

泪水迷蒙了潘云飞的双眼，她无计可施，只能紧紧地握着老人的手，试图向他传递一丝力量、一丝生机、一丝温暖。然而，那只手，那只握着潘云飞的手，在渐渐地失去力量、失去温度。

他的儿子，那个中年男子，还在从外地赶来的路上。

等到老人的儿子和女儿赶到，潘云飞和他们一起给老人擦拭身体、穿寿衣，将遗体装殓，送上殡仪车。

临走时，中年男子紧紧地握着潘云飞的手：“谢谢你！你是我父亲生命最后时刻陪在他身旁的……亲人。”

潘云飞告诉他：“你父亲走的时候，一直呼唤韦国军。”

中年男子说：“那是我的名字。”

潘云飞淡淡地说：“你要记住你爹的好，将来你的儿子才会记住你的好。”

民生幸福家园接收的第二个自费服务对象，来自都阳镇，是一个叫老春的50多岁的中年人。

老春患有老年痴呆，还有暴力倾向。平时管护他特别费心费力，尤其是给他洗澡时，很费力，也很不便，常常需要五六个护工一起齐心协力，才能顺利完成。因为还没招到男护工，女护工就建议潘云飞叫老人的家属来他接回去，但潘云飞不同意，坚持留他下来。

潘云飞跟护工们解释：家属把他送到我们这里来，是对我们养老院的充分信任。我们不能因为遇到困难就退缩，如果遇到难伺候的老人就不接收，就退回去，还要我们养老院干什么？

那时候，大化民生幸福家园刚刚起步，要做的事情很多，很多时候她都亲力亲为。潘云飞一天到晚忙得焦头烂额，还和护工一起照顾老人们。

有一天下午，潘云飞忙完手头的事情，已是下班时间。那时候，护工们准备给老春洗澡。老春又闹起来了，死活不给洗。潘云飞过去帮忙，老春挥舞拳头，一拳打到她的肚子上，疼得她蹲在地上好一会儿才缓过劲儿来。

给老春洗完澡后下楼来，一个有自理能力的老人对她们说道：“帮男人洗澡，不感到害臊吗？”

几个护工听了，愤怒至极。一个女护工指着他说：“等你到了动弹不得的那一天，看哪个给你洗！”

潘云飞制止了大家，严肃地对那老人说：“到这里来的每一位老人，我们都让他活得有尊严，包括您。”

回到家，已过了晚饭时间。母亲见她这段时间经常很晚才回家，都没能在一起吃过一餐饭，就对她说：“如果实在忙不过来就跟你爸讲，别硬撑着啊。”

正端着饭碗的潘云飞，听到母亲关切的话语，想起白天老春打来的拳头，想起那个老人的风凉话，顿时觉得委屈起来，一滴滴滚烫的泪珠落在碗里，又被她扒拉着一粒粒地吃进肚子里。

除了接收家属送上门来的自费服务对象，潘云飞还要根据民政部门报过来的统计信息，到全县各乡镇的村屯去接收失能和半失能的特困人群。接收这类人群，都要先征求家属的意见，家属同意了，大化民生幸福家园才接收过来。

有一次，潘云飞在县民政部门同志的带领下，到大化镇大调村去接收一个失能的特困人员。这个失能的特困人员是一个30多岁的男子，四肢残疾，还伴有严重的心脏病。

潘云飞来到他家，只见一块木板挡在家门口，这个男子在木板后面昂着头往门外张望。他的母亲听闻民政部门和大化民生幸福家园来接走他，显得异常高兴，迫不及待地将他送上了车。

这名男子住到大化民生幸福家园半年后的一天，突发心脏病去世了。

潘云飞打电话给他母亲，告诉她这个不幸的消息。他母亲只说了一句“死了就死了呗，哪个人不死呢！”

潘云飞说：“你们来人接他回家呀。”

这位母亲拒绝了：“不去，你们该怎么处理就怎么处理。”

潘云飞只好去买来寿衣给他穿上，给他入殓，然后送到武鸣火葬场。

到了火葬场，潘云飞被告知，要有亲属到场签字后才能火化。潘云飞又打电话给他的母亲，他的母亲还是那一句，“不去，你们该怎么处理就怎么处理”，就挂掉了电话。

潘云飞没有办法，只好打电话给民政部门，请民政部门协调镇里和村里的干部去做思想工作，他的母亲才不得不派他的姐姐到火葬场来签字。一签完字，他姐姐就没了踪影。潘云飞再通知他的母亲来领走骨灰时，电话就再也打不通了。

和这名男子情况一样，家属或旁系家属不愿意领回骨灰的，有好几个，潘云飞只好将他们的骨灰拿到山上去安放。

做养老服务工作，让潘云飞经历了太多的生离死别，见识了人性光辉的一面，也见识了人性阴暗的一面。她成熟了许多，也沉稳了许多。繁重的工作，经常性的加班加点，并没有让她变得憔悴和苍老，反而更富有青春朝气，反而越活越年轻，越来越漂亮。有的说她是逆成长，有的说她是脱胎换骨了。有人劝说她，一些事该由政府出面就由政府出面，没有必要大包大揽，没有必要把那些很苦很累的事都承担起来。潘云飞却认为，她虽然不是政府里的人，但她是党的人，党叫干啥就干啥。这不是空头支票，不是标语口号，不是光打雷不下雨，不是只闻脚步声不见人影子，而是一串串看得见摸得着的钥匙，可以打开一扇扇门。也有人揶揄道，潘云飞胆子可真够大，什么生意都敢做。这回潘云飞就沉默了，只在心里面说：那你们来给逝者入殓呀，我正需要护工呢。

昔日荒草丛生的大化民生幸福家园，如今绿树成荫，亭台楼榭相得益彰。餐厅、接待大厅、康复室、活动中心等康乐设施一应俱全，占地面积达50余亩，建筑面积超过2万平方米。设置床位525个，拥有员工115名，入住养老人员290人，其中政府兜底养老人员200人、社会自费养老人员90人。如今，大化民生幸福家园成为广西养老服务行业协会成员单位，广西四星级养老服务机构，以及自治区、市、县三级医养结合示范单位。2017年1月，大化民生幸福家园被自治区政府残疾人工作委员会授予“全区扶残助残先进集体”荣誉称号。

潘云飞把一串串生锈的钥匙，洗刷得锃亮如初，打开了一个个老人、病人的心扉，让他们的心灵世界亮堂起来，四季如春。

2021年4月18日下午，大化民生幸福家园里一阵阵欢声笑语此起彼伏，洋溢着欢乐喜庆的气氛。这一天，大化民生幸福家园举行成立5周年庆典活动，有关部门的同志、志愿者以及院里的老人欢聚一堂，一起庆祝大化民生幸福家园的生日。

从大化民生幸福家园成立之初便一直给予大力支持、关心和关爱的“爱心妈妈”唐翠玉，也出现在庆典现场。唐翠玉在发言中说：“关爱今天的老人，就是关爱明天的自己。大化民生幸福家园5年的付出，让人们真切地感受到大化民生幸福家园人对养老事业的钟爱和热情。”她真诚地祝愿，大化民生幸福家园明天更幸福。

有人苦苦追求是为了过上安逸的生活，有人放弃安逸的生活却是为了寻找生活的意义。毫无疑问，潘云飞属于后者。

七、沿着云的足迹

瑶族是一个有语言而没有文字的民族，瑶语里有一个口头词语叫“尔耋”，翻译成汉语是“上天派来为人类解除病痛的使者”。大化瑶族自治县板升乡弄丛村的村民，一直认为上天给他们派来了两个“尔耋”，一个是蓝云，另一个是蓝云的妻子蒙超英。

2003年6月，22岁的蒙超英嫁给蓝云。那时候，蓝云在河池市卫生学校进修即将结业。在这之前的1988年9月至2000年7月，蓝云曾先后在板升乡的三洞村、弄立村和弄丛村当了12年的代课教师。那时他发现，偏远山村教师倒是充足，可村医一个也没有。村民们平时生个小病就忍着，生了大病就死扛着。他想，自己何不去学医，回来在村里开个诊所，方便村民们看病治病。

2000年9月，怀抱悬壶济世的情怀，蓝云辞去代课教师职务，来到都安瑶族自治县卫生学校学医。两年后的2002年9月，又到河池市卫生学校进修。回到弄丛村后，蓝云在村部开了一个诊所。2014年1月，诊所改成了农村合作医疗所，蓝云正式在医疗所上班。他放下教鞭，挂上听诊器，穿上白大褂，由代课教师变成了村医。村医不像大医院的医生，等着病人上门。村医大部分时间是背着药箱，翻山越岭，走村串寨，登门入户去为患者解除病痛。村医没有固定的诊室，医疗所只是作为一个门面存在。村医的诊室很多时候就设在农户家里，甚至在田间地头。村医没有固定的上下班时间，不论是白天黑夜，还是刮风下雨，一旦村民来报信（后来是电话报诊），他就背起药箱，沿着山路匆匆赶去。弄丛村的每一条羊肠小道，每一个锅底状的弄场，都留下了蓝云的影子和清晰的足印。

2005年1月，蓝云和蒙超英有了爱情结晶。儿子蓝胤睿的到来，让这个小家庭充满了欢声笑语。然而，天有不测风云。2006年12月，蓝云被查出患了鼻咽癌，这个快乐无比的小家庭笼罩在阴郁的乌云之下。厄运没有击倒蓝云，病痛不改他的初衷。他每天依然拖着虚弱的身体为村民看病治病，一边治疗自己，一边治疗别人，更有一种同病相怜、惺惺相惜的牵挂。

刚开始的时候，蓝云希望有一个人来协助他。面对自身的病痛，他纵然有顽强的毅力和乐观向上的精神，但也渐渐觉得力不从心。后来呢，蓝云就希望到了那一天，有一个人来延续他的事业，继续把这个医疗所办下去，继续有村医为村民看病治病。

可是，去哪里找这样一个人呢？以前村里找一个代课教师很难，现在村里有文化的人多了，就算外面的教师不愿进来，在村里随便找一个都可以上讲台。但是，现在要在村里找一个能治病救人的村医，就很难了，像以前找一个代课教师那样难。找外村的人来当村医，更是难上加难。

蒙超英轻轻地摇着摇篮，嘴里哼着摇篮曲，小蓝胤睿在摇篮里甜甜地睡着。

蓝云坐到摇篮边，一只手在小蓝胤睿胖嘟嘟的脸上轻轻地摸了一下，小蓝胤睿被亲吻了似的咧开嘴甜甜地笑着。

蓝云小声地说道："英，我想送你去卫校读书。"

蒙超英说："怎么冒出了这个想法?"

蓝云说："我不在了，以后哪个给村民看病?"

蒙超英说："瞎说！你会好起来的。"

蓝云苦涩一笑："我是当医生的，我的身体状况我明白。"

蒙超英说："就因为你是医生，你能医好村民的病，就一定能医好你的病。"

蓝云说："但愿吧，不过我还是希望你去读卫校。"

蒙超英说："不行，绝对不行!"

蓝云问："为什么?"

蒙超英说："我去读书，哪个来照顾你们? 胤睿离不开我，你更离不开我，我不能丢下你们。"

蓝云说："以后村民要靠你了。"

蒙超英说："以后是以后，现在你们两个要靠我。"

蓝云缓了一口气："我现在虽也需要你协助我，但你读了卫校回来，就可以更好地协助我了。"

蒙超英说："我去读书了，工就不能做了，学费、生活费是一笔不小的开销，钱从哪里来? 你怎么化疗? 家里的花销怎么办?"

蓝云却胸有成竹："会有办法的。"

听说蓝云要送蒙超英去学医，所有的亲戚坚决反对，都质疑，他的鼻咽有问题了，是不是他的脑子也有问题了。孩子这么小，他又得了这个病，蒙超英去读书了，这个家还要不要? 更有人提醒蓝云，超英的年纪可比他小得多，他这是送她去学医呢，还是把鱼儿放入红水河去? 让他自己要掂量一下。

蒙超英的父亲是个退休教师，和蓝云在弄丛小学共过事。得知女婿要送女儿去读卫校，他虽然感到很欣慰，还是担心女儿如别人所提醒的那样，一去不回。他也提醒蓝云："反正我女儿嫁给你了，你自己看着办吧。"

蓝云说："你女儿是个什么样的人，我懂。"

2007年8月，蒙超英拿着丈夫四处借来的学费，走进了距离弄丛村252公里的位于金城江的河池市卫生学校的大门。

每年放寒暑假，蒙超英就跟着丈夫一起下队去给村民们看病治病。丈夫虽然身患癌症，可是出诊路上仍健步如飞，有时候蒙超英都没能跟上他。看到丈夫抱病出诊，从不顾及自己的身体，蒙超英心里除了疼痛，就是深深的敬佩。丈夫这种视乡亲为亲人、把病人当家人、时刻为患者着想的情怀，深深地感染着她。在学校她学到了医术，从丈夫的身上她学到了医德。

2009年7月，蒙超英完成学业，回到了弄丛村，和丈夫携手治病救人。通过丈夫一年多"传帮带"后，蒙超英可以独立出诊了。

蓝云如释重负地对她说道："你可以接我的班了。"

泪水从蒙超英的脸上扑簌簌地滚落下来，她心里感到一阵阵酸楚。为了治病和送她读卫校，丈夫已欠下7万多元的债务，而他的身体，每况愈下。

2011年5月6日，蒙超英的丈夫蓝云，那个疼她爱她并带她走上行医之路的男人，那个以博大的胸怀十年如一日坚守瑶山行医的共产党员，还是永远地离开了她……

那一年，大化瑶族自治县委、河池市委、自治区党委先后追授蓝云“优秀共产党员”称号，号召各级党组织及社会各界向蓝云同志学习。

8月1日，卫生部追授蓝云“人民健康好卫士”荣誉称号，并在全国卫生系统深入开展向蓝云同志学习活动。

11月17日，以蓝云名字命名的“蓝云诊所”正式投入使用。诊所里那个穿着白大褂的村医，就是蒙超英。

蒙超英依然保留丈夫的手机和号码，村民都知道蓝云医生已经去世了，但还是不时有本村和邻近村寨的乡亲拨打这个号码。每当电话一响，蒙超英就说：“我是蓝医生，现在马上出诊。”

每天，蒙超英迎着初升的太阳，准时打开“蓝云诊所”的大门。平时除了正常的接诊出诊，蒙超英还要进屯入户开展家庭医生签约服务。所谓家庭医生签约服务，就是通过签约的方式与签约家庭建立起一种长期、稳定的契约服务关系，对签约家庭的健康进行全程的个性化服务。这是脱贫攻坚期间，卫生部门推出的一项惠民举措。

弄丛村17个自然屯620户2951人中，共有7个精神病人、84个高血压患者、12个糖尿病患者和3个肺结核患者。每一年，蒙超英对全村的每一个家庭至少都要走访一次，一旦发现群众患有慢性病、大病，就立即上报乡卫生院。对村里的精神病人、高血压患者、糖尿病患者和肺结核患者，蒙超英一年至少走访4次以上。

脱贫攻坚战打响后，弄丛村每个屯都通上了屯级水泥路，蒙超英出诊和走访时就骑着摩托车。以前没通水泥路，蒙超英都是步行进屯入户。每当她去最远的屯，去时太阳还没升起，回到家已是繁星满天，月儿高挂。

很多时候，蒙超英选择徒步进屯入户，沿着丈夫生前的路线图走。太阳刚在坳口露脸，蒙超英就背着丈夫背过多年的药箱出门。当阳光洒满整个山弄，蒙超英正行进在山间的小道上。迎着耀眼的阳光，蒙超英仿佛看见一个熟悉的身影背着药箱走在她的前面。

“云——你慢点走，等等我。”

恍惚中，蒙超英情不自禁地叫了一声。

影子停下脚步，转过身来朝她微笑。那张笑脸像这周身的阳光，暖暖的。

来到那棵茂盛的香樟树下，蒙超英定神一看，原来是村里的热心青年蓝一铭。蓝一铭单腿跨在那辆半旧不新的五羊本田125摩托车上。他说：“姐，以后你出诊，我负责接送。”

蒙超英说：“好呀，你不嫌麻烦就是了。”

话虽这样说，以后蒙超英出诊、走访时就自己骑摩托车进屯入户。骑了一段时间，她突然感到眩晕、恐惧，看路坎下面就像看万丈深渊一样，她以为自己患上了恐高症。

到了2014年底，这种感觉越来越严重，蒙超英开始浑身不适，甚至出现恶心、呕吐症状，不但夜间睡眠不好，眼睛还肿了起来。时间进入2015年1月，蒙超英发现眼睛的肿胀不但没有消退，还发展到全身，身子也肿了起来。她不得不到医院去检查，一查就查出严重肾衰竭。

“噢，上天，你早早就收走了我丈夫，难道也要早早收走我吗？”蒙超英又一阵眩晕，差点倒在医院里。想到丈夫留下的7万多元债务还没还清，自己一个月的工资收入只有1000多元，蒙超英没在医院住下来，而是回家保守治疗。保守治疗期间，蒙超英始终坚守在村医岗位上，每天正常接诊、出诊和走访。

2017年10月的一天晚上，蒙超英突感身体严重不适，呼吸非常困难。情急之下，家人连夜将她送到县人民医院。经过检查后医生告知家人，蒙超英患上了尿毒症，不能再保守治疗了，必须尽快到南宁的大医院去接受检查治疗。

从2017年10月到2018年4月，蒙超英先后多次到广西中医药大学第一附属医院和自治区人民医院住院，做血透。后来，蒙超英实在没有钱了，只好转回县人民医院做血透。一开始是一个星期到县医院做3次血透，后来就减少为一个星期两次。除了经济原因，还因为时间不允许。蒙超英认为，如果一个星期她从弄丛村跑来县城3天，那么诊所就少了3天不开门，群众会有意见的。

蒙超英生病以后，出诊、走访就再也不骑摩托车了。近的，她走路；远的，就叫人开摩托车送一下。

“嘟嘟嘟”一阵摩托车声由远及近，是那辆半旧不新的五羊本田。热心青年蓝一铭家在七百弄乡弄合村，他得知蒙超英患病后坚持为村民看病，平时都是徒步进屯入户、徒步到乡里面开会，就主动承担起接送的任务。蒙超英一个电话，蓝一铭就从弄合村赶来。从弄合村骑摩托车到“蓝云诊所”，需要一个半小时。

蓝一铭问：“拿手册了吗？”

蓝一铭说的是家庭医生签约服务手册，这本手册类似于帮扶干部的扶贫手册。每次蒙超英进屯入户，都要带上这本手册。每次都要记录群众身体情况、儿童打预防针时间等内容。

蒙超英生病后，记性有些差了，很多时候到了屯里才想起手册没拿，又叫蓝一铭往回跑一趟。如此几次，蓝一铭每次送蒙超英进屯入户，总不忘提醒这一句。

“拿了，走吧。”已坐稳在摩托车后座的蒙超英，扬起手中的文件袋。

“那就坐好啦！”蓝一铭一轰油门，摩托车便“嘟嘟嘟”地奔驰在平坦的水泥路上。

来到一处难行路段，摩托车停了下来。蒙超英扶着蓝一铭的肩膀，一脚站在后脚踏板上，另一条腿慢慢地跨下车来。

摩托车继续往坳口开去，蒙超英却要步行上山。

蒙超英沿着屯级路边一条崎岖山路爬上去。屯级路还没修通前，村民们都是走这条山路的。蓝一铭第一次送蒙超英进屯入户，来到这个地方时，蒙超英就叫他停下来，让他到坳口等她，她从小路走上去。蓝一铭很是不解，以为是她担心他这烂摩托驮不动她上这个坡。不过蓝一铭没问，他是一个嘴巴很严的人，他默默地把摩托车开到了山坳口。

只有蒙超英心里明白，这是她怀念丈夫的一种方式。这条崎岖山路，是蓝云生前经常走过的地方，她也要经常走走。她一走，就感觉蓝云就走在她的前面，她浑身一下子就有了劲儿。

蒙超英背着药箱，提着装满家庭医生签约服务手册的文件袋，踽踽独行在山路上。她边走边看她的脚步，每一步，是不是都踩在了丈夫曾经踩过的地方，因为她向上迈出的每一步，都是丈夫曾经的足迹。

这些年来，蒙超英时刻牢记丈夫的嘱托，真正用心用情用生命履行一名乡村医生的职责。自己在接受治疗的同时，也在治疗他人。在弄丛村的大山里，在丈夫走过的每个地方，处处留下她孱弱娇小的身影。2013年，在中央电视台“寻找最美乡村医生”大型公益活动中，蒙超英被评为“特别关注乡村医生”。同年7月1日，蒙超英光荣地加入了中国共产党。2018年5月，蒙超英被评为“2018年度全国向上向善好青年”……荣誉和职责，给了她精神上无尽的动力。

然而，为了做血透，蒙超英的物质生活陷入了极度艰难的境地。

周末晚上，儿子蓝胤睿从学校回来。胤睿已长成一个小伙子了，现在大化实验中学读初三，6月份就要参加中考了。

胤睿不是回到弄合村，而是回到他们在县城的一个家。丈夫生前按揭在大化县城买了一套小小的房子，胤睿周末就回到这个房子住。蒙超英还未开口，泪水先流了下来。懂事的胤睿就说：“妈，有什么话你就讲吧。”

蒙超英哽咽道：“妈要把这个房子卖了。”

胤睿忍不住哭了：“房子在，感觉爸爸还在；房子没了，爸爸真的没了。”

做血透很痛苦，身体很容易透支。不管是从身体上，还是从经济上，蒙超英都承受着巨大的压力。她把本来每周做3次的血透减少到每周做两次后，压力也还是没减下来。每一次到县人民医院去做血透，她都要早早起床，从村里出来，需要转3次车，历经4个小时的车程才到县城。如果当天来不及赶回村里，就得在县城住宿一晚，第二天才能回到村里。县城的房卖了，只能到旅店去住，住最便宜的旅店。更为关键的是她没有那么多时间、那么多精力跑县城，“蓝云诊所”每天都要开门，村里患病的群众每天都需要她。然而她不做血透，那就意味着什么，不言而喻。那晚她跟儿子胤睿商量到最后，胤睿说如果不卖房子，他就会没了妈妈……

这些年来，蒙超英作为“全国创先争优优秀共产党员”、“人民健康好卫士”蓝云的遗孀，大化瑶族自治县委、县政府对她的身体健康尤为关心。把她纳入板升乡卫生院作为政府购买公益性岗位工作人员，同时让她兼任弄丛村村医，每月的收入加起来有3600多元，保证了她的生活经费来源稳定。同时，为她开通就医绿色通道，给予特殊照顾，并按在职职工政策给予报销。把她列为党内帮扶关怀经常走访慰问对象，每年的七一、春节，组织部都给予她阳光般的温暖，共给她送去21500元的慰问金。将她纳入低收入人群，给予一年一次的临时救助。村里一些群众知道她患了严重肾衰竭后，经常五十元、一百元、两百元地给她捐款，表达他们的谢意。

蒙超英经常在弄丛村和县城之间来回奔波。一个星期2次、一个月9次、一年108次，每月报销后她还得自己支付1600元血透费用。算上每次往返车票、就餐费用，她一个月需花费约3000元。以她每个月的收入，再加上村医每年约17000元的绩效工资，按收支情况计算，她的收入虽然已超过低保线，但她仍没法偿还房子每月的按揭款，这就是她为什么要忍痛卖掉县城的房子的原因。而那套小小的房子，才卖了27万元。

蒙超英走上坳口，继续坐上蓝一铭的摩托车，一路驶到后洞屯。

走访户户主罗兴享的家门敞开着，蒙超英走进去招呼道：“罗哥，在家吗？”

蓝一铭寸步不离地跟在蒙超英身后。

罗兴享50多岁的老婆田细英，患有精神疾病，是蒙超英定期走访的对象。有一次，蒙超英来走访，问了几声无人应答，刚转身要出门，突然一双有力的手从后面牢牢地抱住了她的腰。蒙超英吓得尖叫起来，随之传来的是一长串得意的爽朗的笑声。听到喊叫声，在屋外等候的蓝一铭急忙冲进去，费了好大的劲儿才把那双环抱蒙超英的手掰开。所以蓝一铭很是紧张她。

蒙超英嘀咕："门开着，人去哪了？"

"我在呢。"田细英从昏暗里出现，"姐，你来啦。"

蒙超英小心翼翼地问道："你按时吃药了吗？"

田细英说："姐，兴享每天都给我吃了。"

蒙超英打开药箱，拿出血压测量仪对田细英说："我给你量血压哦。"

田细英说："好。"她安安静静地坐到蒙超英跟前。

罗兴享从外面回来，问蒙超英："她没吓着你吧？"

蒙超英说："没有，她好着呢。"

蒙超英递给罗兴享两盒药："记得按时给她服药。"

走出门来，蒙超英对着田细英招了招手："走啦！"

田细英抬起右手，朝蒙超英竖起拇指。

（载于2021年第10期《民族文学》）

后 记

实际上我就是一个虔诚的农民，一辈子都在默默地耕种，种苞谷、种红薯、种花生、种黄豆……一年四季、一生一世，从未放弃。耕种很辛苦，可我却把它当作快乐的事业来做，而且一辈子只做这么一件事。好多文友说，这几年是我的丰年，作品不断，获奖不断，其实耕种这么多年，我经历了很多歉收、失收的年份，甚至遭遇过灾荒，两眼望天，颗粒无收。耕种几十年，我有一个深刻的体会，一定要看到自己的丰收景象。犹如插秧的时候，别人都看见我们在后退，实际上我们是在一步一步地前进。

著名作家迟子建说她是在大兴安岭长大的，是个典型的“林中女孩”。而我是在桂西北的大石山区长大的，是个典型的“大山深弄里的孩子”。小时候从我家那个垌场走到村小学需要1个多小时，走到乡中学需要4个小时。开门见山，出门爬山，是我童年、少年、青年时代的切身感受。直到实施精准扶贫后我的家乡才修通公路。修路的艰难历程，被我写成了中篇小说《报道》。

我老家所在的那个屯叫玉纳屯，“纳”是壮语“水稻”的意思，可我的家乡不长水稻，只长玉米和红薯。玉米和红薯，是我童年、少年时代的主食。后来我在电影剧本《秀美人生》里给男主人公写了这样一句台词：“当年我拼命读书，就是为了将来不再吃红薯。”

葡萄牙作家萨拉马戈说过：“你若能看见，你就要仔细地看；你若能仔细地看，就要仔细地观察。”著名作家苏童认为：从某种意义上说，我们很多人的写作生涯，其实就是从看见到观察的过程，或者说就是一种漫长的无休止的观察生涯。所有观察者的眼睛，都可能是曹雪芹的眼睛，可能是托尔斯泰的眼睛。奇迹会眷顾那些执著的观察者。仅仅是一双眼睛的视野，可以很宽阔很深邃，它有能力也有义务，对时代、对人群、对于整个世界，做出深入的细致的观察。

小时候我在家乡见到最大的水面是水塘，以至我认为世界上所有的水面都是水塘。上了初二后，我第一次来到红水河边，第一次见到红水河，情不自禁地感叹道，原来世界上还有这么深、这么长的水塘。20世纪80年代我在家乡的红水河边上的中学当老师，后来我根据渡河素材写了一篇散文《渡口，老麻和老潘》。

在巴马长寿博物馆参观时，我被“长寿老人长寿秘诀”里的一段话深深地吸引住。这句话是说，这些长寿老人，他们之所以长寿，是因为他们从生到死从未离开过脚下的这片土地。由此我想起英国作家杰里米·帕克斯曼的一句话：在英国人的脑海里，英国人的灵魂在乡村。帕克斯曼说：英国人坚持认为，他们不属于近在咫尺的城市，而属于相对远离自己的乡村。一个真正的英国绅士，一定是热爱乡村野趣的。城市在英国人的心中仅仅是一个聚会的场所，在喧嚣之后，他们又一如既往地返回乡村生活。

参加工作后，我经常回到家乡去。回去多了，也就能经常听到鲜活的故事。在家乡，我首先熟悉的是家族的人——母亲、姐弟、爷爷、叔叔、堂伯。我成为作家以后，他们被我写进小说，成为小说里的主人公。父亲母亲活着的时候，我没有一篇文章记录过他们。母亲去世后，我在长篇小说《述职报告》里花了大量的笔墨写我的母亲。几乎每写一段，我都泪如泉涌，哽咽不已。我有个堂哥，过去成分是地主，但他始终有个愿望——加入中国共产党，为此我把他写进了短篇小说《我的远房叔叔英明》。我有个堂伯70岁时带一家人搬迁到环江去。别人都是17岁时出远门，堂伯是70岁时才出远门。为此，我为他写了短篇小说《补粮》。除了亲人，我还熟悉邻居，村里的人和村外的人，他们更是为我塑造人物提供了最真实最生动的原型。

在家乡，值得我书写的除了人，还有一些很有灵性的动物，比如通人性的狗也潜入我的小说。我曾经听到这样一个故事：村里有一条狗跟随主人集体搬迁到很远的易地安置点去，可是到易地安置点3天后，狗不见了。没想到清明节这家人回老家，却在村里见到了这条狗，它是怎么从300多公里之外的易地安置点，自己回到村里呢？为了这条狗，我写了纪实散文《远方》。我出生在乡村，成长在乡村，乡村一直没有远离过我的视野，乡村一直对我有诱惑力。壮族风俗扔镰刀，被我写成了中篇小说《暗香》。

2013年11月3日，习近平总书记在湘西土家族苗族自治州十八洞村同村干部和群众座谈时，首次提出“精准扶贫”重要理念，我意识到这将是未来一个时期我们国家的重要战略和重大行动，于是我向组织报名到贫困村去担任驻村第一书记，创作了长篇小说《驻村笔记》。2019年11月《文联主席的驻村笔记》荣获第十八届百花文学奖长篇小说奖；2020年9月《驻村笔记》荣获第十二届全国少数民族文学创作骏马奖长篇小说奖。

再回到前面红水河边的话题。1999年，我在《广西日报》副刊发表散文《渡口，老麻和老潘》后，虽然不少文友认为我已写得很不错了，但我始终不满意。作家对自己作品的不满意，其实就是一种醒悟。从那时以来我一直对这篇散文耿耿于怀，一直想根据这个素材，重新把它写成一个短篇小说。这20年间，我写了不少小说，有长篇小说、中篇小说、短篇小说，但一直没有放弃这个素材，一直在不断地构思，终于在2018年完成构思，2019年初写成了短篇小说《码头》，篇幅由原来的《渡口，老麻和老潘》一千多字扩大到一万多字。2019第11期《民族文学》头篇刊载《码头》，同年第12期《小说选刊》、2020年第1期《长江文艺·好小说》分别转载，并荣获2019《民族文学》年度奖，入选全国扶贫攻坚优秀中短篇小说选。让它从1999年《广西日报》副刊上的散文《渡口，老麻和老潘》，变成2019年《民族文学》、2019年《小说选刊》和2020年《长江文艺·好小说》上的短篇小说《码头》，我用了20年的时间。这20年间我由一个青年小伙子变成了一个小老头。我之所以说这篇小说写了20年，实际上是要表达3层意思：第一，我是一个很笨的作家，天生不具备那些天才作家聪颖过人的天赋。所以像我这样的笨作家要进步，要成功，靠什么？靠磨。古人说的铁棒磨成针，指的就是我这种笨人。第二，文学创作除了比天赋、比才识，还要比毅力，比谁坚持到最后。第三，作家要想写好一部让自己、让读者基本满意的作品，有时候不能太着急，创作有时候就像厨师掌握烹饪技术一样，需要阅历，需要对食材有透彻的理解，这个理解要靠阅读、积累和感悟。迟子建老师说："一个作家能走多远，这要看他自己在艺术上的造化。在这个过程中，坚持很重要，没有对一种文体始终如一的爱，孜孜以求的探索以及不怕失败的实践精神，再炫目的想法都是空谈。一个作家能够真正褪去浮华，不被虚张声势的雷声所迷惑，不惧鞭挞，耐住寂寞，才能切近小说朴素而芬芳的内核……"

权当后记。

红　日

2022年2月8日写于金城江